Investment

Investment

Investment

Investment

順勢而為
贏在加碼

| 長銷新裝版 |

股票、期貨、選擇權
獨孤求敗的交易絕技

獨孤求敗——著

邁向交易高手之路

群益期貨資深副總經理／黃維本

我在期貨市場十餘年，擔任國內前三大期貨商的經紀業務部門主管，動用客戶至少 2 萬名以上，見證過市場上許多成為人生勝利組的贏家，但也看到更多喪失信心、黯然退場的輸家，以一個月的周期來看，期貨市場上約有 35% 的人贏錢，65% 的人輸錢，以一年來看，約有 10% 的人贏錢，90% 的人輸錢，如果時間拉長到 10 年以上，那將僅剩 1% 的人贏錢，99% 的人輸錢，各位一定很好奇為什麼這麼多人前仆後繼的要在這市場上交易？ 這些人是瘋了嗎？答案很簡單，因為期貨市場是零和遊戲，也就是這 1% 的人會賺走其他 99% 人的錢，在這市場上每個人所追求的就是成為那 1% 的贏家。

然而，在我十多年的經紀生涯中，看到許多滿懷希望及信心的人進到金融市場，投入了大部分的積蓄、每月辛苦工作的所得，甚至不惜負債借款，但是一旦開始交易之後，買賣失據、過度交易、不懂停損、攤平凹單，為了只是滿足一夕暴富的幻想。我常常很納悶，為什麼一般人願意花上一天 8 個小時以上的工作時間來換取薪水，卻把辛苦工作所累積的報酬，投入到一天花不到 1 個小時的市場上？ 就邏輯的角度來看，努力會有回報，不努力就不會有回報，但市場上大部分的投資人，他們的投資常常是聽信朋友的建議、電視上的財經專家、或是所謂的內線消息，他們希望不用努力，但卻可以得到回報？ 孫子兵法有言：「多算勝，少算不勝，而況無算乎？」。

獨大是市場上那 1% 的贏家，在書中他無私的分享十幾年來的交易精華，包括**「存股投資術、2% 的資金管理、移動停利法、停損及風險管理」**等。更重要的是，他十年如一日的交易日記大公開，我喜歡他書中的一句話：「天下武功，唯快不破；面對交易，唯勤不破！」，正如李小龍所言：「我不害怕曾經練過一萬種踢法的人，但我害怕一種踢法練過一萬次的人」。

這是一本成為交易高手必學的武功祕笈，包含著無上的內功心法與外功招式，希望讀者可以參透這本祕笈，夙夜匪懈、孜孜不輟！ 正如他的名號「獨孤求敗」，希望各位有朝一日能成為市場上那 1% 的絕世高手！

重劍無鋒，大巧不工

業內高手／楊承浩

認識獨孤求敗已超過十多個年頭，還記得第一次遇見獨大的那個冬天，聖誕夜兩個熱血的年輕人初次見面卻一見如故的聊了徹夜！十多年來，他始終朝著自己的夢想邁進，這點我始終了解。而我本身因為職務關係遇過非常多的交易者，其中有多位長期生存在市場中長達數年的交易者，這些人多數並不見得有很驚人的操作系統，也沒有神準獲利的獨門功夫。就普遍觀察而言，他們都具備與市場的「對應能力」，簡單來說就是當部位出現高度風險的時候，能夠在最快的時間及最低限度的受傷率，逃離現場；另一方面在看對行情時卻又能夠狠狠賺它一波！創造驚人的獲利能力。

場面拉回券商大廳，時常可以聽見這樣的耳語：「這根 K 棒突破整理平台了，所以按照 ×× 理論一定會怎樣，怎樣……」、「按波浪算此波是第 × 波，所以依據 ×× 理論一定會漲（跌）到哪……」、「現在正處於 ×× 型態，所以依據 ×× 理論等到怎樣後一定會如何……」，相信各位讀者身邊一定不少這樣的朋友，有著非常完整且高深的技術分析理論，但殘酷的現實是，僅有這樣能力的人是無法在市場賺到錢的（甚至極有可能賠大錢），最根本的理由在於：一般投資人認為只要有厲害的技術分析軟體（或訊號）就可以一本萬利。然而真正的關鍵是：交易者能否在面對不確定性的市場時，透過本身的經驗累積，進而果斷下定最適決策、周而復始，按部就班的憑意志力實踐每一個交易計畫。

相信只要交易過的朋友都能夠深刻體會，市場時常在挑戰交易者的人性，因為他是人的遊戲，人的賽局，自然重點在人。透過無數場不確定性的部位處理，經過無數次艱困的磨練，最終找出最適合自己的交易計劃，執行停損、承認錯誤然後勇敢接受成功的果實是每一個優秀交易者的必經之路。

「市場」除了比資金控管、少犯錯誤外，也看誰想的更遠、對手有誰？在想什麼？誰先看穿對手底牌、如何讓自身策略在市場勝出。

多數交易同好忽略練習上述的技巧與思考本質，最終讓自己成為別人的獵物、犧牲者。我很喜歡獨大在書中所提到的**「投資人第一個要改變的事情，是不曉得出場以後會賺或賠多少錢，此為大忌。」**推薦您閱讀這一本好書，將書中種種的投資經驗激發出自身交易策略的想法，透過不斷的練習，熟能生巧，逐漸建立適合自己的操盤技巧與想法，創造屬於自己的交易人生！

一語道破，
什麼是真正的交易和操作

散戶救星／帥老師

獨孤求敗的書《順勢而為，贏在加碼》，光是書名就已經點出投資獲利的關鍵，足以輾壓許多人，他也一語道破了操作的高級心訣。

拜讀完作者的內容發現其無私分享投資極為重要的觀念與技法，我常說投資八大箴言：「看，等，買，抱，加碼，出清，帥，檢討。」（「帥」即為停損，帥諧音於「甩」賣出做停損之意，這也是我跟學生間的密語）。

「看」是作者本書的重點，「勢」這個字，勢乃看懂方向，順勢而為，一般人都希望買強勢股，但回歸操作行為上，你一看到漲勢越強，就越不敢買，反而還有人跑去「放空」，豈非自找麻煩？比如這波的國巨從 300 多元起漲到 1310 元，過程中投資人不敢買，終於等到拉回到 800，消息面又公布了一堆營收利多，心想此時總算拉回，可以買了，但你忽視了趨勢已經改變的事實。

正如作者在文中點出一般人的選股盲點，他也舉例讓大家明白，原來問題出在選股的「線性判斷」上，這是作者用心的地方，也是我推薦本書的主因。有許多投資人非常用功上課，總覺得投資沒賺到錢，沒獲利，是因為自己學得不夠，卻忽略投資最難學的地方有三大關鍵：

一、心法：如何穩定自己的心不被盤中上上下下所影響，常有人看到急殺就砍股票，看到急拉又急買，然後就被巴過來又巴過去。因此，如何養成「交易行為」才是重點，作者文中提及的心態養成比技術面，基本面等都來得重要，所以我常跟學生說定法操作無憂慮！

二、停損：知道不等於做到，大多數人買了卻不設停損點，還有更多人是到停損點卻不捨停損，所以越虧越多最後就變鴕鳥心態，乾脆不看，最後越輸越多，停損是學不來也教不會，只能靠自己的執行力，當你學會停損，可以沒有情緒的執行停損，我們就恭喜投資人，你要開始賺錢了！

三、檢討：投資大師索羅斯說過，他說他跟一般投資人最大的差別在於他會檢討，獨孤求敗在書中也列專篇〈交易診療室〉來談檢討，以實例解說投資人的盲點，幫助讀者來掃除心魔，修正自己的交易模式。

由此可見，成功的投資家都非常重視檢討，檢討的目的在於找出並且修正自己的問題與缺點，虧損有時不是買點的問題，而是「選股」的問題，又有時根本是自己沒有「定法操作」的問題。當你一邊實戰，一邊用功上課，一邊練習，並閱讀贏家的好書，依照我的八大投資箴言，加上反覆的自律操作，每筆交易都能記錄下來，以幫助自己依序找出問題並勇於面對，做自我修正，讀者的投資功力即可大增，我相信大家讀完獨孤求敗的《順勢而為，贏在加碼》，各位一定會有滿滿的收穫！

目錄

第二篇　股票操作：操盤手的交易方法與心法

第三篇　交易日記：交易現場的實況轉播

交易診療室

投資人交易時的盲點與心魔

進入我的交易診療室

這不是一本技術分析的理論書籍，這是一本交易實戰手冊。投資的問題往往不是看不清楚行情的方向，而是沒有弄懂投資的真諦。透過「交易診療室」，採問答的方式來釐清投資人所遇到的問題，唯有問對問題才能找到答案。

在我投資股票、期貨、選擇權近二十年的時間，前幾年的時間都一直重蹈覆轍所犯的錯，也從來不去檢討自己的交易，只有賺錢的時候會去翻閱自己的對帳單，沾沾自喜、多看幾次。賠錢的時候免不了鴕鳥心態，逃避，不想看，直到賺錢才打開交易紀錄。

喔，我賠錢了。喔，我下次又賠錢了。從來沒自我檢討，我都死在同樣的情境。**人很有趣，會在不同的時空、類似的情境做出相同的決定。**也許你到一家三年前去過的牛肉麵店吃飯，坐在相同的位子，點了一份排骨飯，咬下去以後覺得排骨硬梆梆，才想到，對！我有印象，這家的排骨飯難吃，不要在牛肉麵店點排骨飯。

每個人的行為都有既定的模式，想都不想就會做的事情是我們的反射動作。這直覺的反射動作影響了我們每一個抉擇。小到吃飯，大到做交易，我們總是在相同的情境做相同的決定。尤其在情急之下，無法花太多時間思考，投射出的本能影響我們至深。而影響我們做決定的，可能是非理性的思考，是本能的反應、情緒上的反應。所以對投資來說，寫「交易日記」非常重要，只有把當下的情況寫下來，記錄當下內心的想法，才能做事後檢討。記錄一段時間後，你會發現，原來賺錢的情況很類似，賠錢的情況也大同小異。

由於投資是有點運氣成分，隨便做也可能賺，認真做也可能賠。因為這隨機賺賠的緣故，讓投資人誤以為賺錢就是對的，賠錢就是錯的。所以，自我檢討的時候要多花點時間思考，分析影響賺賠真正的原因是什麼，我們才能對症下藥。並從中找到自己錯誤的「反射動作」，然後花時間去正視並且改變自己的交易行為，養成良好的習慣。**只有做到想都不想，直覺反應就能夠做正確的事，那才算大功告成。**

這是一個成長的過程，很少有人是天生的交易贏家，你不需要天生優秀，但你可以後天努力，缺什麼就補什麼。你要相信自己，一定做得到。

想要成為交易贏家，我該從哪裡開始？

該從寫「交易日記」並「自我檢討」開始。有紀錄才能檢討，我也鼓勵你這樣做。而一開始做檢討，往往比較難抓到問題的重點。問對問題才能找對答案，這是很重要的部分。在我與學生的互動之中，常常發現投資人一開始關心的問題不是「核心問題」，忽略了真正重要的部分，問錯問題是找不到答案的。所以我著手寫「交易診療室」這個章節。觀念先釐清，再來是方法的建立。

在「交易診療室」，裡面都是真實案例，記錄我的學生跟我之間的 Q&A，有的是不知道該怎麼處理手上的部位，有的是對於行情感到意外，停損之後開始檢討要怎麼做比較好。有的是本來賺錢卻又做到賠錢很懊惱，有的是受情緒控制胡亂交易，有的是喜歡下大注賺快錢。每個人個性不同，資金水位不同，遇到的問題不同。因此，透過別人的投資案例可以成為我們成長的養分，透過研究別人的投資案例，他山之石，可增進我們的修為。

透過第一章「交易診療室」，我們用 Q&A 的方式，先找到投資問題的核心，並且給予投資建議，再透過第二章「股票操作」，逐步建立完整的交易方法，最後一章的「交易日記」則進入實戰應用。本書會循序漸進的帶著你了解交易，請跟著我進入「交易診療室」吧。

交易第一要務，保護好你的錢

「我們無法控制行情，唯一可以控制的是自己帳戶的損益。」

——獨孤求敗

不明白出場以後，會賺會賠多少錢，這是投資人第一個要「做出改變」的事，最大的風險是：「不知道出場以後賺賠多少。」我們無法控制行情，唯一可以控制的是「自己帳戶的損益。」

信佳：「老師您好，有問題想請教，附上這二天其中一筆交易日記紀錄；再麻煩您針對此筆交易給予檢討及建議，謝謝您！」

★ 信佳的交易日記

8 月 8 日台指期於 11056 進場做多，這三天指數反覆測底，破 11000 點，又拉回 11000 點之上。今天 8 月 10 日中午 12：10 第三次跌破 11000，收在 10961 點，夜盤續殺於 8 月 10 日 20：50，期指跌破 10950 時出場。這次交易損失 21,200 元。

檢討：

1. 進場點有問題。
2. 連續兩天期貨測破 11000，第三次來真的。

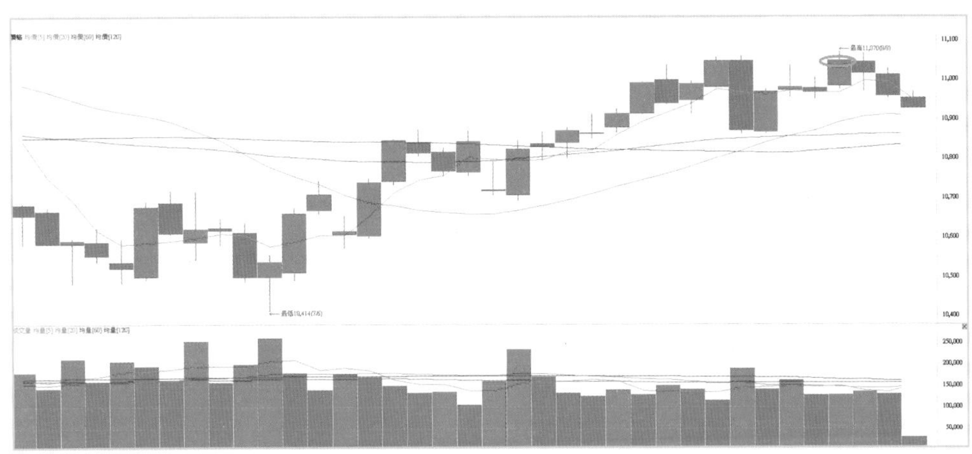

▲ 圖 1-1-1 買在高點以後何時該出

我們可以就幾個面向，討論這次的交易：

1. 風險管理

21,200 元，這是否為一開始就預知的損失，還是看 K 線「臨時決定出場」，不知道損失會有多少，損失金額是否「小於」一開始自定的可接受損失金額。

2. 進場點討論

8 月 8 日尚未過高，這裡買進時機正是「箱頂」，事後來看，想做多有沒有更好的進場點。在箱頂進場是否預期行情會走出去，第二天行情沒出去，心裡該如何思考？何時要認輸？

3. 出場點討論

8 月 8 日進場做多，進場的時候是否有「先規劃」停損點。例如 K 線跌破哪，就要出場（進場理由不存在時，則出場）。

請先想過以上三個問題後，再往下看。

1. 風險管理

21,200 元，是否是一開始投資者就預知的「損失」，還是不知道損失會多少，是看 K 線後，才臨時決定出場的？損失金額是否小於一開始自定的可接受損失金額。投資人第一個要改變的事情，是不曉得出場以後會賺或賠多少錢，此為大忌。很多投資人對於出場的損益總是感到意外，而無法接受的。投資人的心態經常是「怎麼會這樣？沒想到行情會這樣走？沒想到會賠這些錢、沒想到獲利不見了，早知道就早點走。」這些沒想到、預期之外都來自於事先沒有計畫，沒有先試算一下，若價格走勢不如預期，不知道價格出場時會賠（賺）多少錢。以至於讓自己陷入常出現意外的驚喜，奉勸本書讀者，這種驚喜還是少一點好，你做得到的，請提早預先規劃。

• 投資兩大意外

一、行情怎麼會跑到這裡

二、這裡出場的損益讓我意外

第一點，行情不是你能控制的，你無法左右市場，市場可以去任何它想要去的地方。既然如此，你要先規劃一下，行情若跟你想的不一樣，你要在哪裡出場。這點非常重要，因為你無法控制走勢，你唯一可以控制的是「**要買多少**」以及要「**在那裡出場**」。而我最常用的出場方式是「**行情跟想的不一樣出場**」。

例如，我因為創新高進場，若價格跌回前高，那麼創新高的原始理由就不存在，當行情跟想的「不一樣」，立即出場。若我因為大漲長紅而看多進場，當價格跌破這根長紅 K 我就出場，表示行情跟我想的「不一樣」。例如我是猜底進場，那麼行情不該破低，破低我就該出場，還是那句老話「行情跟想的不一樣」。

投資，要先清楚自己進場理由，當理由不存在，就出場。千萬不要用其他理由來支持自己留在場內，其他理由都是讓你凹單的「藉口」。投資人會不想出場，往往是怕出場以後行情又回來怎麼辦？那不是白白停損嗎？這樣想就不對了，**出場只是「控制風險，不讓風險擴大」，風險到了就走，保護好你的錢比什麼都重要！萬一，出場以後行情又回來怎麼辦？若行情真的回轉，那就「再買回來」即可，不是嗎？**

第二點，當你決定了在哪裡出場，你才能算出場的損益是多少，這樣做才能控制你的風險。最大的風險是不知道出場以後賺賠多少，最大的風險是不知道你自己在做什麼。這源自於你沒有事先規劃，只臨時決定要出場，行情走勢讓你感到意外，這只會讓投資變成賭博。大多數人的投資方式只不過是當個「賭徒」罷了。

當你已經決定最糟的狀況會在哪個價格出場，就代表你已經先算好「最大風險」了，當風險符合你的預期，你就執行交易吧。當走勢不如預期，你也不會感到意外。因為，一切都在你的風險管理與意料之內。

若行情不如預期，在自己意料之外。則表示事先沒有先想過，如果行情走反向，要在哪「認輸」，到時候損失會多少？若思考過這問題，遇到預料之中的停損情況，且損失可接受，則心情坦然。這是交易第一件要想的事。

股票投資人最常問的問題是，我現在手上的股票能續抱嗎？會問這問題的投資人多半是虧錢的，賺錢的人不太會問，隨時出場就好。賠錢虧損的人會問，想問行情未來到底會不會上漲？若會上漲，那麼我要留著我的股票，若不會上漲，那該如何？一大堆遲疑與不確定在心中，例如：「我等到它上漲，反正都跌這麼多了，應該不會跌到哪去才對。」投資人往往只有一個計畫，就是賺錢出場的計畫，不喜歡去想不好的事情，不喜歡去想賠錢怎麼辦，要在哪邊認輸。全因為投資人一開始沒有規劃出場點，以至不知道虧錢的時候，何時該停損出場。

我們永遠無法確實知道未來行情會漲還是跌，若把重點放在因為未來會漲會跌，而決定要不要留著手上部位，那會有盲點，因為未來永遠是個謎，這個問題沒有答案。**我們就是不確定未來會漲或跌，才要事先規劃出場點。事先決定哪裡出場真正的目的是「限制住自己的最大虧損」，我們無法控制行情，唯一可以控制的是自己帳戶的損益。**「控制自己帳戶損益永遠比預測行情重要」。

• 認清自己到底是交易者，還是行情預言家？

記住，你是交易者，而非神準的預言家，別將投資的重點變成「預測行情」，交易的本質是追求獲利，並保護資本，養成進場設停損的好習慣，鎖住風險才來談追求獲利。

風險管理是投資者最弱的一環，往往放任損失擴大，不清楚自己出場會賺賠多少錢，沒有事先決定認輸點。沒以風險管理的角度來投資，不會將損失壓在合理的百分比內，所有的虧損都是忽略了這點，只醉心於預測未來行情，並且一廂情願。我建議，投資的每筆損失切勿超過資金的2%。若本金十萬，2%就兩千。兩千是你的額度。以這個思考邏輯去交易期貨、選擇權買方、賣方、股票、權證、股票期貨。一法通，萬法通，道理都一樣，只是商品不同。若能將單筆損失壓在1%以內是最好的。所以，資金越大越容易做資金管理，也越占優勢。**風險管理是交易最重要的一環，專業的法人機構非常重視這一點，但投資者卻容易忽略它。**

請你試想一個情境，你今天很看好一檔商品，想要進場做多，你手上有一百萬資金，商品每單位價格八萬，你最多可以買12單位。你很想賺錢而且非常看好，篤定它會上漲，於是一開始你買了 10 單位，結果行情不如預期，它並沒有上漲，反而下跌，你這樣判斷行情是會上漲的。行情稍作反彈又繼續下跌，這時你帳上的虧損擴大，虧了 20%，行情只是暫時回檔，會再上的，你這樣判斷，加碼買進，降低購買成本。可是行情並不如願，繼續往下探，損失擴大到 52%，你慌了，進退失據。虧損 52%不是你所預期的，於是你抱著虧損部位不知所措。

你開始詢問專家，這檔商品到底會繼續下跌還是會上漲，該不該留著賠錢的部位，何時可以出脫，這是常見的散戶模式。只在意分析判斷，只看見眼前的獲利，但是從不計算風險。計算風險聽起來簡單，但卻是很不容易做到的，大多還是順著本性想買多少就多少，想何時出場就何時出場。這就是人性。九成以上的投資者風險管理做得不確實。

我們應該這樣做，本金 100 萬，單筆最大風險 2%，算出來每筆交易最多只能虧 20000 元。接下來養成進場設停損的好習慣，若打到停損每單位會賠 5000 元，那麼買 10 單位會賠 50000 元，這已經超過我們所能接受的損失，不能買這麼多。

這就是交易者該做的事，先控制風險再追求獲利，風險從部位規模控制開始，再來是停損，最後讓虧損符合資金管理風險百分比。這筆交易你無法買太多，你最多只能買 4 單位，買 4 單位，風險計算過關，到停損價就確實執行，將 52%的虧損降低到 2%，讓你看錯行情也不會傷本。留住本金，你就有繼續在場上交易的權利。交易第一要務，保護好你的錢。

2. 進場點討論

8 月 8 日尚未過高，這裡買進是箱頂，事後來看，有沒有更好的進場點來做多。的確是有更好的進場點，就是買在前幾天，行情尚未漲上來時，但很多時候都是事後論，前幾天大跌你說不定還看空，根本不想做多，等到行情漲上來要吃掉長黑，要創新高，你開始看多，此時行情卻又不漲了。這裡有很大的技術分析討論的空間，但我覺得這不是重點，因為任何方式都是對錯交織的。

猜底可能對也可能猜錯，過高買進可能對，也可能買錯，既然沒有一定，就不用太執著於此。**我可以肯定的說，一個會交易的投資者，他可以做到丟銅板決定多空，然後做到賺錢。賺錢來自於「交易方法」而非預測。**

3. 出場點討論

8 月 8 日進場做多，進場時是否先規劃了「停損點」。例如 K 線跌破哪要出場（進場理由不存在時，出場）。買在最高點，就是預期行情會繼續前進，第二天價格就回檔，跌破前高位置，我會考慮將停損點設在這裡，設在前高位置附近，或是設在前高位置，再往下加小段距離當作停損價，因我預期行情會繼續前進，但是行情卻跌回我設定的停損價，就表示我錯了。**行情跟想的不一樣，就出場。**

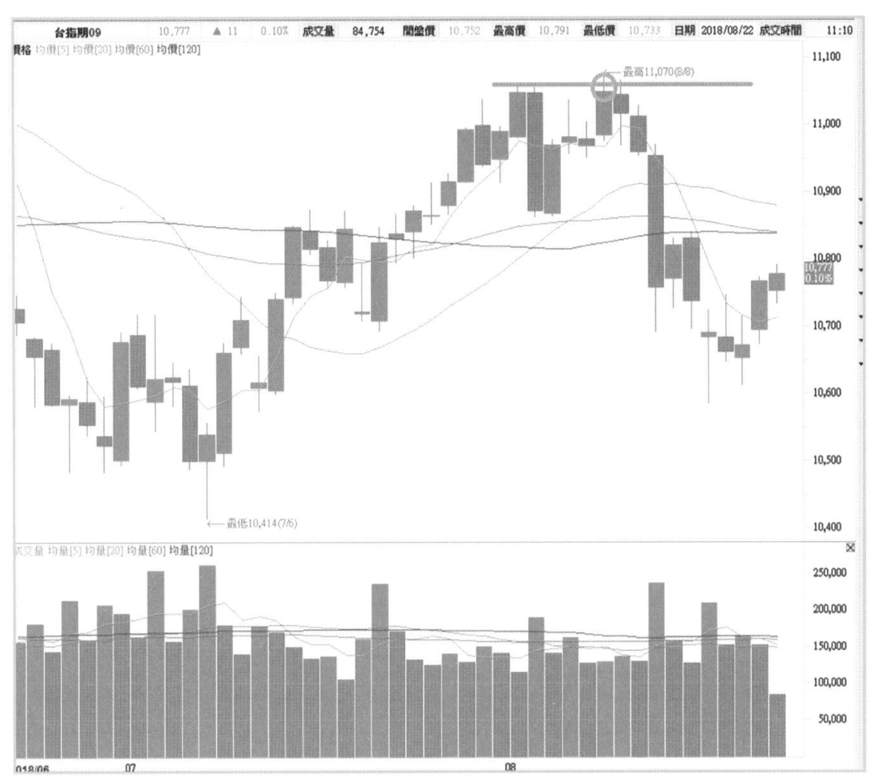

▲ 圖 1-1-2　創新高買進，那是否要設定跌破前高出場？

後記：其實這位同學出的算早的，出在 10950。後面的行情再下跌 384 點到 10566，如果信佳沒出場，下場更慘。

停損太小導致時常虧損，該怎麼辦？

「交易要避免兩件事，一是一次大的虧損、二是連續的虧損。」

——獨孤求敗

語柔：「老師您好，你說交易發生不要大虧損，這我做到了。但我現在常常發生小虧損，錢慢慢變少好像慢性自殺，請您幫幫我，好嗎？」

我：「你是怎麼虧損的？」

語柔：「我就是賠錢，怎麼做怎麼錯。」

我：「可以請妳說得清楚些嗎？例如你在哪裡進場，你在哪裡出場。如果只是一句『我賠錢了』，這樣聽起來不夠清楚，我要怎麼幫你呢？」

語柔：「可是我的交易很多筆，我該怎麼說起呢？」

我：「妳就舉最近交易的例子啊。」

語柔：「今天早上，我進場做多，買在 10855 點，行情在 10：41 突然往下殺殺到 10820，跌破了今天低點，我停損了，停損在最低點附近，停損完行情就跳上去了，最後收盤收在 10886。老師，您說說看，這個盤是不是很故意！」

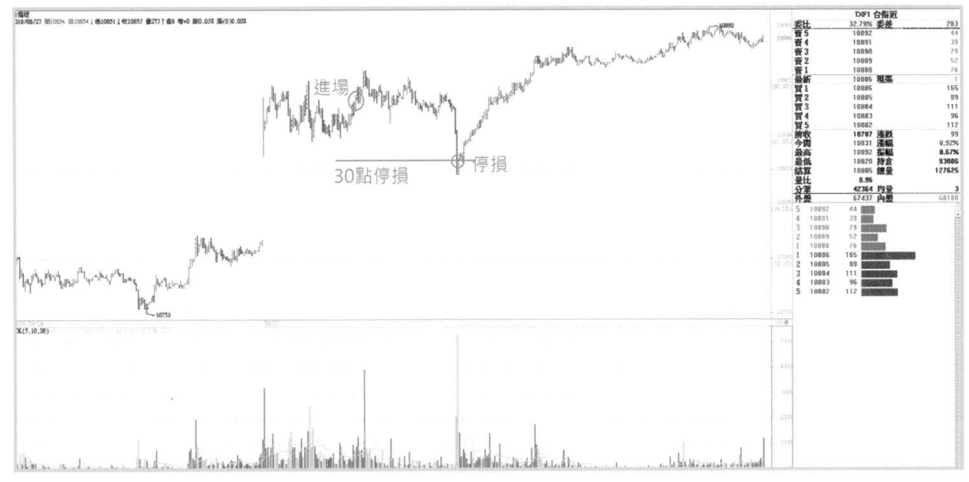

▲ 圖 1-2-1　進場以後停損在低點

我：「對，這個盤很討厭沒錯，故意跌破今天低點，把做多的人全掃出場。」

語柔：「老師，以前不設停損還沒事，現在設了停損卻常常在停損。我可以不設停損嗎？」

我：「絕對不行！停損的用意是保護你的錢，你不能不設停損。你停損設幾點？」

語柔：「我的停損設在 30 點。」

我：「這就是了，你若不想被掃出場你的停損就設大一點。你可以放大停損到 50 點、100 點，但是你不能不設停損。」

我：「之前有個同學來找我，他也跟你說了一樣的問題，他說他常常停損。我問他停損設多少，他說他設 30 點。我說，你停損設 30，卻經常在停損，表示你『進場點』不好，否則怎麼會每次進場後都跌 30 點，就撞到停損區？短期之內要改善進場點比較難，你試試看這樣做，用三次 30 點換一次 100 點。結果，在過了一個月之後，他跑來告訴我，他已經開始賺錢了。進場以後行情上漲五百點，他特地跑來感謝。」

停損一定要設，差別在要設多大。**你若設得很小，那麼你的打擊區很小**，你只能在最低點附近買進，這樣行情才打不到你的停損。**若你設的停損很大，那麼你的打擊區很大**，進場點不用很好，「大概」的方向看對就可以賺錢。我把停損拉大的作法稱作「大概投資法」。想拉長線的人能這樣用。進場技巧不好的人可以這樣用，常常遭遇停損完行情就走出去的人可以這樣使用。

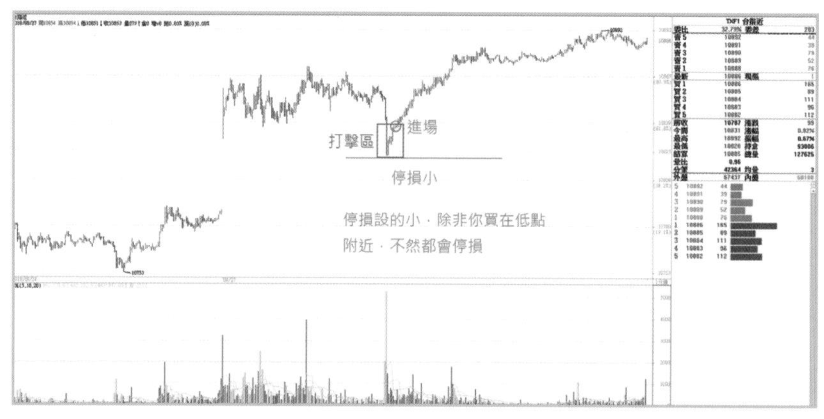

▲ 圖 1-2-2　小停損要搭配好的進場點，打擊區範圍小

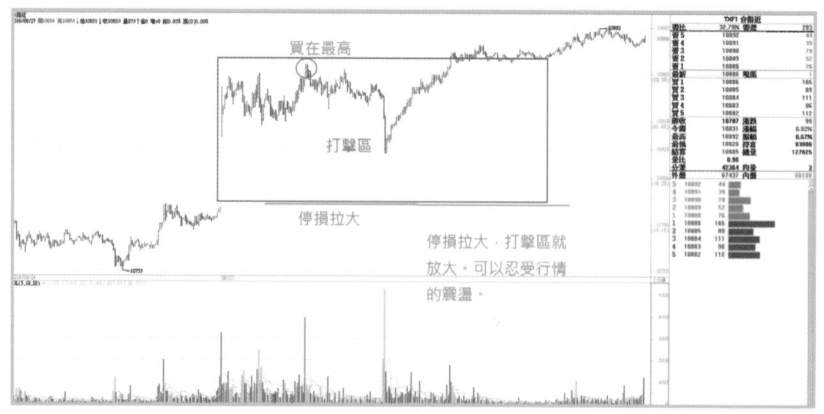

▲ 圖 1-2-3　停損拉大打擊區就大了，可以搭配比較差的進場點

語柔：「我懂了，原來把停損拉大就可以相對提高勝算。」

我：「對，就這麼簡單。」

我：「提高勝算有兩種方式，一，找好的進場點進場，改善進場技巧。這個比較難，需要精進短線技術分析的技巧，需要時間磨練，需要累積經驗。從不會到會沒有這麼快。第二種方式是直接把停損拉大，這樣對進場點就不挑了，只要大方向看對，不用特別訓練進場技巧，大多數人可以馬上上手。**不過，停損放大也要符合風險管理，不要讓任何一筆損失超過妳的預算。通常拉大停損部位就要降低。再來是停損既然都拉大了，就不要做太短。拉長線操作比較有利。**」

語柔：「我懂了，謝謝老師。」

我：「不客氣。謹記停損的重要性！」

獨孤求敗的分析與建議

立刻解決時常停損的方法

1. 大方向看對（找有趨勢的商品）。

2. 將停損拉大。

做股票期貨首重資金管理

「交易不要做盡，把自己逼到絕境。」

——獨孤求敗

獨大：「最近你的交易好嗎？」

同學紅人：「謝謝老師關心，現在我把重心放在股票期貨當沖，比台指期好做。老師，您教的技術分析在做短線時很好用喔！」

獨大：「GOOD！你都做股期當沖嗎？」

同學紅人：「對，當沖不留倉，好睡不虧錢。」

獨大：「股票期貨成交量少，短線急著進出可能會吃虧，你會做長線嗎？」

同學紅人：「目前做當沖，正在學習做波段，可以請老師建議一下嗎？」

同學紅人：「股期的波段怎麼做？跟指數有什麼不同？」

獨大：「把股票期貨當作股票做，去槓桿，做日K。」

同學紅人：「這樣直接做現貨就好了，不是嗎？做股期還要每個月換倉。」

獨大：「股票交易和股票期貨交易方式一樣，差在槓桿不同、成敗在資金管理。股票期貨只是股票的衍生性商品，它的槓桿讓賺賠都放大（**放大7.4倍**），如果操作股票不會賺錢，沒有道理你能在操作股票期貨時賺錢，這跟權證一樣，若操作股票不會賺錢，沒有道理操作十倍槓桿的權證就會賺到錢。所以還不會操作股票賺錢的投資人貿然交易股票期貨、權證等金融商品，是相當危險的。你不知道槓桿會把你帶到哪裡去，是天堂還是地獄？這些衍生性金融商品只不過是『放大了』獲利和虧損而已。衍生性金融商品成功率會更低，投資人始終會敗在人性。原本操作股票會凹單的投資人，操作衍生性金融商品一樣會凹單，而『槓桿』就放大了人性弱點。**請不要只看到賺錢的那一面就毫無戒心的進入市場，看到本小利大、看到用一點點的錢就可以賺到很多錢，看到別人成功的案例，看到別人賺大錢就流口水。別讓貪婪沖昏了頭。若不做好「資金管理」，一看錯就斷頭。**」

之前有位學生，才剛開始上課，他就說他陣亡了，無法繼續交易，我問，怎麼陣亡這麼快？都還沒開始呢，到底發生什麼事？他說他貸款一百萬資金，操作股票期貨，跟了另外一位老師的單，做一檔強勢股的股期，對未來充滿願景，很想要好好大撈一票，買了滿手股票期貨，結果他買在相對高點，股票稍微一回檔就斷頭了，立刻接到追繳電話。當時聽說這位老師教學員買到滿，有賺錢就出金。教學是良心事業，怎麼可以教學生買到滿，下大注，太不可取了。**投資不是只有進場、出場的技巧，更重要的是做好「資金管理」。不做資金管理的人只不過是在賭博罷了。**

交易先談風險再追求獲利

股票期貨槓桿是 7.4 倍，那表示股票漲跌 10%，股票期貨的獲利或是虧損就是 74%，賺 74%是上天堂，反之，那如果賠 74%呢？若眼裡只看到別人賺幾倍，賺多少錢，沒去關注到風險，這是相當危險的。若你買到滿，股票只要下跌 3.15%，你的股票期貨就開始面臨「追繳的壓力」。

下跌 3.15%很難嗎？不，其實很簡單。行情震盪隨隨便便就能回檔 5%，交易不要做盡，將自己逼到絕境。之前，有位大老闆在應徵私人司機，有三個技術很好的駕駛前來面試，大老闆問他們一個問題，如果今天在懸崖邊開車，時速八十公里，你可以靠懸崖邊多近？

第一位回答說：「我可以靠近懸崖 50 公分行駛。」

第二位回答說：「我技術更優，我能靠懸崖 10 公分保持 80 公里的車速前進。」

第三位回答說：「能離多遠就多遠。」

面試的結果，第三位是被錄取者。

交易有槓桿的商品，你要先「去槓桿*」

學生紅人：「要怎樣去槓桿呢？假設做五口的話。我想放空鴻海，需要準備多少資金？」

獨大：「五口等於十張，我最少會準備一半的資金來操作，最好是完全去槓桿，用十張股票的錢來買五口股票期貨。」

學生紅人：「準備十足的錢，那這樣跟買股票有什麼差異呢？」

獨大：「有差，因為你可以用同一套資金做加碼，有賺錢加碼，加碼可以做到買很多，但風險很小。操作現股的話無法做到這點，你有多少錢就只能買幾張股票。在完全去槓桿的前提下，你用十足的錢做股票期貨，一開始只用掉13.5%的資金，後面還有錢可以加碼。若你用五張股票的錢做五口股票期貨，你的槓桿是兩倍，這樣也還可以。」

學生紅人：「以加碼的方式進場嗎？」

獨大：「那是最好的，你可以用等比例的方式加碼，1＋1＋1＋1＋1……」

學生紅人：「如果目標價只有10元，也就是現在是81.2，預估會跌到71，這樣也是看K棒來做加碼嗎？」

獨大：「這樣就不用，這樣的做法，比較算是一進一出，做短線。其實股票期貨重點是看錯你賠多少百分比，算一下，停損在哪裡，買一口會賠多少錢，買五口賠多少錢。我遇過股票期貨陣亡的都沒在管風險，只管眼睛看到的獲利。」

學生紅人：「對的！要先計算損失。以鴻海今天高點83.1當停損，明天空在82.2，五口，1.0元停損，五口就是一萬元加手續費和稅金，是嗎？」

獨大：「對。」

學生紅人：「看起來是可以接受。」

---

* 股票期貨只需現股的13.5%資金，用13.5元就可以買100元的股票。股票期貨槓桿有7.4倍。去槓桿的意思就是不要將倍數放大到這麼多倍，例如用80元的錢買100元的股票，投資人自發性的去槓桿。

獨大：「這樣就對了，先算風險再下單。保持這種自律與狀態。也要先確實預掛停損。」

學生紅人：「但股期跳動很快，用市價會滑價*很多呢！」

獨大：「短線價格吃虧，所以拉長線比較不吃虧。」

學生紅人：「你掛停損是用市價嗎？或者是定價？觸發時？」

獨大：「用券商下單，掛限價。」

學生紅人：「有沒有碰過限價而來不及成交的？」

獨大：「BETTER 價，買貴一些。」

學生紅人：「嗯，讓個一兩點給他。謝謝獨大。」

獨大：「另外，有些人推薦用股票期貨來參與除權息，省稅。我覺得這大可不必。因為沒有省到錢，除權息後帳上多出來的資金，來自於你的股票期貨的帳上虧損。你並沒有賺到，你怎麼處理你賠錢的部位？若股票期貨繼續下跌，是會斷頭的。**本來想長期持有股票做價值投資，變成持有股票期貨這種投機性商品，還冒著被斷頭的風險，你不覺得怪怪的嗎？**長線持有現股，沒有到期日、沒有槓桿，不會斷頭。「股票期貨」這商品的屬性不同。千萬別讓投資變成投機。」

看精彩影片：〈沒看這篇別做股票期貨〉

股票期貨影片網址

http://optree.com.tw/book3/2-3.html

* 滑價：指「買賣的價格跟你預期掛單的價位不同。」只要實際成交的價位跟你第一次想掛單的價位不同，都可稱為「滑價」。

解讀法人籌碼，不如解讀自己籌碼

「交易其實最重要的是自己的部位，自己的籌碼。賺錢了，表示你看對了；虧損了則表示你看錯了。我們時時調整自己的籌碼，讓帳面上保持獲利。」

——獨孤求敗

葉純真：「老師，早安！」

我：「早安！」

葉純真：「請問如何解讀這數據？5大、10大週選（週選擇權）、月選（月選擇權）多空的解讀，謝謝。」

這位同學所使用的是我開發的手機App「選擇權搖錢樹」，裡面放置了許多跟選擇權相關的資訊，包括籌碼解讀、交易日記、線上課程、台股走勢、選擇權知識、在你現在的位置附近，有那些券商等。她查詢裡面的籌碼資訊，問我如何解讀選擇權前十大法人和前五大法人的籌碼。

▲ 圖 1-4-1　選擇權搖錢樹 App 籌碼解讀

她提問題的這天是 2018 年 8 月 24 日，走勢正從底下漲上來。10606 漲到 10865，漲了七天，收根黑 K。在這個問題背後，她真正想問的是未來行情會漲還是會跌，手上部位需不需要調整？

她想知道如何藉由解讀法人籌碼，來判斷未來的走勢會往哪走？也想要解讀法人的多空態度。沒錯，解讀法人籌碼的功能，正是解讀法人對未來的多空態度，**但是比起解讀法人籌碼更重要的，是解讀自己的籌碼。交易其實最重要的是自己的部位，自己的籌碼。**

別人籌碼是別人賺賠，賺賠多少跟自己無關，頂多拿來茶餘飯後閒談一番。自己的籌碼跟自己有關，就不是茶餘飯後的事了，是攸關自己荷包的大事。想看法人籌碼，無非是想從籌碼中解讀法人多空態度，想藉此研判多空，研判行情會漲嗎？其實多空在你，你自己的籌碼就會告訴你，損益會告訴你答案。

▲ 圖 1-4-2　2018 年 8 月 24 日，大盤日 K 走勢圖

純真問我如何解讀法人籌碼，以下是我們的對話：

我：「解讀法人籌碼，不如解讀自己的籌碼。妳現在做多還是做空呢？」

葉純真：「我現在在練價差單，目前持有的部位是賣 10 月倉 11100 CALL、買 9 月倉 11200 CALL，可行嗎？」

我：「要看多空調整部位喔！」

葉純真：「老師，我怎麼會知道多空往哪個方向？」

我：「你現在手上部位哪個賺錢？哪個賠錢？」

葉純真：「做多的 BUY CALL 賺錢，做空的 SELL CALL 賠錢。」

我：「那就是了，現在行情往上。做多比較有利。」

葉純真：「我也有賣 10 月 10500 PUT（做多）。」

我：「若繼續漲，做多的 SELL PUT 10500 賺的不多，做空 SELL CALL 的損失會繼續擴大。選擇權賣方獲利有限，損失會一直擴大。若你都不走，SELL PUT 賺的錢沒辦法抵掉 SELL CALL 賠的錢。」

我：「九月 BUY CALL 是避險單嗎？」

葉純真：「是！請問老師，這可行嗎？」

我：「可以。」

葉純真：「 價差單，看情況再調，您認為呢？」

我：「你組的不是真正的價差單，同月份結算的才算是價差單，才有保證金減免只需五千的好處。你買九月份的買方，是因為它便宜對嗎？」

葉純真：「是，我還有替 SP 避險，目前部位是：

10 月倉 11100 SC 68

10 月倉 10500 SP 77

9 月倉 11200 BC 10.5 避險

9 月倉 10400 BP 17 避險

老師，這樣可以嗎？」

我：「如果是我，我只會避險危險的那一邊。」

我：「怕漲 BC（BUY CALL）避險；怕跌 BP（BUY PUT）避險。」

我：「你看你現在哪一邊賺錢？哪一邊賠錢？避險正在賠錢的那一邊！」

葉純真：「那就是替空單 SC（SELL CALL）避險囉。」

我：「其實我喜歡做單邊，手上留著賺錢的部位，平倉賠錢的部位比較沒煩惱。賠錢的單不在，就不需要避險，如果你怕漲，就不需要留空單。」

葉純真：「意思目前 SP（SELL PUT）囉？」

我：「我教你的是方法。看走勢調整部位，看帳上盈虧調整部位。」

- **重點不是解讀法人的籌碼，而是如何調整自己的部位**

這是個典型問題，許多投資人會關心市場法人的籌碼是多或是空，某某股票有哪些主力在買，買了多少張？甚至關心某某專家推薦的那些股票，或者某某老師做多期貨，或放空期貨，然後呢？你做了什麼？你會因為主力買進，所以你跟著買進，是嗎？因為專家做多，我們就跟著做多嗎？買進就會漲嗎？如果買進以後價格卻下跌呢？你怎麼辦？該怎麼處理手上部位？是繼續觀察主力出了沒，主力多單跑了沒嗎？如果主力沒跑，你也不跑是嗎？

期權市場常常法人手上是多單，可是價格在下跌，股票市場的籌碼也說不準，所以法人的部位是什麼成為我們的操作依據嗎？專家怎麼做，我們也跟著做嗎？**專家也會錯，與其觀察別人怎麼做，不如關心自己應該怎麼做。交易，養成獨立思考的習慣，不要看他人的答案，不要跟單。**

在純真問完問題的幾天之後，行情又漲了 374 點，創下波段高點後收黑。我不知道她後來怎麼處理手上的部位。原本，她是多空部位都持有，操作雙 SELL 加避險單，如果沒留下賠錢的部位，她就不用煩惱這段行情的上漲，也不用煩惱自己該如何處理空單 SELL CALL 了。

▲ 圖 1-4-3　學生在問完大盤日 K 問題後，大盤再漲 374 點

5 投資中的預測及機率

著名的經濟學家西奧多．李維特（Thedore Levitt）說：「做一個預言家是很容易的，你做二十五次預測，而只要有一次是正確的，那就是你要談論的事。」

沒有人這麼坦率，不過所有人都同意這一點，預言家們都知道一個重要原則 ：「**若你無法準確預測，那你要不斷預測。**」不少人喜歡聽預言，可以知道未來的事，我們就可以提早做準備。可以知道未來的行情，我們就會變得富有。關於未知的未來，人們總是充滿好奇，想要預見未來，因為人們愛聽，有需求，就有很多預言家、財經專家、經濟學家跳出來預測未來，而且講得越聳動越好，越吸引多數人關注。每年的年初，都會有很多專家預測當年走勢，今天高點落在第一季、今年走勢會先盛後衰，若半年後預言成真，就會說：「你看，我早在七個月前就預告了。」若半年後預言不成真，也沒有人會記得這件事。預言家重操舊業，重新再做一次預言就好！

是預言？還是先射了箭，再畫靶心？

從 2008 年到現在 2018 年，十年期間股市走大多頭，中途雖有下跌，但並沒有真的走空頭。漲多了，該跌了吧！於是每一年都有空頭司令、末日博士、經濟學家、財經專家跳出來預言，在不久的未來行情將會崩盤。《窮爸爸．富爸爸》作者羅伯特．清崎在 2016 年 8 月的時候提出預告：「史上最大崩盤即將爆發，買股、儲蓄的都是瘋子。」然後，股市展開一連串強勁的多頭走勢，台股上萬點、美股上兩萬，史上最強的多頭行情連漲兩年，股市創新高，創下站上萬點時間最長的紀錄。他不是第一個預言崩盤的專家，也不會是最後一個。在全球股市還沒真的崩盤之前，我相信一定陸續會有很多專家們出來警告，直到崩盤為止。

因為未來走勢充滿變數、不可預測，所以很多投資人都很喜歡有老師帶著、專家帶著，明確告知哪裡可以買進、哪裡應該賣出。曾經有多位投資人問過類似的問題：

漢宇：「請問獨大你有在帶單嗎？」

獨大：「沒有。」

漢宇：「我們需要明確的指示，一開始交易都沒信心不知道對不對。」

獨大：「可以事後討論，盤中獨立交易。」

天心：「老師，你怎麼知道行情會漲。你怎麼這麼有信心進場？」

獨大：「我不知道，我不確定是否真的會漲，我只是嘗試，研判機會就進場。」

天心：「老師，你程度比較好，你常常看對方向，你可以有信心的進場，我們就做不到了。」

獨大：**「我也常常錯，只是我不會在意這些錯誤。」**

獨大：「你怎麼做這麼短？進場以後馬上出場。行情大跌，你空在很好的位置，太早獲利了吧。」

志恆：「我不確定啊，不確定行情會走多遠。有賺錢，就獲利入袋。」

志恆：「我加入另外一個群組，那裏有老師在帶單，前幾天做多賺三百點耶，好厲害。」

獨大：「你也可以，若你的空單不出場，現在就賺三百點了。」

志恆：「他有信心行情會漲三百點所以他賺到，我沒有信心，對於未來走勢我沒有信心，我不知道行情會跌多少。有太多次賺錢沒走變成賠錢的經驗，所以有賺到了，就先出場。」

這就是投資人的心理狀態，缺乏信心、對未來充滿不確定、不安全感、賺錢想要入袋為安、心理渴望聽從一位自己信服的專家的投資建議來操作，從這位專家身上得到「信心」。殊不知，專家也是預測二十五次，然後專門只講對的那一次。

• 接受不確定，用機率的角度看待投資

投資人想要的是確定，可是投資明明就是一個不確定的事。你無法用任何技術分析、基本面分析、籌碼分析……去預測未來行情會怎樣。所有的預測只是猜測而已，那只是你腦中的想像，你預測你的，行情走它的，沒有相關。好吧，就算我們真的有辦法看到行情的蛛絲馬跡，去預測未來的走勢，但也要有心理打算，沒有一定要往你預期的方向走。既然無法保證往你預期的方向走，那還是不確定的，任何的分析判斷都是機率。

未來充滿不確定，想要成為成功的投機者，先要接受這件事。然後我們用機率的角度看待投資，只要期望值為正，就可以嘗試交易。重點不在買進之前的分析判斷，而在買進之後的「部位處理」。的確，我們先要分析判斷未來的走勢可能會往哪走，誰會漲或誰會跌，你才能做交易，才有起始的第一步。這個部分需要下功夫，能夠預測未來確實令人著迷，但我們不能把分析判斷看得太重，我對自己做心理建設，我的預測對錯的機率也只有五成左右。

要如何不讓賺賠變成碰運氣呢？要怎麼樣讓對錯的重要性降到最低呢？這就要靠「交易方法」。永遠先試單，看錯的話賠小錢，接受虧損，沒關係。看對的話，抱住獲利的部位「讓獲利奔馳」，當行情證明我的看法是對的，手上獲利正在增加，我會加碼買更多獲利的部位，**想辦法做到看對的時候買很多，看錯的時候買很少**；專心做好這件事，只要做到這點，你就不會在意是看對還是看錯了。

• 自律，養成良好的「交易習慣」

這件事情需要練習，因為它違反人性。正常人是看錯想凹單、甚至加碼攤平，看對想獲利出場。少數人是看錯停損，甚至反手，看對留著不走，買更多。原本順著人性獲利想出場，現在是不走，反而買更多，一個獲利想出場，一個想進場，兩者做著兩件完全相反的事情。

一種人是虧損想留著，想等到不賠的時候才出場；一個是虧錢的時候認輸，執行痛苦的虧損，這也是做著兩件完全顛倒的事情。你在自我的訓練過程中，先要克服這樣的心理障礙，跟原本的自我「反著做」。然後，一次又一次地做原本自己不會做的事，直到變成習慣為止。

變成習慣，你就可以想都不想就做出來，這變成你交易的一部分。我們常聽交易要「守紀律」，**我提倡交易要養成「良好的交易習慣」，在還不習慣的時候這些該做的事，它是一種紀律，要刻意去遵守，當習慣養成以後，便成自然，像呼吸一樣自然。**不用刻意做就做得到，投資與自己的人生，都該培養贏家的 DNA。

6 賠四百萬如何翻本？

「價格無關緊要，要命的是部位。」

——獨孤求敗

在某星期三的下午，收盤後，我到咖啡廳和學生 Andy 見面，Andy 這位學生加入我課程約莫半年，他需要幫助。他投資「海期*」（海外期貨交易）前前後後輸了快四百萬，剩下五十萬，他想聽聽我的意見。

高手重視的是「部位」

我：「你還好嗎？」

Andy：「還好，想跟師父聊聊。」

Andy：「師父，你有沒有什麼比較厲害的進出場點教我。我發現我的進場點不太好，技術分析有待加強。」

我：「你會認為進出場的技巧很重要，沒錯，技巧有它的重要性，但其實技術分析、進出場點的並不是能否賺錢的關鍵，在一個成功的交易中，它的重要性占不到三成。」

ANDY：「哦？不到三成？竟然這麼低！」

我：「還有其他更重要的事情。」

Andy：「什麼事？」

---

* 海期是「海外期貨交易」的簡稱，海外期貨商品相當多樣，由於市場的不同，「期貨指數類」有美國小道瓊期貨、小 S&P 期貨、小那斯達克期貨、日本大日經期貨、香港恆生指數期貨等。也有「匯率期貨」，如歐元、澳幣、英鎊、瑞郎期貨等。更有「農產品期貨」、「能源期貨」、「金屬期貨」及大分類下的各種期貨商品。

我：「部位規模，進場之前先要規劃部位可以買多少，不要買太多。」

Andy：「有，我以前都買很多，自從上了您的課以後，我有開始縮小部位。真的看錯就賠比較少。」

我：「價格無關緊要，要命的是部位。華爾街很傑出的前輩們，都會計算這筆交易可能會賠多少錢，風險多大。大部分人眼裡看到的是獲利，很少會去思考風險。」

我：「投資賺錢的方法有很多種，但是畢業離開市場的方法都一樣，就是買太多，加上不停損。前一陣子有位同學在指數高檔買了很多的多單部位，行情跌下來捨不得停損最後畢業。最近也有位同學看錯卻不停損，凹單加碼攤平最後陣亡。我上課不斷提醒要停損，不要買太多，但是真正在交易的時候不見得做得到，難以克服人性。我開發的 WINSMART 交易工具就是用來克服人性用的，交易之前先計算風險，風險過了才下單，停損價到了，你砍不下手沒關係它幫你停損，保證不凹單。使用這交易工具會保護你，不讓你賠大錢。但是自己下單就不一定了，要管得住自己。又有多少人管得住自己呢？」

Andy：「也對，師父，真要管住自己好難。我現在一開始都把部位縮小，損失就降低，可是不知不覺又會把部位給放大。請問師父，你有提到改變自己的壞毛病要花一些時間，請問老師，你怎麼做到的。」

我：「的確，我從確定要改變壞毛病到真的大部分改善，前後花了兩三年的時間，江山易改本性難移，我們都活了幾十年，性格不是說改就改，壞習慣也不是馬上可以矯正的。要正視，不要逃避、不可忽略。正視這些交易的壞習慣，然後下決心要克服它。不要忽略這些壞毛病，它會影響你的投資績效，這不是這麼容易但是必須要做。」

Andy：「師父，你怎麼做的？」

我：「寫天使卡惡魔卡，將錯誤的行為記下來寫在惡魔卡，天使卡記錄反過來應該要怎麼做的正確的行為。每次犯錯都在『惡魔卡』記一次，記久了自己就會不好意思，自我檢討。然後很勉強的去做自己不習慣的『天使卡』行為。例如你捨不得停損，那不停損就是惡魔卡行為，勇敢停損就是天使卡行為。這些有害於交易的行為，你若在交易的過程中都忽略它，那麼它會不斷重複出現。這樣，就算學再多也沒用。因為賠大錢的方式都差不多，『買很多』加上『不停損』，我知道改變不容易，但你必須改變。」

Andy：「好，我要下定決心！」

我：「說到要做到喔！你要為自己的每一筆交易負責！交易有個交易流程，先控制風險再追求獲利，並且重複做對的事，機械式操作。贏家都是機械式操作，行情看對的時候加碼是反射動作，行情看錯的時候停損也是反射動作。

Andy：「好的，師父！我前一陣子賠錢是因為一開始買一點點，後來賠錢加碼攤平。我在盤整盤都會賺，趨勢盤就賠了。」

我：「你也幫幫忙，我上課教賺錢加碼，你回家賠錢加碼，你這樣對得起我嗎？趨勢盤是我們會大賺錢的時候你反而賠錢。你改不了你交易的習慣。喜歡猜頭猜底所以盤整盤賺錢，但是這樣會讓你在趨勢盤賠錢，加上你會加碼攤平，真正趨勢出現的時候你會賠很多。」

ANDY：**「是啊，師父，第一次賠錢十幾萬，有凹回來，第二次賠錢就凹不回來了。本來只買一些，後來想說價格下跌要來攤平成本，再買，買了以後繼續下跌，我再加碼，行情繼續跌，再買，我將我手上資金全部投入。但是，行情再摜殺，我真的受不了，只好停損。最後，我賠了五十萬。」**

資金控管，分清楚投資與投機

我：「不要急著把錢賺回來，急著把錢賺回來，你無法做出正確的決定。當你賠錢慌亂的時候，無法做出好的決定。前幾天我看動物星球頻道，它的內容是非洲發生乾旱，動物都到水邊找水喝，獅子也到水邊尋找獵物。有水牛群，獅子並沒有出手。等到夜幕低垂，母獅子們在牛群的周遭走動，牛群感覺到獅子的存在，而開始不安，聞得到危險，但是看不到，接著，獅子開始跑動，在牛群附近衝來衝去，牛群開始慌了，恐慌蔓延，牛群也跟著跑動，跑散了，被沖散，無法聚在一起。這個時候電視旁白：『恐慌會造成失誤，獅子在製造恐慌，等牛群犯錯。』

這正如投資，恐慌會造成失誤，市場恐慌的時候，就是狙擊者獲利最大的時候。從別人的失誤中獲取『超額報酬』。我們不要成為被宰殺的獵物，我們要成為『獵食者』，跟著獅子分一杯羹。不會有恐慌的前提是損失不夠大，損失不夠大的前提是買的不夠多，買的不多，你就可以做該做的事，該停損則停損，該反手就反手，順勢而為，一切的關鍵在於『資金管理』，也就是你的『部位大小』。當你看錯時，不至於有過度的損失，你才能思考如何在行情中賺錢，成為從中獲利的一份子。

看對而賺錢那沒什麼，因為你看對賺錢本來就應該，看錯還賺錢才是功夫，你要冷靜再反應，先控制損失，再做正確的事。這一切在於你沒有恐慌，也就是你買的不夠多，你沒有被情緒占領，沒有憤怒和害怕，順著行情做該做的事。買越多智商越低，越容易被情緒給掌控，不會做出正確的決定。會賠大錢的前一刻都是失去理智了。

例如 2 月 6 日那天，期貨一天崩跌 700 點，會賠大錢從市場畢業出場的投資人，通常是部位買太滿。」

Andy：「師父說得是，我好幾年前操作股票也是賠了好幾百萬，就是大行情不停損，幾天內就斷頭。然後，好長一段時間不敢再碰投資。」

我：「這不叫投資，這是投機。」

情緒左右了人的投資行為，冷靜為上

Andy：「師父，那我現在剩 50 萬，可以把過去輸的 400 萬賺回來嗎？」

我：「你現在不要急著把錢賺回來，這不是你現階段該想的事。你越想快點把錢賺回來，你就越會買到滿，那不是又輪迴你過去的錯誤嗎？你要先學會不要貪心，不要求快、不要急著賺錢，不要急著扳回一城，有的時候搶快反而更慢。你現在這個階段是要練功，練就一套可以穩定賺錢的方法，投資是一項技能，需要不斷練習、練習、再練習。你先練習到可以穩定獲利，錢少也沒關係，會賺錢以後，再放大資金。」

ANDY：「好的。那我要怎麼開始？」

我：「從寫交易日記開始，有檢討才有進步。」

ANDY：「那請問師父，我要怎麼確實做到停損，我會砍不下手。另外，我要怎麼抱得住獲利，我都抱不住。」

我：「不要看損益。看圖操作就好，我都直接看圖操作，該停損就停損，該抱著不走就抱著不走，完全看K線圖操作，沒有損益的影響在裡面。若看到損益你會被左右，會不想停損，會害怕獲利不見想趕快落袋為安。這時候影響你怎麼出場的就是情緒、而非理智。」

Andy：「師父，不在意損益，這很不容易。因為我很在意賺賠。」

我：「**你越在意賺賠你就越容易被情緒牽著鼻子走，不要讓情緒主宰了你**。詹姆斯在前幾天對勇士第一場冠軍賽的時候，他根本就是用盡生命的力氣在打球，就算眼睛在第二節就被戳傷看不清楚，也是繼續打沒退場，拚了命的得了51分，以一人之力，對抗比他強的冠軍球隊，打到延長賽，但最後還是輸球，輸給豬隊友。原本可以贏的但是輸了，他是多麼的渴望贏球，比賽結束後回休息室怒捶黑板，把他的骨頭打碎了。詹姆斯表示：『我沒有控制住情緒，而被情緒控制。我幾乎是帶著手掌骨折的傷打完最後三場比賽。』

他輸給自己的情緒，強者也會敗給自己，受傷讓他更難打贏接下來的所有比賽。頂尖的球員除了球技好以外，還要懂得控制自己情緒。他在前面對上暴龍隊一開始連輸兩場，他表示：這沒什麼大不了，又不是輸一兩場就要回家。因為他有良好的心理素質，這幫助他在劣勢底下反敗為勝。投資也是一樣，你要在輸錢的時候保持冷靜，不要被情緒影響，這樣才能幫助你有比較好的表現。

投資和球賽不同的地方在於，球賽屈居下風的時候不能落跑不比賽下去，投資可以。當你你發現苗頭不對，情緒受影響的時候建議先暫停交易。將自己調適到比較好的心理狀態再進場交易。」

Andy：「師父，那我可以賠錢加碼，和輸錢放大部位嗎？」

我：「不行。賠錢加碼最後買一堆，那不是和下大注一樣。輸錢放大部位也是，一開始買一單位、然後買二、輸了買四、再輸買八、最後梭哈。你這是在賭博，而不是在交易。你雖然一開始買少，但是賠錢加碼和輸了翻倍都讓你越買越多，最後不可收拾。**不要急著把錢賺回來。輸了就輸了，先練功**。所有急著想把錢賺回來的，通常就是輸掉口袋裡每一分錢的人。」

Andy：「好，謝謝師父。」

我：「加油，我能給你的是操作方法和建議，剩下的，要全靠你自己努力。」

7 賠錢自救SOP，啟動獲利方程式

「交易的本質不在預測，贏在修正，贏在加碼。」

——獨孤求敗

學生A：「老師，聽說賣方很可怕，風險無限，別人都建議不要做。」

獨大：「我都做賣方這麼久了，我還不是活的好好的。」

學生A：「當賣方，如果看錯了，不是會賠很多錢嗎？」

獨大：「為什麼賠很多錢？你不停損當然賠很多錢，你可以出場啊。」

學生A：「可是如果在我沒有看盤的時候，行情發生呢？」

獨大：「選擇權可以設定停損單，買方或賣方都可設定。你只要停損單設定了，就不用怕沒看盤的時候行情跑掉，跟你做期貨一樣可以設停損。」

學生A：「原來選擇權也可以設停損啊，那就沒想像中的可怕。」

學生A：「那會不會有無法停損的情況，例如2月6日那天的大行情？」

獨大：「那是三年一次的大行情，別太放在心上，既然事情發生了，轉念想，好消息是現在發生，可保你平安三年。」

學生A：「哈哈！有道理！那天的情況是怎樣？」

獨大：「那天開盤就下跌284點，然後再大跌400點。其實，我在前一天持有多單SELL PUT，隔天開盤大跌直接跳過我的停損價。我看了一下報價，將賠錢的部位出光。沒時間算賠多少，先出場再說。出場以後我開始進場做期貨空單，行情往下跌，我一路加碼空單，這天恐慌行情下跌走自由落體加速度，這天下跌幅度400點比跳空幅度還大，**只要你會「停損」加上「反手」，是可以把錢賺回來的。**若懂得加碼，你會賺更多。」

精彩影片：閃崩還能做賣方嗎？要如何自保，甚至從中發現賺錢機會

http://optree.com.tw/book3/1-3.html

極端行情發生，你是恐慌，還是順勢而為？

發生極端行情的時候大多數人都是恐慌的、憤怒的。這種負面情緒久久無法散去。但我們必須學會面對它，只要你繼續在市場交易，你一定會碰到極端行情，而且不只一次。每隔幾年就會發生一次極端的大行情。投資人要學會如何在恐慌行情中存活。我第一次發生大行情是在2007年8月，三天大跌一千點，然後再四天急漲888點。這次我買了很多期貨多單，當發生大跌時，我傻了，不知道該怎麼辦，沒有辦法接受這麼大的虧損。見到行情止跌，我不信邪，繼續加碼多單，都已經跌這麼多了應該反彈了吧？

行情反彈沒多遠又急轉直下，帳面上損失更大了，我心想，跟你拚了，我殺紅了眼，繼續進場做多，心中帶著憤怒，口裡詛咒著。行情並沒有因為我的多單而往上跑，而是繼續狂瀉，根本不理我，從我身上踐踏過去。

看著指數像自由落體，看到帳上鉅額的虧損數字不斷在放大，我腦筋一片空白，感到無比害怕，這時接到營業員的電話，問我要補錢嗎？我呆了兩秒，不補。我斷頭了，掛掉電話後我頭皮發麻，周圍的聲音完全消音，我只聽到耳中的耳鳴。我怎麼會在這麼短的時間賠這麼多錢？

我感到絕望。這天我一直在想到底哪裡錯了。如果放大十倍的資金我今天還是一樣會虧光，我錯在「資金管理」沒做好，一開始因貪心買了太多的部位，買太多的部位，心理上就沒勇氣停損，凹單不停損放任風險擴大，惱羞成怒，加碼攤平，加速的死亡。我開始在紙上做資金管理試算。

一次虧損 90%要回本需要賺 10 倍。10 倍，這不可能做到。

一次虧損 50%要回本需要賺 2 倍，這也很難。

一次虧損 10%要回本需要賺 11.11%，這看起來簡單些。

一次虧損 2%要回本需要賺 2.04%，這不難。

一次虧損 1%要回本需要賺 1.01%，這是簡單的。

資金管理

沒有賠過大錢，談資金管理都像隔靴搔癢。賠了便明白「資金管理」有多重要。

第二次發極端性大行情是在 2008 年的時候，2008 年全球股災，哀鴻遍野。台股從 9309 跌到 3955 跌了 5354 點。這一路恐慌殺盤，政府為了減緩跌勢祭出了漲跌幅減半的機制，原本跌停板 7%變成 3.5%。結果不推還好，一推出以後天天跌停，3.5%很容易來。這個時候局勢太刺激了，行情動不動就跌停，還動不動就漲停。這一年盤中觸及漲跌停的次數超過二十幾次。這階段，真的是一個很好磨練的時期，彷彿震撼教育。「期貨跌停」時，全部的錢都會湧入「選擇權」，因為選擇權 PUT 尚未漲停，還會繼續奔跑。

期貨跌停的時候，選擇權的 CALL 和 PUT 兩邊都會同步上漲，第一次看到的時候瞠目結舌，為何行情跌停 CALL 價格還會漲，原來是隱含波動率高升，CALL PUT 兩邊都會上漲。遇到這種情況該怎麼交易呢？遇到恐慌行情的時候，你看到的是恐慌，還是機會？靜下心來思考如何在極端的行情賺錢，我在這裡磨練出無風險的期貨和選擇權套利方法，一組套利可以賺三百點。太棒了，利用極端行情套利三百點，穩賺的。發現這個方法之後，我十分喜悅，結果你知道嗎，想好計畫以後，下次遇到跌停的時候還傻住，行情為何這麼不可理喻，現在回想起來還是可以感覺當時的心跳，半個小時後才反應過來，是啊，我的套利策略呢？

第二次遇到漲跌停的時候，腦筋空白的時間縮短，縮短到十分鐘，已經心裡有預期會發生什麼事，見到 CALL PUT 雙漲，見怪不怪，知道超漲的權利金在恐慌過後一定會消退。第三次發生時，我就熟練多了，不太需要思考直覺反應，快速下單。很感謝能遇到這麼多的魔鬼行情，最慘烈的困境，最美好的磨練。

第三次發生極端行情是在 2009 年的 5 月，連續兩根漲停板。連續兩根漲停板交易這麼久就只見過一次，不是只有做多會遇到黑天鵝，做空也會遇到。行情從底部 3955 開始上漲，漲到六千多，上漲 50%，這個時候做一個 M 頭，跌破頸線，結果你知道嗎？行情就來兩根漲停板，有夠機車。在跌破頸線的時候外資大量布局選擇權 BUY CALL 和期貨多單，然後拉出兩根漲停板，作弊行情。

第四次遇到極端行情是在 2011 年的父親節，三天崩跌千點，隱含波動率暴增，造成大量的選擇權賣方斷頭，史上最大選擇權違約交割案也發生在這次，金額有六億。這時我對極端行情已經很有經驗了。

第五次極端行情是在 2015 年 8 月 24 日，那時候放寬漲跌幅到 10%，盤中還差一點點就看到 10%跌停，好刺激。這根長黑就是行情的盡頭。這次順勢交易的人都大賺。

第六次極端行情是在 2018 年 2 月 6 日，開盤下跌兩百八十點，開盤後再下跌四百點，這天選擇權隱含波動率高升，恐慌指數高。CALL 和 PUT 的價格都雙雙上漲，這已經不是我第一次看到 CALL PUT 雙漲了。平常心看待。

經驗是最好的老師，第一次遇到的時候，不知道該怎麼做，買太多，不願停損、加碼攤平，充滿了負面情緒。第二次遇到的時候，學會資金管理和停損，但是出場以後也不敢進場，只在場外觀看。受點傷，但還活著，但因為害怕不敢進場操作而沒賺錢。第三次遇到時，學會「停損加反手」，反手可以把錢再賺回來。第四次遇到的時候學會停損、反手還有「加碼」，加碼賺更多。每次經歷都是一次學習和成長。現在把這些心路歷程寫下來，寫下應對方式。但願你可以站在我的經驗上縮短學習曲線，把它變成 SOP 標準動作，下次遇到了，可直覺反應。

賠錢自救 SOP，啟動獲利方程式

一、部位不能買太多，交易要先去槓桿
二、買流通性高的商品
三、買保險，作避險
四、看錯停損
五、錯賣買回
六、看錯反手
七、看對加碼
八、保持信心

• 一、部位不能買太多，交易要去槓桿

當你遇到倒楣的事情唯一覺得開心的是買的不夠多。真的，相信我。經驗豐富。每次遇到倒楣事可以活下來是還好買得不夠多。不要讓任何一次的損失變成為足以說嘴的故事。行情一跳空、一個劇烈波動、來不及出場都會遠遠超過你的停損點，部位是控制風險的源頭，**你無法決定行情的多空和行進的距離，唯一可以掌控在自己手上的東西是買多少，控制風險要從部位規模開始**。**我用加減碼的方式來決定部位大小**。**一開始都先買少**，約十分之一，**有賺錢才加碼，賠錢就停損**，這樣可以讓我做到**看錯永遠是小部位**，**看對的話是大部位**。

其實，不管是海龜們，或是傑西・李佛摩、金融巨鱷索羅斯，他們能夠在市場成為頂尖的贏家，賺取大量的財富，並不是他們非常會預測，能預知

明天漲跌，不是！是他們看透了交易，掌握了交易的本質。如何在不確定的機率底下賺錢，你要有一套大賺小賠的操盤方法，彌補走勢的不確定。他們掌握這個訣竅，所以可以在市場一次次的取得重大勝利，成為交易傳奇。而這個交易的訣竅是什麼？就是「賺錢加碼」。

記得有一次在網路上看到大陸的交易高手和網友嗆聲誰會交易，他說：「若你還在判斷多空的階段，你的程度就差了。」

有一次在一個場合敘述「賺錢加碼」，講完，台下有一位觀眾舉手，問：「若我都知道行情會大漲，幹嘛不一開始買到滿。還要慢慢加碼上去？」我回答：「我就是不確定行情會大漲，才一開始買少一點。我雖然判斷行情會漲，我也不急著一開始就買很多。一開始就買到滿，看對你會賺很多，看錯呢？你是不是賠很多？你有把握你一定會看對嗎？若非如此，那你為什麼買這麼多？這位投資人喜歡下大注重押，所以他的績效是大賺大賠，幾次的看錯，就快速侵蝕他的帳戶資金，他的交易遭遇瓶頸。

若看錯賠錢，若把重點放在下次如何「看對」，那麼用這個方向找答案，你永遠找不到答案，因為市場每次都不太一樣，接受不確定這件事，不用在判斷方向上鑽牛角尖，花太多的時間。應該多花些時間思考，如何建立一套大賺小賠的交易系統。

交易的本質不在預測，贏在修正，贏在加碼，贏在用一套交易方法讓不確定的賭局變成確定的獲利公式。就讓我繼續說這個獲利公式還有什麼。

• 二、買流通性高的商品

「系統性風險」是投資者要注意的，流通性太差的商品，你根本出不掉，要不就是吃到很離譜的價格。法人在交易股票的時候會看股本大小，成交量太少的股票不買賣，會有流通性的問題。操作選擇權建議盡量買價外一檔、兩檔、三檔的履約價，這些成交量大，市場主流的交易合約比較不會有流通性問題。當恐慌發生時，你可以用比較合理的價格出場。在選擇權市場成交量太少的商品會有釣魚行為，原本價格只有 50，掛一個 880 在那裏等你，等你下市價單買到，這通常只會發生在成交量少的商品。成交量熱絡的地方不會發生這種離譜的釣魚行為。

在券商幫投資人砍倉的時候，都是什麼價格皆可接受，若你買的是冷門商品，那會成交在很離譜的價格，甚至漲停板。2018 年 2 月 6 日的崩盤就是這情況。**選擇權 PUT 和 CALL 同步大漲，出現「不合理」的價格多半是發生在成交量少的冷門商品。**

至於為什麼看多的 CALL 在行情大跌時也會暴漲呢？除了恐慌指數上升 CALL、PUT 兩邊價格會同步上漲外，投資人保證金不足，「停損單出籠」也是助漲價格飆升的原因。當賣方，很多投資人會做雙 SELL，當保證金不足的時後所有部位都會平倉，不只砍倉 PUT，也會同步砍倉 CALL。**投資千萬別讓自己淪落到保證金不夠的窘境，買太多永遠是第一個原罪。**像我就不用 SPAN*，也不用保證金最佳化。因為投資要去槓桿，而不是一開始就放大槓桿。

做雙 SELL 用保證金減免的人是用一口的錢做兩口單。若一開始有十口的資金可以做二十口。我是一開始有十口的資金先做一口。20 比 1 差在哪裡，差在於槓桿、差在風險。**資金管理在看對的時候沒有用，在看錯的時候起作用。用同樣的方式買進，買越多賺越多，20 倍的部位 20 倍的獲利，別陷入「追求獲利的迷思」。**買基金也是從獲利高績效好的開始選，很想賺錢所以買很多，獲利大就是好的嗎？不要盲目追求獲利，要看風險報酬比，你的一塊錢獲利是用多少虧損來換？

---

*SPAN 保證金制度的目的是為了忠實地呈現風險，本意並非減少保證金的收取，全球 70% 以上交易所都使用 SPAN 保證金制度，在新加坡、香港、泰國和日本等國家，也都是使用 SPAN 保證金制度。在大部分時候，SPAN 能夠增加我們運用資金的效率，允許我們用相同的資金買更多的部位，但這意味著更大的風險，對自我管理能力差的人，是個有害的制度。

利用保證金減免買到滿和自發性的資金管理，看錯的時候，一個是槓桿開最大，無法接受行情波動被迫斷頭，一個是只賠十分之一，誰能生存下來？操作期貨道理也是一樣。「資金管理、部位控制、戒貪」永遠是第一課。再來是「流通性」，流通性差的商品，在大波動的時候有系統性風險，請選擇成交量大的商品來操作。前述兩個關鍵步驟，保你平安。

• 三、買保險，作避險

交易股票、期貨、選擇權賣方都可以利用選擇權買方避險。選擇權買方是最好的避險商品，就像是買保險一樣，花一點點保費可以享有很高的保障。用買方避險的心態就跟買保險一樣，你每個月都定期買保險，沒有出險就感謝上帝，出險就感謝自己有買保險。以避險心態來買「買方」，是不該擔心保費歸零的。因為這是你的避險單，不是你的投機單。

若你做多，選擇權 BUY PUT 是最好的保險。買方有月選擇權、週選擇權。月選擇權生命週期有一個月，保護的期效有一個月。週選擇權的生命週期有一個禮拜，保護的時間最長就一個禮拜。月選擇權價格比較貴、週選擇權價格比較便宜。要買哪一個當作自己的避險單那就要看你的目的是什麼。若你想要買一個長效型的避險單，你就買月選擇權。每個月買一次。

若你想只是想要避開明天的跳空、後天的跳空，避開最近幾天的行情波動，你就可以買週選。週選比較便宜，避險效果很好。只差在它很快就到期，週選擇權每周三結算，你若禮拜一買，只有兩天保護期。你若禮拜四買你還有一個禮拜的保護期。「週選擇權」本小利大，發生大行情效果奇佳，買一點、兩點的 BUY PUT，恐慌行情爆發時，一、兩點可以翻到五百點。一點選擇權也才 50 元。50 元的便當價，也買平安。**有時，買週選因為便宜，可多買幾口，發生大行情的時候避險單反而賺的比投資部位還多。**

• 四、看錯停損

自救第四個步驟是果斷停損，不要因為不想實現帳上的虧損而期望行情等一下可以漲上來少賠一些。通常這種想法對交易是有致命的傷害。當你猶豫不決要不要停損的時候，先出場再思考。部位砍掉乾淨，你就得到釋放、解脫，得到全新的你，沒有被部位綁架，你可以做出正確的決定。當擁有賠錢的部位你一心只想如何救它，如何讓它賠少一點。留著倒楣的部位有害交易。

至於何時該停損？最好的停損是一開始進場就決定停損位置，**請養成進場設停損的好習慣**。到價就走二話不說，沒有猶豫，沒有等看看。**進場先設停損，讓你停損的決定是客觀的**，不會被帳上損益或是 K 線動態的漲跌來決定要出不出，轉念轉來轉去。臨時決定出場，容易讓你站在不利的那一方，怎麼說呢，你的情緒會被奔跑的 K 線牽著走，你的情緒會被帳上的損益牽著走。**順著人性做交易，九成以上是輸家，不要讓情緒掌控你的交易，而是要掌握人性來獲利**。

• 五、錯賣買回

不想停損的人是擔心停損以後，行情又回來怎麼辦？其實，再買回來就好。停損是預防風險無限制的放大，停損到了，理當先走。不要去猜測行情會不會回來，**就是不知道未來行情會往哪走，我們才要停損！**不去猜測，不要去妄想，不要去期待行情回來，讓你少賠一些。自我了斷的損失，通常遠小於被市場抬出場的損失。部位大小是保護你的第一道防線、流通性是保護你的第二道防線，停損是保護你的第三道防線。你要為自己設定保護網。不要讓自己曝險太多。停損先走一趟，就像是你走在路上看到卡車對你開過來，你會站在原地試試會不會被撞到，還是先逃離現場？先遠離，等到危險過後再回到路上。交易也是一樣，當你發現有危險先逃命，危險過了再買回來。

只要你執行「錯賣買回」，就不用怕停損在低點。我有一位做專職交易的朋友在行情閃崩千點時，將長線多單停損在最低點，但是當停損以後行情就上漲，你知道他做什麼事嗎？將多單買回來，而且隨著行情的上漲越買越多，等到行情創新高時，他的帳上數字也創了新高。他並沒有因為看錯行情，而讓帳戶數字變小，而是適當的處理讓帳戶數字變更大。這是交易的藝術。當賠錢的時候你可以說，我就凹單啊，等到價格漲上來我就賺錢了，千萬不能這樣做，這樣做的賺賠完全是看運氣。你應該先出場，當發現錯賣了再買回來就好。

• 六、看錯反手

當停損之後行情再走回來，我會重新建立部位，但是當停損之後，往反向走，我會反手操作，順著走勢做那個方向。把自我多空主見拋在一旁，順著走勢交易。不要讓固執害事，自己判斷常常是錯的，但價格走勢從來不會錯。反手操作幫助我好幾次反敗為勝，每次看錯行情賠錢的時候，靠前面三道防護線保護自己，然後靠反手把錢賺回來。**空在高點的祕密是什麼？因為我剛剛買在高點，反手就空在高點了。買在起點的祕密是什麼？因為我剛剛追空在地板，反手就買在地板了。**

這麼做，幫助我許多次買在不可思議的點位。**當自己成為反指標，跟自己反著做就好。當自己做得順，就想辦法放大獲利。我靠著「錯賣買回」和「反手」讓我手上一定是擁有「正確的部位」。行情怎麼走都好，順著走勢調整部位是交易的最高原則。**

• 七、看對加碼

若永遠都買小部位，那最大的遺憾是看對賺太少，所以要適時的放大部位。初始用小部位開始測試方向，錯了果斷停損，對了要放大獲利，請你想想，你若能做到看錯的時候部位是小的，看對的時候部位是大的，那你不是應該賺錢嗎？

賺錢加碼讓我們做到這一點。部位的縮放是個藝術，它絕對是能讓交易者更上一層樓的方法。但是加碼違反人性，因為獲利就想出場，怎麼會想要再進場呢？這根本是和人性反著做的方法。加碼不是意味著買貴嗎？漲這麼多了還能買嗎？跌這麼多了還能空嗎？此時，投資人的心理會有很多障礙，贏家在很多地方都是反人性操作。這並不容易，需要練習，但這是有好處的，你可以試試。

• 八、保持信心

做得不順沒關係，虧錢也不打緊，你需要保持信心。信心會帶你走出黑暗。信心的建立很大一部分來自於手上的資金，有錢有膽，無錢無膽。所以資金管理、風險管理就很重要了，控制部位不要買太多、嚴格執行停損，不買成交量少、流通性差的商品，這些都是保護你的錢。最好有存一筆錢在場外，隨時可以供你調度，讓你東山再起。當你有錢你就有信心，我也曾經做到沒有錢，那信心是會失去的，看得懂也不敢作，怕錯。所以一切的心理狀態和你的交易行為都是息息相關的。

不做傷害自己的交易行為，你的自信就不容易被打破。做得順的時候要謙虛，過度自信的結果可能導致過度自卑，失敗以後懷疑、恐懼伴隨而來。當你開始否定自己，你就無法做好交易，情況只會越來越糟。而當你做好資金的保護，你就可以有本錢和市場搏鬥下去，每次交易損失是在自己可接受的範圍之內，一次又一次的嘗試，不打緊，這次沒有，下次再來，平常心看待。因為你知道用正確的交易方法會賺錢。你需要持續下去，鎖住風險，持之以恆，利潤就會來。

結合以上賠錢自救 SOP，我相信只要照著做就可以反敗為勝。你可以應用在任何行情。剩下是甚麼？練習、練習、再練習。練成直覺反應，不需要思考，當行情來了，你才能駕馭，並從中獲利。交易是一項技能，熟能生巧。

加碼的藝術

「盡量讓獲利的部位最大化，虧損的部位最小化，部位縮放就是交易精髓。」

——獨孤求敗

有一次，有位學生告訴我，他交易小 S&P，進了第一筆空單以後，行情整理一下，立即就往下破底，他見獵心喜，見走勢往下俯衝，他也快速加碼建立部位，加了四碼空單，合併第一次交易的空單，累計五碼空單。他執行賺錢加碼，就在空完最後一筆以後，行情就向上反彈，反彈完應該還會往下吧，他想。繼續留著空單，看走勢怎麼走，結果半小時內行情就反轉急拉，衝過他的第一碼放空點，看到行情漲的這麼兇，他匆匆忙忙的把手上的空單全部平倉。

加碼的藝術在將本求利

原本想要大賺一把的交易，卻損失慘重。他瀟灑地說不如預期而已，但我知道他心中在意。這情況是高級煩惱，加碼所產生的「**出場以後到底賺賠多少錢**」的煩惱。加碼就是希望賺更多，買越多，想賺越多，但若天不從人願，行情偏偏走反向，買很多部位後反而賠更多，這內心的反差是巨大的、令人難以接受且痛苦的。我想，這是大多數加碼投資者會遇到的問題，到底出場以後是賺還是賠？會賺多少不知道，也不清楚會賠多少，因為你壓根沒有去計算。不去算損益，有如瞎子摸象。若你要做交易，你一定要計算你的損益，不管是單筆交易一進一出，還是分批進場打加碼，都要預先算損益，計算出場後會賺多少或賠多少錢。不計算損益只是將交易當成賭博罷了。

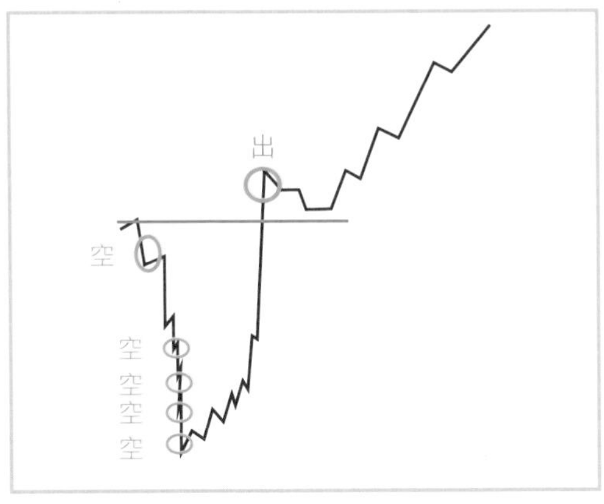

▲ 圖 1-8-1 賺錢加碼 反而賠錢出場

那到底要怎麼加碼呢？要怎麼知道出場以後會賠多少錢呢？在上個單元我們有提到，每次進場都要設停損，並且知道你進場的部位大小。這樣一來，你的損失就是「**部位 × 停損 = 損失**」。

我們要使這個損失小於一個安全的百分比，我建議設定在 2% 以下，越小越好。為符合風險，所以停損越大部位越小，那停損越小，部位可以越大嗎？我建議要有節制，凡事有個上限。因為行情波動可能直接「穿越」你的停損，你的損失比想像中的大。風險要從部位開始控制！加碼的風險計算從第一碼開始。我們要明確知道進場價格和出場價格，才能算出停損價差。因此，為何要養成進場設停損的好習慣，這樣你才有停損價，才能算的出「可能的虧損」。而加碼，是把每一碼的損失或獲利分開計算，再加總，這樣你就知道加碼出場後，會賺賠多少錢。

表格 1-8-1　如何計算可能的虧損

第一碼的損失（或獲利）= 第一個部位 ×（進場價 – 出場價）
第二碼的損失（或獲利）= 第二個部位 ×（進場價 – 出場價）
第三碼的損失（或獲利）= 第三個部位 ×（進場價 – 出場價）
第四碼的損失（或獲利）= 第四個部位 ×（進場價 – 出場價）
第五碼的損失（或獲利）= 第五個部位 ×（進場價 – 出場價）
總損益 = 以上加總

我們從公式可知，要清楚計算損益，所以必須要知道每一次進場的「進場價」、「出場價」及「部位大小」。

1. 你知道你每次要買多少口（或多少張）
2. 你知道，你每次的進場價格是多少
3. 只差出場價，你就可以計算損益

你必須了解每個加碼單的出場價是多少，這樣才能「計算風險」。你把加碼單當成獨立的部位，每次進場都要設停損。**事先規劃每次加碼可能的出場點，這樣才有辦法去計算風險試算賺賠。加碼有個非常重要的原則，事先計算風險，而風險的控制來自於你有明確的出場點。**大部分人做加碼進場，總隨心所欲，出場也是，以至於加碼的結果往往不如預想，這是很糟的。我也是過來人，沒有人教我如何加碼，我真槍實彈地不斷的在市場上摸索練習，從知道加碼到真的會加碼，在市場上約莫花了兩年時間學習。

其中一個非常重要的法則，是**你要清楚加碼出場是賺賠多少錢，讓加碼也符合風險管理，讓所有的交易都在風險控制底下追求獲利。**讓加碼交易不是在「碰運氣」，不要有意外驚喜。

就以剛剛那個案例來舉例，假設每次我們都買一口，第一筆空單的價格是 2812.00，第二碼的進場價格是 2806.25、第三碼價格是 2803.00、第四碼價格是 2798.50、第五碼價格是 2791.75，那麼，你到底該在哪邊出場呢？

一、典型案例是看 K 線，臨時決定哪邊出場

例如說放空以後等到行情急拉，甚至超越第一次進場的放空點，才驚覺看錯走勢了，這時候是第一碼到第五碼全部的賠錢，我發現大部分的投資者都屬於這一種。

臨時決定出場。出場以後的反應是怎麼會變成虧錢？怎麼會賠這麼多？我要怎麼知道行情會反轉？我要如何判斷行情反彈以後會續跌？**預測方向不是交易的重點**。雖然你必須先預測方向才能作交易，但是這絕對不是主角。**主角是風險管理**，是你要事先規劃如果行情不如預期，漲過第一碼的進場價格，於 2817.50 出場你總共會賠多少。**你無法命令行情往哪走，你可以事先計算最差情況會如何。**

但大多數投資者不會「**事先計算風險**」，以至於行情不如預期的時候無法接受帳上損益，甚至凹單放任損失擴大，此乃大忌。

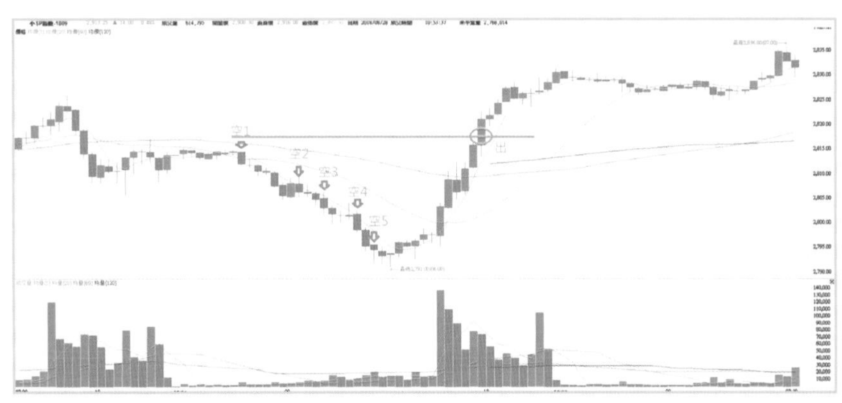

▲ 圖 1-8-2　臨時決定出場點，賺錢變賠錢

二、打到倒數第二碼出場

我一開始加碼用這種方式，比較簡單，不需要計算。當價格打到倒數第二碼的時候全部出場，這樣你只會賠最後一碼，倒數第二碼是回本出場，前面三碼是賺錢的，整體部位是賺錢的。你也可以設定「出場位置」，讓倒數第二碼也賺錢只賠最後一碼，這樣一來，你要提早出場。

這裡看到一個重點，**為了讓出場的損益符合你的預期，你必須在未來行情尚未發生的時候，預先想好出場點並確實執行。我們不做預測，我們做好風險管理**。打到倒數第二碼全部出場的方式適合期貨短線交易，適合選擇權買方。因為我主觀交易這樣做，所以我也將它寫入 WINSMART 智慧下單軟體內。WINSMART 有個功能是可以在加碼的時候打到倒數第二碼全部出場。你只要負責開第一槍，買進第一碼，剩下的交給電腦幫你做，你不用煩惱自己不擅長加碼，它會幫你完成後面的事情。這個工具是主觀交易結合程式交易，半自動交易。

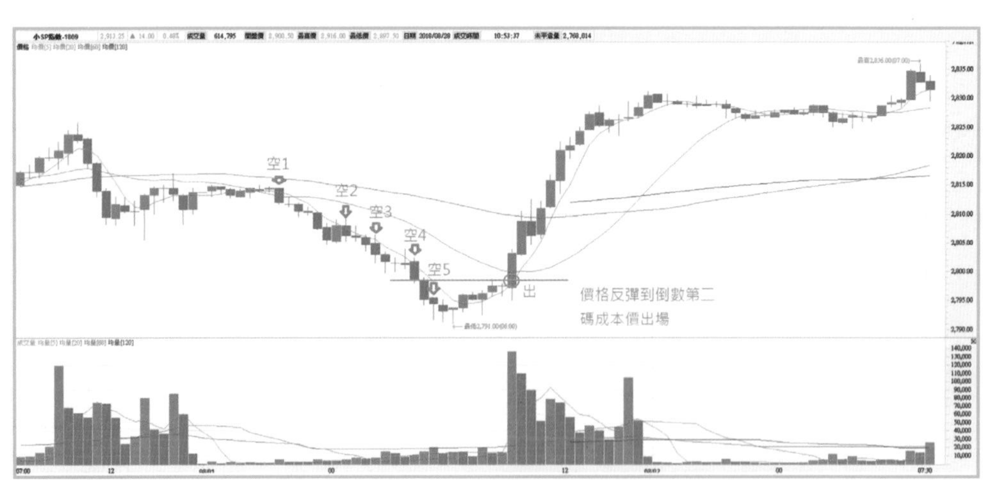

▲ 圖 1-8-3　加碼可用倒數第二碼當做出場位置

三、先決定出場點再決定是否能加碼

這個思考邏輯是反過來，我先決定我要在哪裡出場，再決定是否能夠加碼。**交易要先決定認輸點，還沒到「認輸點」時不用出場，所以我們先根據左邊的已經發生 K 線決定我的認輸點，或是移動停利點。這樣的出場比較有意義。**

我現在主要以這種方式在「加碼」。當有了明確的出場價以後，反過來推算我現在可否加碼，若進場加碼，當價格漲到我設的停損點出場，這時所發生的損益是否是我的預期之內，若不是，就不能加碼。

以第一個案例為例，若我事先知道我在漲過第一碼進場點的時候，才會認輸，才會全部出場，出場價格是 2817.50，這價格是事先規劃的，事先規劃就不會對走勢感到意外。那麼，我又不想讓我的總損失超過 5.5 大點，那麼在第一碼 2812 進場放空以後我不該做任何加碼。

若你要用藍色的均線 20MA 當作出場依據，這代表你有明確的出場點，此時你就能計算損益。你有每一根 K 棒當時的報價（進場點），你有每一根 K 棒的出場價格（20MA），你知道自己想買多少部位，有進場、有出場、有部位大小，你就能計算損益。

損益 = 部位 ×（進場價 – 出場價）

你有每一個加碼單的進場價、出場價和部位大小，你就能算出整體的損益。而由於出場價是隨時變動的（移動停利），所以損益隨時在變動。「移動停利」你可讓原本出場會虧損的部位，變成出場是獲利的部位。加碼加到後來都在算損益，比較像在做生意，計算成本將本求利，我買多少部位，可能會有多大損失，最少會有多少報酬，**如何控制部位，做到買很多但是風險很小，甚至無風險，這就是加碼的精華。重點在於先算風險再進場。**

• 時時注意一件事：風險！

加碼必須計算風險，風險過了才能進場，若你會算風險，事先決定出場點，你可以做到出場之時，依然是賺錢的，而且這個獲利的數字可以自己決定。你可以做到買一口和買十口的風險是一樣的。這在挑戰投資人買越多風險越大、買越少風險越小的認知。在此，我回應《海龜投資法則》這本書所提的問題，投資人要買多一點還是買少一點？不用選，加碼就是答案。

我錄製了一部賺錢加碼的教學影片，對加碼有興趣的你可以進一步觀看。

精彩影片：加碼的藝術，

投資大師『傑西・李佛摩』交易法

http://optree.com.tw/book3/1-8.html

情緒的宣洩，胡亂做交易

「投資需要信仰，信仰能幫助你度過難關，擺脫低潮。」

——獨孤求敗

該賺沒賺到，拿行情出氣，亂交易，只是懲罰自己。

七月份有一段六百點的行情，八月份有一段五百多點的行情。兩段幅度不小的行情，對於想要做長線交易的人來說，是很想賺到的行情。但是，行情不會走直線，它會上去、下來，下來又上去，回檔的幅度大。參與其中的人，就知道要吃到整段的行情並非簡單的事。仁杰就是個極欲想長線交易賺大錢的投資者。

仁杰交易的商品是台指期貨，他用十萬資金來練習做期貨，操作小台，過去的他做短線交易，盤中會被情緒給影響，一下看多，一下看空，一下被騙，一下看對卻又太早出場。追逐短線價格的波段容易在短線世界裡進進出出，把交易做得密密麻麻，卻是輸多賺少。投資人是否能靠交易期貨獲利呢？不太會掌握短線的脈動、容易被K線牽動情緒，情緒一上來，又讓交易做不好。於是我建議他，你要不要試著做長線，停損拉大些，停利拉大一些，不要在意短線的價格波動，機械化操作，這樣可簡化交易。聽了我的建議以後，嘗試了幾次，他抓到一次行情，賺了一萬多元。這可是獲利10%的交易，過去短線交易最多也賺幾百、幾千，這一次，他就賺一萬多，已經是之前短線交易獲利的好幾倍。

拉長線交易，獲利變大了

而且，因為他交易次數變少了，「交易成本」也下降了，盯盤時間變少了，但績效提升了，他樂於這次改變，於是他繼續這樣做。他喜歡做多，優點是勇於嘗試，不把失敗放心上。這幫助他在錯誤時繼續前進。有太多人是因為遇到錯誤及虧損就停止。**我發現成功的投資人都有個不斷嘗試的特質，就算在做不順的時候也不氣餒，願意繼續嘗試。只要你停止交易，你就永遠看不到成功的交易。**

很快的，仁杰抓到第二次的長線交易，沒有短線進進出出，脫離情緒的躁動，他所需要的是耐心，抱著獲利的部位看著獲利長大。這長線的獲利數字是短線做不到的，他開始喜歡這樣的交易，拉長線讓交易變簡單。有了長線交易賺錢的經驗以後，他開始學習加碼，利用加碼放大部位可以提升獲利。「加碼的重點是計算風險」，在此前提之下去加碼。你要先決定每次交易可接受最大虧損，或是預期的最小獲利。然後做到出場以後的損益符合你的預期。

例如你允許的最大虧損是 5000 元，買一口期貨最多賠 5000 元，買兩口期貨也是最多賠 5000 元，買三口、四口、五口……不管買幾口期貨都是最多賠 5000 元。若可以做到大部位小風險，就具備風險有限且行情爆發時，獲利倍增的優勢。甚至你可以決定出場以後一定要獲利，然後根據你所期望的最少獲利去計算哪裡可以加碼，該在哪裡出場。加碼就是不斷的計算，先算風險再交易。這些都是我在課堂上會耳提面命的部分。

仁杰以加碼的方式做了幾次成功交易，有的交易讓他十萬本金賺六萬，獲利百分之六十，有的交易讓他十萬賺八萬元，獲利百分之八十。這是加碼的威力，行情發生時，確實可虎虎生風大賺一筆，而初始風險只有幾千塊而已。但交易總有撞牆期，最近，仁杰就進入撞牆期，行情看得到吃不到，他開始感到心急。

由於行情震盪幅度大，所以價格下跌打到他的**「停利位置」**，出場了。雖然沒賠，但帳上曾有的幾萬獲利消失了，剩下幾千元獲利，他安慰自己，沒關係，下次再來。他再次進場交易，行情就繼續往上，打加碼，抱住部位不走，行情繼續往上，打加碼，忽然間行情又大幅回檔了，又打到他的出場點。這次小賠出場，又一次帳上的萬元獲利消失，連續兩次曾有的獲利不見了，他感到可惜。沒關係，守住風險再來一次。他再安慰自己，繼續交易。

交易最大原則，用風險換利潤。風險守住了，再追求獲利，這點他做到了，只是如何做得更好呢。過了一個月，機會再臨，他抓到行情的起漲點進場，漲了一段以後加碼。這次行情一樣很詭譎，大幅回檔跌破他的「移動停利價格」，曾有的獲利又不見了。該怎麼做呢？移動停利看來是設太小了，導致一直在中途出場，於是他放大移動停利，於走勢的中場繼續進場交易。

這次行情上漲，加碼、加碼、再加碼，帳上獲利數字開始長大，一切看起來是進入軌道。行情過了前高一萬一，往上噴出，走勢又強又急，噴了半小時後價格回跌。**三十分 K 高檔紅黑並列，這是「反轉訊號」**。短短時間價格下跌 114 點，還沒打到他的停利，他繼續抱著。因為前幾次太早出場，讓他少賺很多，這次他鐵了心要抱住部位，於是將停利價格拉大。夜盤時，行情繼續下跌五、六十點，終於掃到他的停利點，又一次做白工。雖然出場的損益符合他的預期，但是失去應有的獲利，讓他心裡不快。

★仁杰的 8 月 30 日交易日記

我太頑固了，又一次不想出場，想抱到底，這是今年第幾次了呢？獲利回吐了，就這樣吧……下次是不是先出場，可是又怕太早出，兩難。

又來一次，沒出去，也許少輸就是贏。就這樣吧，不盡滿意，但也沒有賠錢就是了。

大陸的 A50 倒是在加碼後，回來打平，又因為覺得被掃出場，小進一下，最後小賠出場，這過程有點白忙一場。就這樣吧，不如預期！我做的應該沒錯，只是行情沒有一直走出去，看到其他人都出在不錯的位置，有點羨慕。我太過固執了。

以下，是我給他的幾點回應：

1. 你需要獲利的果實來增加信心，所以可以考慮有賺到錢部分出場。

2. 辨識行情的末升段（末跌段），看到訊號出場，不見得非得拉回一定的距離才出場，過程中要抱得住部位，所以停利設大一點，你才抱得住部位。而在行情的盡頭，其顯示的技術面特徵通常是：

1. 急漲。

2. 出大量。

3. 高檔紅黑並列，我會觀察三十分 **K**。

4. 位於價格通道上緣。

5. 過前高以後，跌回前高是個「出場點」，過去台股過前高，再跌回前高，則結束走勢的機率大。

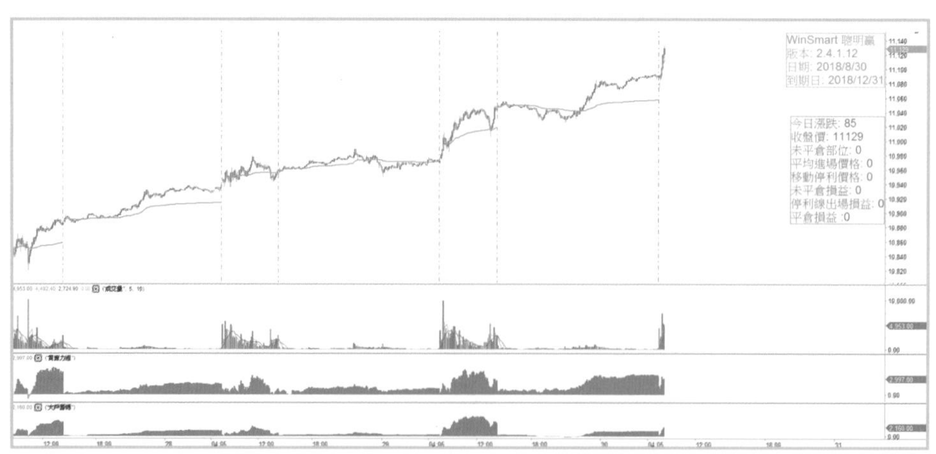

▲ 圖 1-9-1　台指期五分 K，末升段時常伴隨急漲

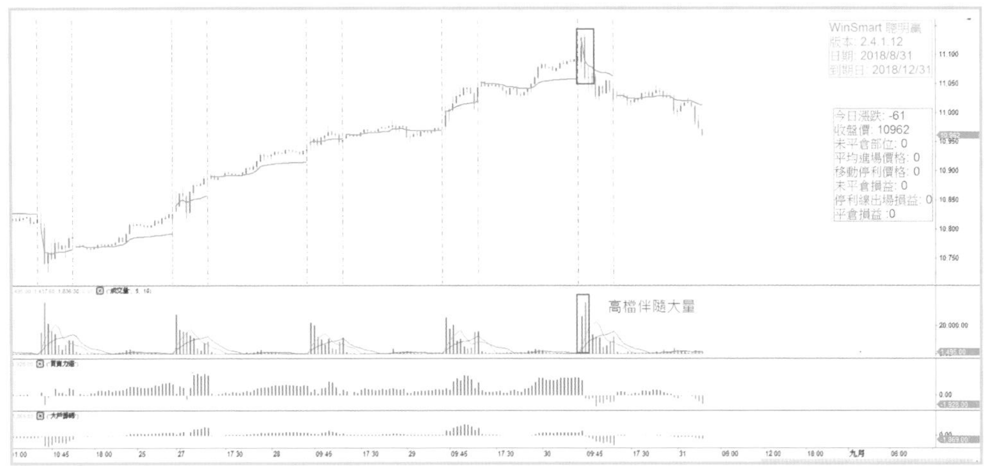

▲ 圖 1-9-2　台指期三十分 K，高檔紅黑並列，伴隨大量

▲ 圖 1-9-3　台股日 K，以台股慣性，過高再跌破前高，走勢結束機率大

★仁杰的 8 月 31 日交易日記

做錯事跟賠錢一樣不好受！好吧，這是個沒賺到的情況，讓我腳步大亂。我想下面的點就是可以考慮出場的點，漲破前高後跌破前高的點。謝謝獨大的建議，我也想過要在有賺的時候出場，那時候心裡想的是會不會出太早，怕沒賺到更多，我可能太貪心了！

今天這種狀況，的確是心理不穩定，需要有出口，連續做單，事後回頭看，那的確是很亂的一段。心理的不快，透過連續進出場，有了渲洩，但也做了無用之舉。放手吧，放掉沒有獲利的部分。隨他去。

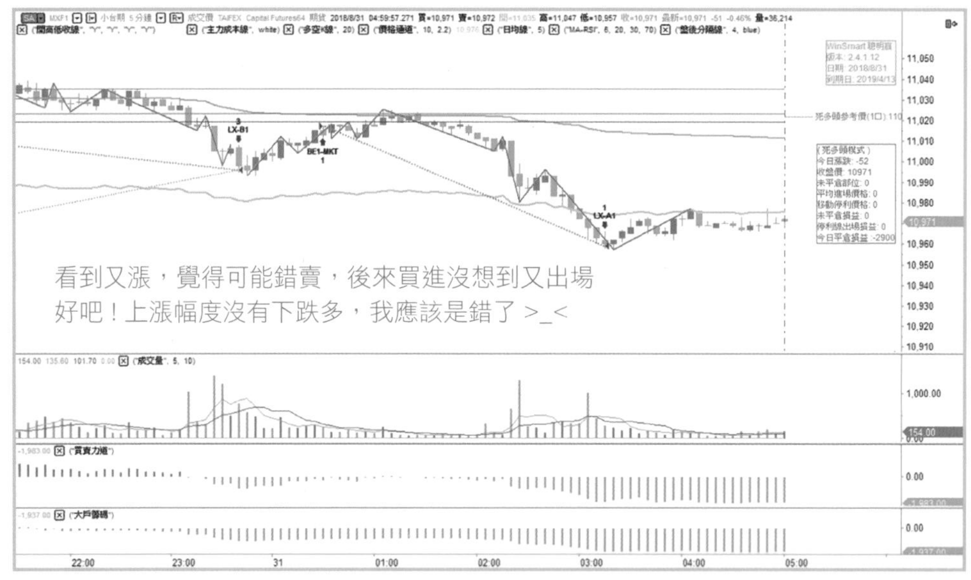

▲ 圖 1-9-4　仁杰的交易日記 -1

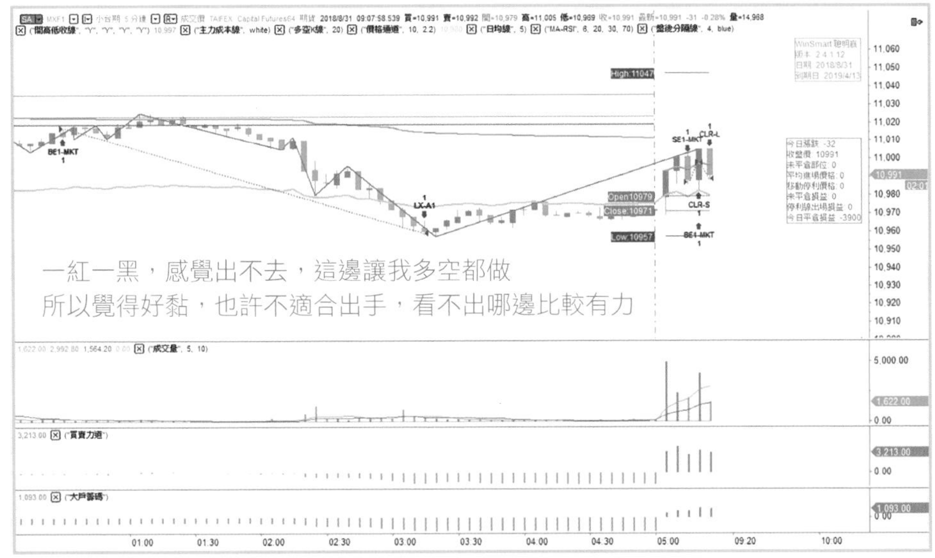

▲ 圖 1-9-5　仁杰的交易日記 -2

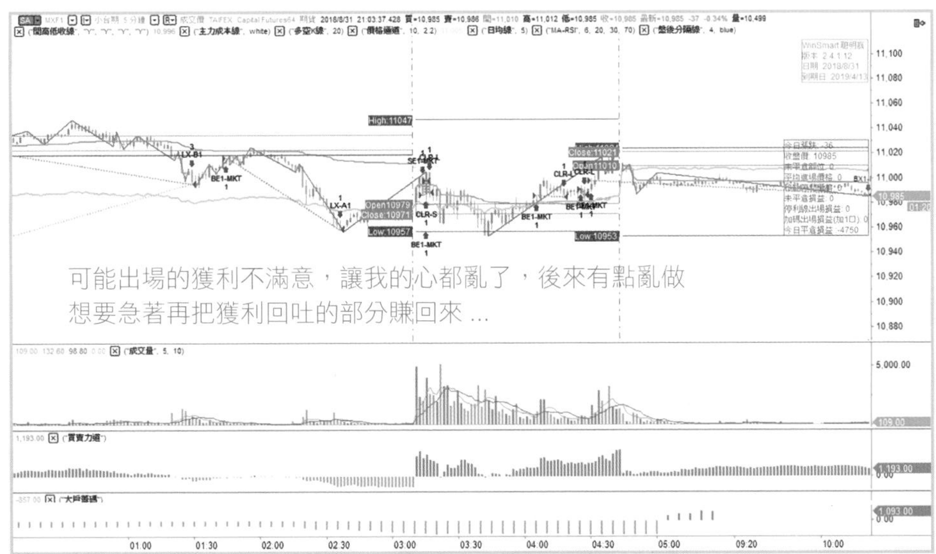

▲ 圖 1-9-6　仁杰的交易日記 -3

獨孤求敗的分析與建議

「後面就做不好了，前面沒賺到，後面想賺回來，怕錯過行情。行情結束後，還想繼續留在場上比賽。下跌做多，盤整頻繁進出，亂了步調，情緒掌控了你。當你發現自己的情況，你就該讓自己平靜一下，帶著情緒無法做好交易。」在錯誤的交易中，唯一做對的是控制了「損失」。

做投資，必須檢討自己的每一筆交易

這個交易案例可分兩個部分討論，一個是技術上的層次，一個心理上的層次。技術上的層次修正就好，心理上的層次比較需要克服。我擷取一段《傑西．李佛摩股市操盤術》的內容：

反轉關鍵點能夠告訴我最佳的操作時機，反轉關鍵點出現時，幾乎都會伴隨著成交量的大幅增加，以及一波高潮般的買盤，但另一方面也會有火力強大的賣壓，相反亦然。成交量的增加是推斷關鍵點是否出現的必要元素，唯有成交量增加，關鍵點才算得到確認。這場買方和賣方之間的戰爭，會促使股票的方向從此逆轉，如做頭向下或跌勢中築底向上。這是股票趨勢新方向的起點。用以確認股票關鍵點的重大要素，成交量，通常比該股票的日均量增加 50%到 500%。

反轉的關鍵點通常是在長期的趨勢性波段之後出現，正因如此，我才主張耐心是成功掌握大波段行情的必要因素之一，必須要有足夠的耐心才能確定是否已出現真正的反轉關鍵點，我個人有一套測試的方法。首先，我會試單，先預算好最終要買進的總數量，接著先試探水溫，買一小部分。當然除非第一筆操作是正確的，否則我接下來將不會繼續買進。

我確認反轉關鍵點是否會出現的最後一個測試方法，是觀察產業族群的狀況，和至少一檔同族群的股票，看看這種股票是否出現相同的型態，這是用來確認我是否走在正確軌道的最後一個關卡。

上述文字敘述了傑西李佛摩的操作技巧，**找到關鍵點進場，試單、加碼，最後於反轉關鍵點出場**。我也是秉持的這樣的方式操作，在操作台指期的時候，我會時常注意幾檔重要的權值股，看看現是哪一檔權值股帶著台股走。有的時候是股王大立光，有的時候是鴻海，大部分時候是權王台積電。如果台積電突破盤整區向上，台股接下來向上漲的機會高，如果台積電跳空大漲，當天台股就是大漲。如果台積電走弱了，台股走弱的機率也很高。

技術上的問題，學習和修正就好，總是會進步的。而心理上的關卡，我覺得更需要去重視，成敗在一念之間。該賺到的錢卻沒賺到的憤怒，連續虧損產生的信心動搖，大損失所產生的信心崩潰。不管你是誰，你的技術再好，都會有一段撞牆期，怎麼做怎麼錯，這是每個投資人都會遇到的，你該怎麼從中走出來？怎麼在不順的過程中保護自己，怎麼在絕望中找到希望。

• 資金與風險管理是最重要，卻也最容易被忽略的事

首先，你必須實質的保護自己，也就是老生常談的資金管理、風險管理。這是交易者第一步也就是最重要的一步。不要讓任何的損失超過你總資金的2%，風險控制做了，保護好自己的資金才有本錢繼續在戰場上作戰。當你擁有本錢（資金），你可以繼續在市場上學習，修正自己的錯誤，改善自己的交易技巧。你可能會經歷一段為期不短的撞牆期，這段撞牆期的連續失敗會讓你更加容易犯錯，因為你的情緒不佳、信心動搖，原本可以做得好的交易反而做不好。當你發現自己情緒上來的時候，關掉電腦離開報價讓自己靜一靜，不要讓自己處於不利的狀態，不佳的情緒讓你交易陷入劣勢。投資不是球賽，當局勢對你不利的時候你可以選擇中途離開擇日再比，球賽不行，局勢對你不利的時候你必須繼續比賽，若你扛不住壓力、當你信心被擊

垮的時候將是一面倒的比賽。當你內心毛躁你不會有好的表現，沒有耐心等待好的出手點，想要多投幾球看看球會不會進框。你急著想扳回一城，想光復失土。但焦躁的心讓你失誤，連續的失誤讓你損失越來越多，這樣下去只會對你不利。不用急著版回一城，先靜下心永遠有機會。

• 投資如人生，需要信念、信心與信仰

另外投資需要信仰，信仰能幫助你度過難關，擺脫低潮。我分享一段故事，在美國有一對夫妻他們非常有愛心，爸爸是護士媽媽是家庭主婦。他們收養了幾個被虐待、被遺棄的小孩。其中一個最小的孩子，因為被生父虐待打傷，腦袋受創，智力降低、無法言語、無法行動，終生要坐在輪椅上無法成為一個正常的小孩。他收養這個小孩後受到很大的挫折，很多事情是他幫不了的。醫生判斷他腦袋受損沒有辦法學會講話，沒有辦法表達自己的意見，沒有辦法起身走路，終身需要別人照顧。他在馬路上推著這小兒子的輪椅前進，他想幫助小孩成長但是無能為力，他無助的向上帝禱告，求上帝給他訊號，讓他知道該怎麼做。

禱告完後，他抬頭看到一個廣告，一個父親推著坐著輪椅的小孩參加五百場馬拉松比賽。孩子，你無法行走，但我可以推著你跑完每一場馬拉松。感謝上帝他得到答案，內心感到安詳平靜。小孩雖有殘缺，但他可以陪著小孩成長，陪著他做所有事。就這樣，他用愛心陪著小孩長大。神奇的是這小孩開始學會講話、學會表達自己想法，也開始會起身走路，雖然走得緩慢，雖然還比不上正常的小孩，但是做到很多醫生判斷不可能發生的事，情況正在好轉中。

生命需要信仰，信仰會讓你在挫折的時候得到平靜，讓你在最艱困的時候得到力量，讓你在別的專家都不看好的情況之下繼續前進，你無須理會別人怎麼說，眼前雖有滿滿的困難但都難不倒你，只要繼續前進，奇蹟就會發生。

10 沒有人能叫你放棄，除了你自己

「在生命過程中，總有一些事情是你很想做的，但別人並不看好你，別管別人說什麼，只管自己繼續做下去即可。」

——獨孤求敗

給對交易充滿興趣而又遇到挫折的人，交易的旅途上，從來不會是一帆風順。你現在遇到挫折，懷疑自己是不是這塊料、懷疑自己是否能靠投資賺錢、失敗打擊了你的信心。**但如果你現在就放棄了，結局就到此為止，如果你沒放棄，這只是過程。**

請想想你來到投資市場上的初衷？是想賺錢，想靠投資獲利，而賺錢又是為了什麼？是想讓自己和家人過更好的生活，是為了讓身邊的人得到幸福，是為了完成你的夢想，你的夢想還在，就在前方。

投資，是為了更大的夢，更高的貢獻

過去我看過一部影片，「亞洲鋼琴小天王《V.K 克》——文茜世界週報特別專訪 2011.11.13」，V.K 克是個非常有才華的音樂人，創作了很多動聽的樂曲。這是敘述他生病以後還朝著夢想前進的故事，這段影片我看了不下十次，每一次都忍不住熱淚盈眶，不知道是他的音樂觸動了我的心，還是他的話語講進了我心裡。

他說：「如果這個夢想對你而言非常珍貴，死了都想要的東西，你為何不現在去做呢？你不前進，永遠到不了你要去的地方。」人最怕的就是活著沒夢想，渾渾噩噩的日子讓人逐漸枯萎；人最怕的是有了夢想，但裹足不前，直到生命到了盡頭才感嘆遺憾，也許眼前有許多困難阻礙，但輸家看到的是困難，贏家想的是如何迎接挑戰，並且超越，**不要高估你沒有的，而低估你所擁有的**，困難的大小只在一念之間。這輩子，該為自己的夢想奮力一搏，此生方能無憾。

提到有疾病卻還不放棄，讓我想到史蒂夫．霍金。霍金得了「漸凍症」，導致身體癱瘓，坐在輪椅上無法動彈、甚至無法開口說話。不能動不能說，若是一般人可能已經放棄生命與希望。無法行動、無法言語還能做什麼呢？生命有何意義？但是他並沒有，繼續做他熱愛的事——科學研究。在生命最後兩年感染嚴重肺炎，手術後只能呼吸無法發聲，這段期間他不但沒有被摧毀反而用他最後的生命寫了幾本書，他說「**疾病沒有阻止我獲得成功。**」多麼動容、有力量的一句話啊。在有限的生命和病痛纏身的身體，不屈服，不放棄，憑著意志力去完成想做的事，沒有比這件事更激勵人心。

贏家的特質

生病無法阻止生命的鬥士成功，同樣的，金錢的損失也無法阻止你成功。你的命還在，**你損失的只不過是金錢，錢再賺就有了**。我進入股票市場到真正學會如何投資，也是跌跌撞撞好幾年，每次失敗，我都對自己說這只是過程，不是結果。如果我現在認輸，那我永遠是個輸家，既然想在市場上賺錢，就證明給自己看，證明給別人看，即使沒有人看好你，你也要前進，不用管其他人的言語和看法，不用過度放大眼前的挫折。

賺錢一定有方法，找到方法向前進，贏家一定有他具備的特質，你缺什麼就補什麼。我不是天生贏家，我是經由後天努力，經歷過無數次的失敗，什麼蠢事我都幹過，什麼方法我都嘗試過，你所經歷的一切我都經歷過，我曾經短短幾天內輸掉所有的錢，我也曾經好長一段時間處在撞牆期，怎麼做就怎麼錯，隨著資金的減少而失去交易信心。這些我都明白體驗過，沉靜一下心情，跌倒了不打緊爬起來就好，沒有什麼事能阻止你前進，沒有人能讓你放棄，除了你自己。

你現在要做的是**開始檢討自己的交易**，看看是哪裡做錯了，哪裡做對了。從錯誤中學習，改正自己的交易並且從中累積經驗，相信我，很多的賺錢投資達人都是從錯誤中累積經驗而來的，你要開始寫「**交易日記**」，找出你的交易盲點，檢討並修正，這絕對對你的交易大有幫助。交易日記的寫法有幾個重點：

一、**有圖，並且在圖上標示你的進出場點**

看圖一目了然，只有交易明細，投資人有盲點，很難以想像真實狀況。

二、**交易明細，並寫下當時進場、出場的原因和內心想法**

很多時候事後看都懂走勢會往哪走，當下就不會操作。所以你要寫下當下的想法，找出讓你進出的真正原因。寫下原因才有辦法檢討。

三、**檢討心得**

這是最重要的部分，複製賺錢模式、杜絕賠錢模式。寫下檢討才有辦法改進，去思考賠錢的交易，去再三研究賺錢交易的原因。今天的交易中，那些是做對的，那些是做錯的。有時候，賠錢的交易不見得是錯的，賺錢交易不見得是對的。例如因為「凹單」，從賠錢凹到賺錢，這樣的做法即使賺錢也不是對的方法。例如，停損結果是賠錢出場，但是這並不是錯的，停損是保護你的錢。

若停損之後行情又往你的方向前進，你要檢討的是：

1. 停損是否設太小，應該設大一點。

2. 停損出場之後有沒有重新將部位買回來。並不是你不該停損。

投資三境界：

一、不知道投資的方法，所以不會賺錢。

二、知道投資的方法了，但是做不到。

三、知道了，也確實做好。

大部分人處在第一個階段，無法辨別投資方法的好壞。少數人在第三個階段，知道正確的投資方法且確實做到。我可以給你的是「方法」，你只要確實去做就可以了。投資也是一項技能，要常練習，而至熟能生巧。過程中若失敗了，就看自己哪裡沒做好，再來一次。而「資金管理」事關重大的部分，它讓你有機會繼續留在場上比賽。你只要繼續在場上，以正確的方法交易，你最終將會得到勝利。

接下來，就讓我們進入下個章節，建立一套好的「交易方法」。

沒有人能叫你放棄，除了你自己 10

股票操作

操盤手的交易方法與心法

價差的世界不存在複利投資，當「股東」才有

我最早接觸的投資商品是「股票」，股票也是最多人投資的金融商品。交易股票八年後，我才開始接觸如期貨、選擇權等「衍生性商品」。股票、基金、股期、權證、期貨、選擇權、海期、美股選擇權……我將所有商品都交易過一輪，汲取實戰經驗，以行動驗證理論之後，我發現所有的金融商品賺錢的邏輯是共通的，賠錢的道理也相同。

股票的操作精神與商品特性

金融商品操作精神大致相同，差別在於「商品特性」。所以，只要了解賺錢的本質，就可以用同一套系統，交易任何金融商品。對於投資股票，賺錢的方式有兩種：**第一種是當股東，不以價差獲利**，靠股票分紅和領股息股利獲利。**第二種是賺價差，所有的金融商品都可「低買高賣，賺價差」**，你喜歡哪一種投資方式呢？我是兩者都做。

先談第一種，當股東領股息。投資人要以「股東」角度思考，該持有哪一家公司的股票。這是以較長期投資角度來選股，透過每年領的股息獲利。關鍵在於選到有競爭力、能長期賺錢且持續分紅的好公司。台股可以這樣做，美股也可以這樣做，巴菲特就是這領域的高手，他是非常成功的投資者，財富全世界排名第二，被稱為股神，也有大批追隨者。

我也非常推薦這種投資方式，靠股息創造「被動收入」，領到的股息再投入買股，每年這樣「複利投資」，利滾利的滾雪球般，讓你的資產倍增，

這需要時間的累積，所以越早開始越好。唯一可以稱得上複利投資的，只有種方式，賺取價差無法達成複利投資，這是不可能的。

想賺價差的投資人要先想清楚，因為投資有對有錯，你不會每次都對，每一次投資都有風險，所以不存在複利。領股息和賺價差像是龜兔賽跑，誰會先跑到財務自由的終點？領股息每年複利投資，每年賺個5%利息和短時間賺取價差30%，想要一開始就讓錢長大的投資人大多數選擇後者，一年5%太慢了，短時間賺30%比較吸引人，使用選擇權買方，甚至能短時間賺一百倍，短時間讓資產翻倍很誘人，使人願意嘗試，懷抱夢想。

可是，每次獲利30%，連續十八次會將一百萬變成一億的公式並不存在。買方獲利一百倍？這也常常看得到吃不到，你會押多少身家在樂透上？連續正確的機率有多少？而你又該押多少？「賺價差」不能用百分百資金滾複利，複利說不定會變成連續虧損的「負利」。用領來的股息「再投資」就不一樣了，你無須從口袋再掏出錢，只要拿公司分紅給你的錢來投資，這是沒有額外風險的。

首重「資金管理」，別抱持「績效迷思」

對於賺價差，我非常注重「資金管理」。一開始最好用不到10%的資金投資，這樣才能容忍錯誤。「價差的世界不存在複利投資」交易的節奏是賺賺賠賠、賠賠又賺賺，充滿了不確定性。這點投資者要清楚，特別是新進市場的新手，不要被美好的廣告台詞吸引和誤導，懷抱著美好但不切實際的幻想，一次賺30%，幾次之後我將會賺到一大筆錢，這樣鐵定會讓你遇到大麻煩。

因為你會投入用全部的資金操作，期望連續勝利幾次就可以滾出夢想的倍數獲利，達到財務自由。交易經驗不足的人才這樣想，記住，只要是賺價差不存在複利投資，既然不存在就不能用所有的資金「滾複利」，傻子才這樣做。

既然不是用全部資金交易，你的獲利就不是表面上的30%，而是有所打折的。使用一半資金，績效就減半，資金用十分之一，績效就只剩十分之一，30%剩3%，所以請不要有績效的迷思，不是績效高就是好，同樣的進出點，買越多績效自然越好，但是賠錢時也賠越多。**你該用機率的角度看待投資，用期望值設計投資策略，想辦法做到大賺小賠，這就是本書的重點，如何做到這件事。**

賺價差難度比較高，但是，利用股息「再投資」就不同，你可以全額再投入，拿A股發的股息去買B股，雞生蛋，蛋生雞，能夠創造真正的複利，而且是每個人都做得到的。需要的是時間和耐心。

因為複利投資是和時間賽跑，所以我建議越早開始越好，不要怕錢少，你只需要開始，並且持續不斷。我看過一則漫畫印象深刻，有個二十多歲的年輕人已經達到財務自由，每年可以靠股息生活，股息收入比同年齡的上班族薪水還高，因此他已經不需要工作。

記者問他：「你怎麼做到的？怎麼可以做到這麼年輕就達到財務自由的境界，你的父親有給你什麼特別的教育嗎？」

他說：「我爸沒讓我上學，我從小就到處玩，也不寫功課，在我二十二歲生日的時候，爸爸拿了一個好大的布袋裝滿現金給我，然後說，這是你從小到大的學費，我幫你存起來買定存股複利投資。然後，我就財富自由了。」

巴菲特創立的波克夏公司，從1965年開始到2015年的五十年投資績效，讓公司股價成漲了一萬八千倍，1,826,163%，一萬美元變成一億八千萬美元。

這多麼驚人，**長期持有好股票，既賺股息又賺價差**。短線進出很難做到這一點，一萬八千倍的獲利。所以龜兔賽跑誰會贏？時間複利是可怕的，越老越值錢。當股東存股票，除了台股，還有美股和美股選擇權。全世界最棒的公司都到美國掛牌上市，你可以在這裡買到全世界的好公司，買到各大品牌各領域的龍頭股，你可以找到多年來股息連續成長的好公司。

而美股選擇權就是選到好股票，再搭配選擇權做策略上的變化。可以持有股票加上賣出買權（SELL CALL）出租你的股票，除了股息收入還有權利金收入，賺「雙現金流」。也可以賣出賣權（SELL PUT）低接股票，等到大跌的時候低價買進，沒有接到股票也沒關係，你有賣出賣權（SELL PUT）的權利金可以收，走勢怎麼走都好。

這是一個很棒的交易工具，我自己也做，之前也和幾個核心學生一起學習和投資美股選擇權，只是大家比較熟悉台股，美股要怎麼選股呢？我的學生追日 Gucci 在這方面特別鑽研，寫了一本《美股股息成長投資術》說明如何找到好股票，讓你可以賺股息，也賺價差，讀者若對投資美股有興趣，可以參考。

價差投資 VS. 價差投機

再來談第二種「價差投資」，其實我比較想稱他為**「價差投機」**。不管用任何方式選股票，用基本面、籌碼面、技術面、消息面交易，都是想要低買高賣以賺取價差，或是高賣低買賺放空的獲利；都是想要「預測」行情走勢的方向。但「預測」，就是一種不確定，帶著點投機的成分。尤其是期貨、選擇權商品，發明之初就是為了避險和投機。誰說價格一定會上漲？或一定會下跌？未來的走勢沒有人知道。

很多人都是事後論，上漲一段後，用籌碼來解釋，哪些券商有主力進場買了多少錢，把這檔股票給拉上去，因為外資法人連續買進所以股價上漲、因為有題材，所以眾多投信看好買進，鎖住籌碼股價才會漲不停；上漲一段，用基本面解釋，因為產業前景看好，業績成長、公司有什麼利多所以法人看好股價上漲；上漲一段，用技術面來解釋，打底一段時間，短、中、長期均線都糾結在一起，盤整帶量突破發動股票的強勁漲勢。

提高獲利勝率的三絕技

假設都找成功的案例，那怎麼解釋都成立。問題是，用同樣的方法交易也會遇到失敗，失敗時該怎麼解釋？分析判斷只是起始，買進以後，考試才開始。別以為利用技術分析、籌碼分析、基本面分析，找出會上漲的股票、找出進場點交易就完成了，但實際上並不是這樣，事情沒這麼簡單。

如何賺價差，在這方面，我花了很多時間摸索嘗試，不斷檢討、學習，我賠了很多，也賺了很多錢。我只能說，**未來一切都是機率，沒有什麼是一定的。做投資不要太鐵齒，也許自己的判斷常常出錯，但是價格走勢永遠不會錯**。讓你在機率裡面賺到錢的方法是：

1. 先提高勝率，精通「選商品」可以提高你的勝率。
2. 然後注重資金管理、分散投資，「容忍錯誤」。
3. 用停損和停利、加碼減碼機制，幫自己建立一套「大賺小賠的交易系統」。

請各位投資人確實且重複地執行以上策略，長期的執行這套系統，這套系統會為你帶來獲利。

萬點還能買股票嗎？

對我來說，從來沒有股價太高而買不下手的股票，也從來沒有股價太低而不能放空的股票。**對於賺價差的投資人來說，股價高低不重要，股價行進的方向才重要。**

前陣子有學生問我資金怎麼分配，股票多少、期貨多少、選擇權多少，我回答：「你哪邊會賺錢就買多一點。以商品特性來看股票跑得比較慢，槓桿比較低，可以放多一點錢；選擇權槓桿最高，賺賠速度最快，建議先放少一點錢，熟悉後再放大資金操作。」**他回答：「現在股票在萬點之上不想買股」。他說出很多投資人心聲，不想在高檔時買股票，大多數人只想低檔買進。**

2018 年年初，我去高雄辦講座，結束時，有一位觀眾跑來找我討論選擇權交易。他說，過去一年，他大部分時候做空。我說，那你應該會賠錢，因為去年 2017 年台股一直漲，2017 年台股從 9400 漲到 10882。他說 2017 年賠了不少。我說那你為何不做多呢？他說他都有做多，只是不敢留倉。行情漲這麼高了，很怕行情掉下來，遇上恐怖的崩盤怎麼辦？所以多單不敢留倉，只敢做短線當沖，而空單就敢留倉做長線，因為認為行情再漲有限。行情在高檔，做多只能做短，做空可以留長，他的內心覺得這樣做比較安全，結果是在多頭的時候賠錢。

股價「行進的方向」才是關鍵

投資是這樣，小朋友看一眼，就看得出方向，大人看到價格太貴，買不下手；想太多了有價格迷思，不想買貴吃虧。大人懂太多，量價背離、指標背離、指標鈍化、價格太高，買貴吃虧；基本面沒有這麼好，股價沒有上漲的理由，聯準會縮表，熱錢流出股價會崩盤。小孩什麼都不懂，天真地看著走勢圖，指出走勢正在往上。

操作若像小孩般天真就能賺錢，要怎麼讓自己回到最純真的年代？你可以自問，如果現在價格只有四千點，看著價格走勢圖，你會買進嗎？如果答案是「Yes」。**真正影響你的是價格高低，而不是其他原因。2017 年，我大部分時候都留著長線多單，這麼做為我帶來豐厚利潤。我只看價格的型態，型態告訴我正在走道氏理論，一底比一底高，是多頭走勢。萬點一樣做多，包括股票和台指期、選擇權。**

▲ 圖 2-2-1　2017 年台股是個多頭年，方向明確。

萬點以上，投資人該何去何從

過往，台股站上萬點時間短，投資人普遍存在著萬點恐懼症，多數投資人心中有著股價太高不能買的聲音。不只股票，期貨、選擇權這種指數型商品，都有很多人存在著價格太高，不要做多、要做空的想法。台股上九千點以後，不想做多的大有人在。因為根據過去歷史經驗，上九千以後就快崩盤了。歷史台股站上九千以上的時間非常短，台股跌破五千的時間也非常少，所以五千以下是長期買點，可以開始收集股票，九千以上是長期賣點，切莫再買股票了。如下圖。

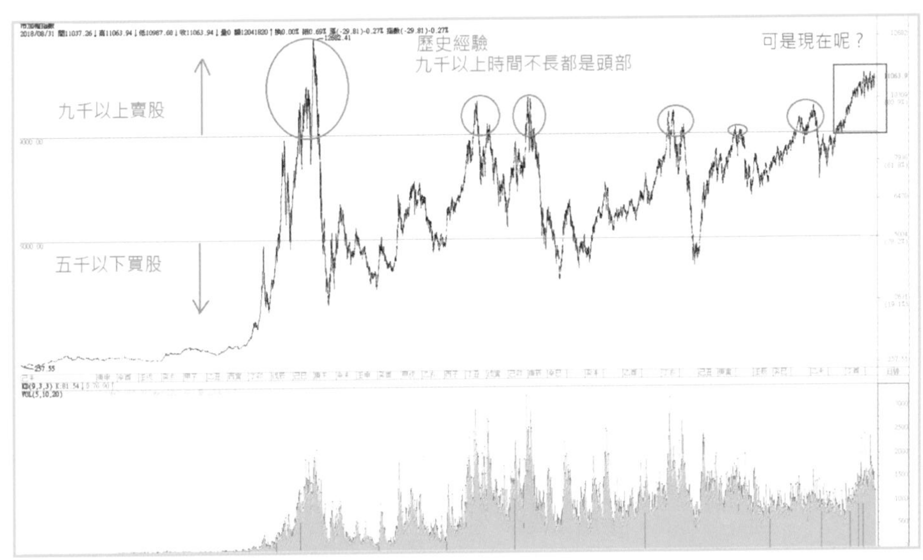

▲ 圖 2-2-2　大盤日 K 歷史經驗告訴我們，五千以下可買，九千以上要賣

單純的以「價格高低」來決定可不可以買進股票，價格高檔再漲不遠，價格低檔逢低買進。我們來聽聽看巴菲特怎麼說，過去倡導低價買股的巴菲特都說 ：「任何想要逢低買進的人要失望了，你再也買不到你要的便宜價格。按照推算，美股將漲到十萬點。」多麼驚人的話啊。美股將漲到十萬點，倡導價值投資、低價買入的股神都口出此言。

過去美股從來沒有站上兩萬點，可是現在美股在兩萬點之上已經快兩年，而且持續創造紀錄。從 2017 年的 1 月至今（2018 年 9 月）。過去台股鮮少漲到萬點，現在台股跟著美股走，萬點之上已經非常長一段時間，所以，萬點不能買股嗎？我的答案是，看方向，不看價格。

比起 2017 年的大多頭，2018 年大盤一整年時間，都在一個超大整理區裡面盤整，說多，也漲不遠，說空，也跌不下去。一月指數 10800，九月指數也是 10800，故一月到九月還在相同位置原地踏步。

2018 年操作難度比較高，不像 2017 年大盤指數一路往上，非常多股票都呈現強勢股漲不停的狀態，2018 年一路漲不停的股票少很多，所以大盤走勢會影響個股。**交易先看大再看小**，大盤漲不停，會有非常多個股也跟著漲不停；大盤區間盤整，個股輪動快速；大盤走空，個股多半也走空；大盤打底翻，個股也打底翻；大盤做頭，大多數的個股也在做頭。大盤就像媽媽，個股像是小孩，媽媽心情好，小孩笑嘻嘻；媽媽心情不好，小孩被打屁屁。

那麼，在萬點之上箱型整理之後，會何去何從？很簡單，過了箱子，就上漲，箱子破了，就下跌。

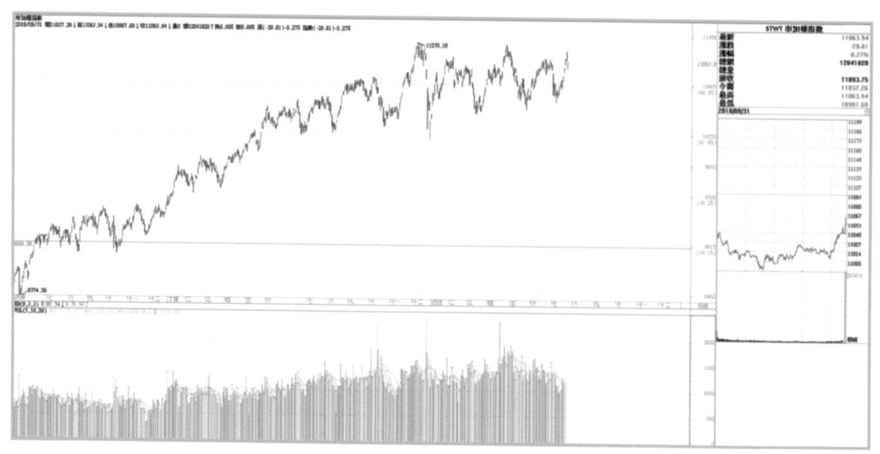

▲ 圖 2-2-3　大盤日 K　你看到的是什麼？是正在高檔做頭，還是萬點打底？

萬點還能買嗎？這樣沒有問到重點，萬點之上，只要大盤走多頭型態，一底比一底高，且不斷創新高，做股票勝算比較高，比較容易買到會上漲的股票。萬點之上，大盤若開始一頭比一頭低的空方型態，就最好別買股票，能否買股和大盤指數在多少點沒有關係，和大盤指數的「行進方向」有關係，和個股「走勢方向」有關係。

所以投資的思考不要被框住了，價格太高不能買、價格便宜可以買，這就是思想上的一個枷鎖，我們要把這個枷鎖打開。不要用消費者的心態看待投資，消費者心態是只買便宜，不買貴。投資不是這樣的，你買進，價格要會上漲才有用。若正在走空頭走勢，逢低買進不是好點子，買了就套。投資注重的是持有會讓你增值的資產，不持有讓你會貶值的資產。

回到剛剛的問題，萬點之上可以買股票嗎？以 2018 年大箱型區間來舉例，2018 年 2 月 9 日的低點 10189 是這個大箱型的最低點，以技術線型來說，跌若破了這低點，多頭架構就受到破壞。

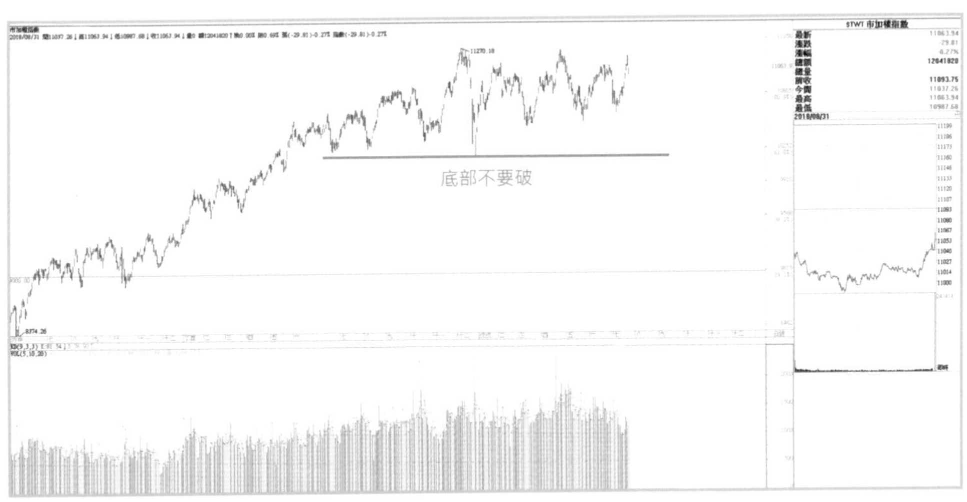

▲ 圖 2-2-4　大盤日 K 長期整理區的底部連線不要破，破了技術型態轉弱

技術分析是有意義的，之所以有用，是因為技術分析內涵的投資心理學。投資人的心理影響價格走勢，你想想看，若你買進以後就賠錢，套牢，你心裡想的是什麼？你買進以後賺錢，你出場以後心裡想的是什麼？

買進以後賺錢→在多頭走勢

在多頭走勢買進以後賺錢，出場以後你會對交易感興趣，會繼續買。若你沒有買到，看到價格一直漲上去，你會希望價格便宜一點再買。**所以，在多頭走勢中，價格回檔會有買盤進入，不管是賺錢的人，還是該賺沒賺到空手的人，都會想要買進，造成價格容易往上。**

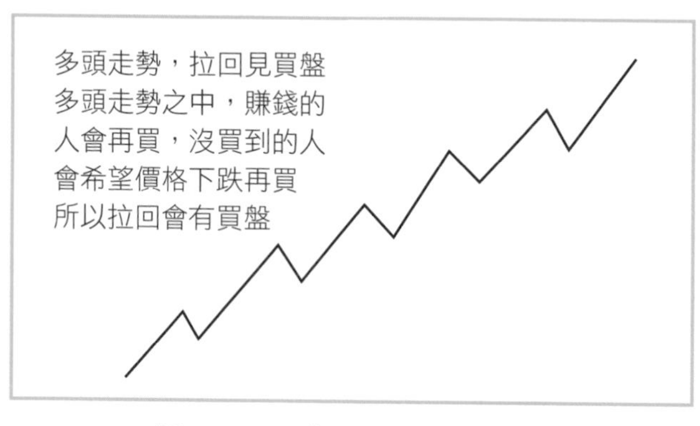

▲ 圖 2-2-5　多頭走勢的群眾心理

買進以後賠錢→在空頭走勢

在空頭走勢，買進的人都會賠錢，賠錢心裡想的是希望價格上漲少賠一點出場，所以價格反彈會遇到賣壓。**這段時間買進的都賠，市場缺乏買氣，想賣的人比較多，造成價格容易往下。**

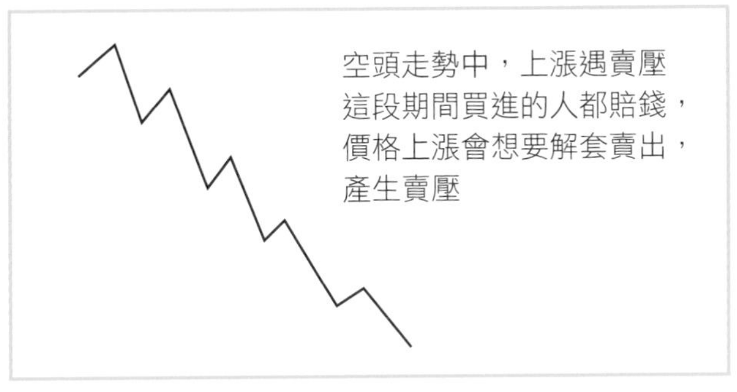

▲ 圖 2-2-6　空頭走勢的群眾心理

買進以後賠錢→做頭完成

若在高檔整理區買進，買進以後價格下跌，跌破這個整理區的「底部」，那麼這一整個整理區有買進的人都賠錢了，這麼多人賠錢就會產生很大的賣壓，價格只要漲上來到套牢區就會有人想要賣，所以跌破高檔的整理區被稱為做頭完成，頭部有多種，M 頭、頭尖頂和各種複雜的頭部。

不管頭部長甚麼樣子，共同邏輯就是區間整理。跌破整理區低點就是跌破頸線，行情可能由多翻空。若主力、法人不再買進，市場賣壓大於買盤，行情將走入空頭。若主力、法人用力買進，把想要賣的賣壓都消化掉，行情還會創新高。**投資的世界就是買的力量和賣的力量看誰大，而技術線型隱含了大眾的投資心理學，大眾的心裡決定交易行為，集體的交易行為決定了行情的方向。**我們可以用技術分析判斷，走勢的大方向往哪走的機率比較高的。所以我一再強調，價格高低不重要，價格行進的方向才重要，理由於此。

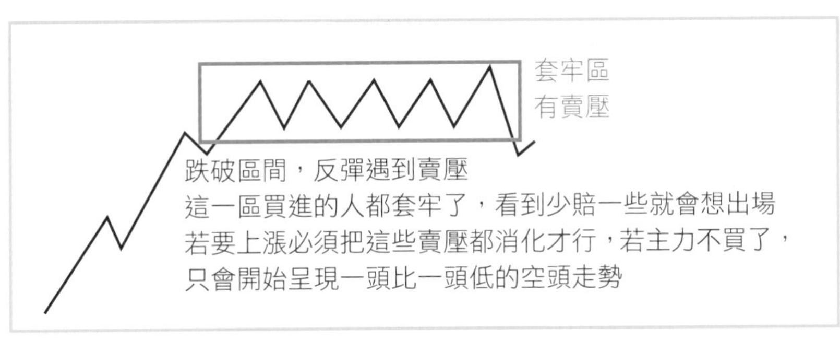

▲ 圖 2-2-7　頭部完成的群眾心理

操作股票為什麼要講大盤指數呢？因為大盤好，股票才容易漲，大盤不好，股票就容易下跌。2018 年 8 月我到電台接受採訪，台股正走空頭。主持人問我：「現在有什麼股票可以買？」我回答說：「現在行情正在走空，沒有股票可以買，要選到逆勢上漲的股票很難。若你問我哪一檔股票可以放空，我跟你說，不用選，隨便射飛鏢都會中。」

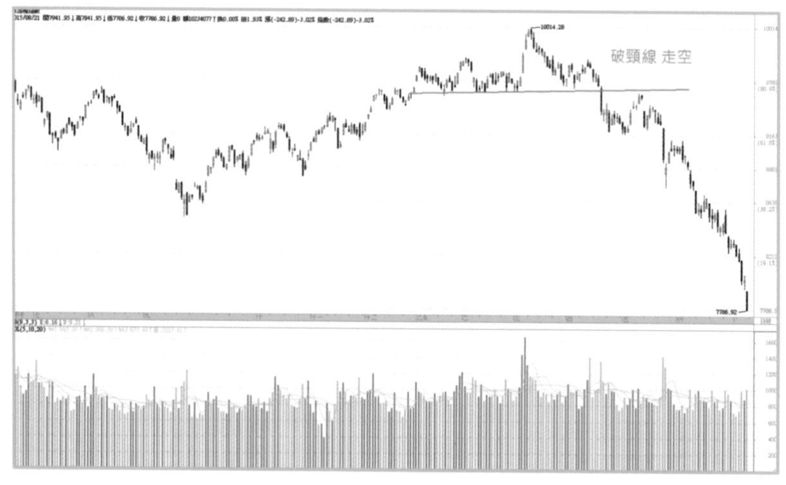

▲ 圖 2-2-8　大盤走空 股票都會跟著下跌，別買股

台股走空不做多股票是我的基本操作原則，因為逆著大走勢來操作勝算不高，但大盤跌深打底，那又是另外一回事。底部上來是個好買點，並非只有多頭的時候可以買。

為您整理幾個操作股票的重要原則：

一、先看大盤再看個股：大盤好！選到上漲的股票機率高，大盤不好建議不做多股票。

二、不管價格高低，只看行情行進的方向。

三、做趨勢

環境對、氣氛對，投資才容易成功。在大盤氣氛好、方向對的情況之下，我們來選股票。接下來，我們要開始選股了。

賺價差，我只做兩種股票

我說的兩種股票，第一是「強勢股」，第二是「打底翻」。我不做下跌的股票，不做沒有方向的股票，不做看不懂方向的股票。

股票價格走勢和大盤大部分時候是同步的，如果大盤在多頭，要找到強勢股的機率比較高。例如說大盤處於明確的多頭，有非常多強勢股可以讓你賺一把。當大盤做頭完成的時候，大部分的股票也先後做頭完成，當大盤下跌走空的時候，大部分的股票也跟著走空，當指數止跌打底向上的時候，你會找到很多也是下跌一段，打底準備向上的股票。股票走勢和大盤走勢正相關。所以交易股票先看大再看小。先看大盤再看個股。

柿子挑軟的吃，股票找強的做

傑西·李佛摩說用「最小阻力線」來操作股票，他不說多，也不說空，他說最小阻力線。意思是股票往阻力比較小的方向前進，這說法沒有把方向說死，或說行情是多或空，行情只是往阻力比較小的那一邊前進，強勢股往上的阻力比較小，往上漲的機率比較高。**操作是有選擇的，你可以選擇對你有利的商品操作，選擇對你有利的時機進場操作。若你操作的商品正在盤整，不好做，你可以換商品。我常說柿子挑軟的吃，挑對商品操作比較容易賺錢，挑錯商品你可能做半天還賠錢，選擇比努力重要。**

例如下圖，若你挑到的商品是有方向的商品，走單方向，一直走，那麼大部分的投資者都能賺到錢，不管經驗多寡、技術好壞，做這種股票賺到錢的機率高。無須高超的交易技巧，只要持有它，什麼都不做就能獲利。

若你挑到第二種走勢的商品，行情沒有明確的方向，在一個區間內，雙巴或盤整，在這種走勢中要賺到錢不容易。你可能進出瞎忙，還賠了現金。

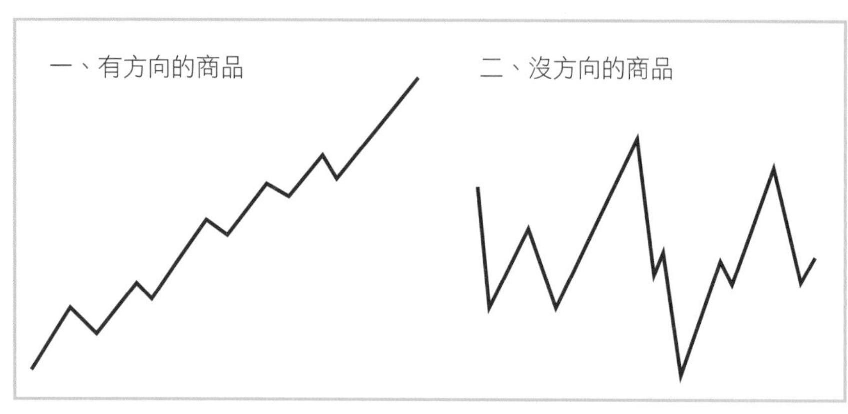

▲ 圖 2-3-1　挑有方向的商品操作

挑有方向的商品操作

因此，交易先判斷「商品走勢」屬於哪一種，有方向或沒方向。**建議挑有方向的商品操作，可以提高你的勝率，操作有方向的商品，直到方向不再持續**。以操作台指期、選擇權來說，這兩個商品看的是同一個標的物，看大盤，看期貨指數來操作，所以能一起討論。操作時，盡量只挑台指期走連續方向的時候，若你發現指數已進入盤整盤，你可選擇：

一、不做，空手休息。

二、做選擇權賣方（賣方適合盤整盤），做雙 SELL。

三、做其他有方向的商品，例如強勢股。

四、做其他有方向的商品，例如美元指數、歐元、小道、A50……，看誰有方向就做誰，多空皆可。

五、進入盤整盤裡面廝殺，盤整盤的做法是低買高賣。

所以，我會在台股走勢進入盤整的時候交易「強勢股」，柿子挑軟的吃，做強勢股勝算高。例如，宏盛（2534）這種線型的股票，「均線多頭排列」，走勢「一底比一底高」，從 2017 年 8 月突破盤整區以來，一路往一個方向。漲到 2018 年 8 月除權息跳空為止，這一年都是一路漲不停，價格從 22 元漲到 42 元，我喜歡這種股票，因為不太需要花時間照顧他，它會自己照顧自己。

若你問我，何時會發現這檔股票？我們有一年時間來等待發現它，你一定會在半路上發現它，只是敢不敢買而已，唯一要克服的是心理障礙，沒有買在起漲前，是買在半山腰，若它已經漲一段，就會買貴了。

記住，行情價格高低不重要，價格行進的方向才重要。「順勢交易」你需要的是勇氣，買進以後何時要退場？何時不再進場做多？很簡單，你因為它是強勢股所以買，當它「不再是」強勢股就出場。

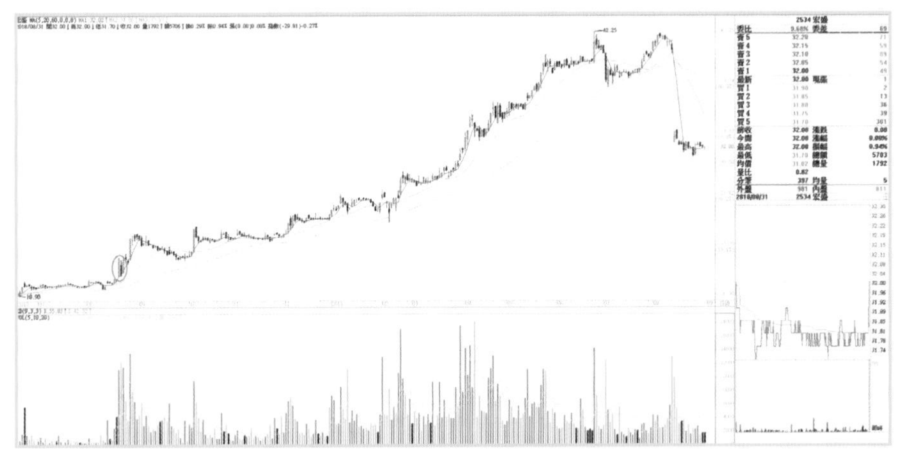

▲ 圖 2-3-2　宏盛（2534）日 K 2018/8/31 除權息大跳空

再舉例日電貿（3090），2017 年 11 月到 2018 年 6 月一大段走勢，價格從 29 元漲到 105 元，七個月時間行情都在上漲，你一定會在半路上找到他。漲上來才被你發現，也沒關係，既然他是強勢股，上漲機率比較高，值得嘗試，可以做到它不再維持強勢股的慣性，不再創新高，且不再出現一底比一底高。

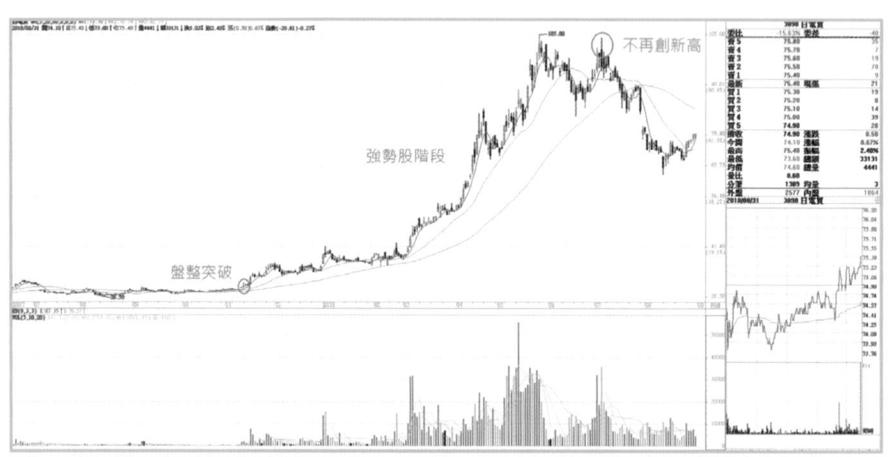

▲ 圖 2-3-3　日電貿（3090）日 K 2018/8/31 不再是強勢股

股票、選擇權買方和土地，不同的商品屬性

例如新產（2850），不是這麼強的強勢股，但是符合一底比一底高，漲不停的定義。從 2017 年 11 月盤整突破以來，慢慢漲，也從 27 元漲到 39 元。雖然，這個上漲速度完全比不上選擇權買方，買方從 27 漲到 39 元，在半小時之內就能完成，股票花了十個月時間。

但是做買方如果看錯，資金一下子就歸零，挑好股票操作，不但可以賺價差，還可領股息，兩者有差別。選擇權你沒有辦法買太多的錢，股票可以。選擇權買方的漲跌速度快，你必須時時盯住；而持有漲不停的股票，當你忘了它，反而能帶來巨大獲利。商品特性不同，心理壓力也不同。我有一位朋友說他買土地 5000 萬，放了好幾年，土地翻數倍價值 20 幾億，這倍數不會輸給選擇權買方。你會買 5000 萬的買方嗎？商品不同，無法比較。

▲ 圖 2-3-4　新產（2850）日 K　2018/08/31　多頭走勢

例如大成鋼（2027），這是一檔慢慢往上爬的股票，離岸風電的題材，讓個股價格高漲，只要維持一底比一底高的特性不改變，可以長期持有。交易這種股票很簡單，只要找到並且買進、持有。出場條件就是個股改變慣性，不再往上爬。

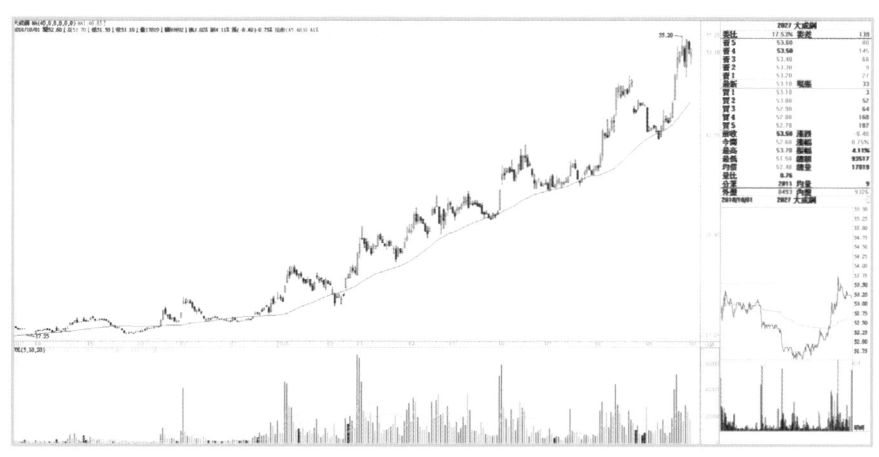

▲ 圖 2-3-5　大成鋼（2027）日 K　2018/9/28　多頭走勢

買在底部起漲區，也要記得設停損

除了強勢股，另外一種值得做的線形是「打底翻」的股票，行情從空頭排列轉成橫盤打底，剛開始轉成多頭排列。這種股票沒有追高買不下手的心理障礙，所有投資人都樂於接受買在底部起漲。提醒投資人，這個底越大越好，勝算越高。

若打底不夠久，則再度往下的機率高，底打得越久越好。因為時間不夠久，價格漲上來會遇到賣壓，三個月前買進的人，看到價格漲上來就解套賣出。最好經過一段時間沉澱，讓想賣的人都賣掉，剩下都是不想賣的，或是忘記手上有這檔股票的，這樣股價上漲遇到的「阻力」會比較小。若急跌之後立刻上漲，賣壓強。因此，打底的時間能超過半年以上比較好。

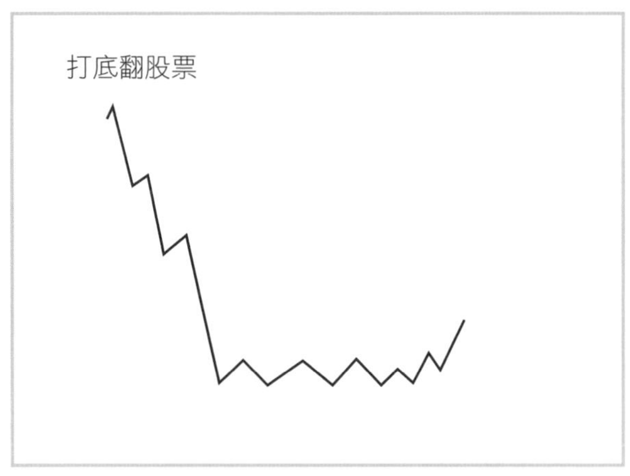

▲ 圖 2-3-6　找打底翻的股票操作

例如台達電（2308），股票從上方跌下來，經過一個橫盤打底，剛剛從底部漲上來。台達電很會賺錢，過去五年，每年至少發 5 元現金股利。這檔若買進，我的停損會設在爆大量上漲紅 K 的低點。

▲ 圖 2-3-7　台達電（2308）低檔打底向上，跌破起漲長紅停損

例如瑞儀（6176），打底完成，這檔股票有高殖利率，過去五年每年最少發 4.5 元現金股利，屬於高殖利率股。這檔若買進，我的停損會設在整理區低點。

▲ 圖 2-3-8　瑞儀（6176）日 K 停損設在整理區低點

例如松上（6156），打底翻。這檔若買進我的停損會設在「突破盤整區的長紅 K 低點」，因為盤整突破買進，所以跌破突破的長紅 K 時，就低點出場。

▲ 圖 2-3-9　松上（6156）日 K 2018/8/31　打底翻，停損設在突破長紅低點

例如岳豐（6220）打底完成，這檔標的線型很漂亮，整理時間比較久，底部帶量盤整突破。這檔若買進，我會把停損設在盤整突破的長紅低點，當進場理由不存在，就出場。

▲ 圖 2-3-10　岳豐（6220）日 K 2018/8/31 底部完成，停損設在突破長紅低點

以上這些股票都具備潛力，買到底部起漲的股票就等於賺錢嗎？當然不是，我們無法確定行情往哪走，所以必須要設停損價，以免損失擴大。**停損價要在還沒有看到後面行情前，先決定出場位置，這才是客觀的停損。買在底部有機會大賺一筆，但也不要抱著股票繼續破底。**

除了個股線型選擇底部起漲股票，更重要的是看大盤位置和大盤的行進方向，若大盤走弱大部份股票也會下跌，等到大盤也做了打底翻，這時選擇打底翻的股票勝算才會大幅提高。

用「技術面」選股票以後，輔以「基本面」加分。我比較喜歡選擇有賺錢能力的公司，且底部起漲，可用過去五年，最小現金股利發放 1 元為基準，這是進一步篩選投資項目的「適當條件」。

中租（5871）就是一個很好的案例，2017 年 1 月我用「打底翻」的方式選到中租這檔股票，比對它過去的配股配息表現覺得相當不錯，是一檔被低估的好股票，買進以後價格從 57 元上漲到 114 元。

股利政策					單位：元
年 度	現金股利	盈餘配股	公積配股	股票股利	合計
106	3.80	0.20	0.00	0.20	4.00
105	3.40	0.00	0.00	0.00	3.40
104	3.10	0.00	0.00	0.00	3.10
103	2.80	0.40	0.00	0.40	3.20
102	2.00	1.00	0.00	1.00	3.00
101	2.00	1.00	0.00	1.00	3.00
100	2.30	0.00	0.00	0.00	2.30
99	0.00	0.00	0.00	0.00	0.00

▲ 圖 2-3-11　中租（5871）最近幾年股利政策

▲ 圖 2-3-12　中租（5871）日 K 底部完成後大漲一段

用「技術面」選股，再加以「基本面」做篩選，這樣可以提高勝算。我們來比較剛剛選出來具備底部起漲線圖的股票，它們過去幾年的配股配息成績如何。

	2018	2017	2016	2015	2014	2013	2012	2011	2010	2009
台達電（2308）	5	5	5	6.7	5.8	5.29	3.49	5.2	4.2	3.7
瑞儀（6176）	4.8	4.5	4.5	5.5	7	8.3	6.8	4.1	2.6	2
松上（6156）	0.8	0.8	0.3	0	0	0	0	0	0	0
岳豐（6220）	2.3	2.3	1.25	0.61	0	0	0.25	0.25	1.48	0.5

▲ 圖 2-3-13　幾檔打底翻的股票，最近 10 年配股配息成績

可以很明顯看到，台達電（2308）和瑞儀（6176）的獲利能力明顯比松上（6156）和岳豐（6220）好。過去十年都穩定發好幾元的股息股利，以公司體質來說台達電和瑞儀優於松上和岳豐。你可以算一下殖利率，只要殖利率高那就是進可攻退可守的好股票。上漲賺價差，沒漲也可領股息。台達電（2308）當時的股價 123，瑞儀（6176）當時的股價 67.5。台達電（2308）殖利率 4.06%，瑞儀（6176）殖利率 7.11%，以公司穩定獲利和股價 CP 值來看，這四檔股票我會優先選擇瑞儀（6176）。如果想要提高勝率，可以找「打底完成」且「過去幾年穩定配息」的公司。

以上股票，都是在寫稿當天 2018 年 9 月 1 日找出來的標的，如果你問我是花很多時間找股票嗎，並沒有，我是用工具。因為找股票蠻花時間的，要在一千多檔股票裡面做篩選，看看什麼股票符合「打底翻」的線圖，看看什麼股票符合「強勢股」的線圖，找到以後再一一查資料看這些股票的基本面如何，過去配股配息表現如何，比對一下現在的股價，算一下殖利率、本益比多高。所以就開發了選股工具「股市尋寶」* 協助我選股，讓我省下很多時間。

此工具的幾個選股條件

「強勢股」 代表只看線圖不管獲利能力如何的股票，在股市多頭的時候股票上漲機會高，會漲的股票就是好股票。

「績優股」 代表除了具備強勢股的走勢線型外，還具備過去幾年穩定配息的好公司。買績優股你可以賺價差也賺股息。

「底部起漲」 代表技術線圖符合打底結束，剛剛突破上漲的股票。不看基本面。 在大盤也完成「打底翻」的時候，選擇「打底翻」的股票成功機率比較高，否則你最好選擇「起漲好股」，挑體質好的公司。

「起漲好股」 代表除了技術線型符合底部起漲外，公司必須要過去幾年都穩定發放股息給股東。中租、瑞儀和台達電就是用這邏輯選出來的。

「空頭排列」 代表股價正在走空頭，操作做趨勢，想放空可以選「空頭排列」的股票。

「做頭完成」 代表剛剛做頭完成的股票，想要空在起跌點的可以找「做頭完成」的股票操作，與「打底翻」顛倒，一個是買在起點，一個是空在起點。

▲ 圖 2-3-14　股市尋寶

請讀者要留意，「選到股票後，交易才開始」，而不是選完股票就等於賺錢。你要從資金規劃開始，你有一百萬，你要買幾檔？每檔股票最多可買多少資金？一開始可買多少資金？風險怎麼控制，要在哪裡進場、哪裡出場，停損怎麼設，停利怎麼設？這些都是極重要的事。

其實，很多投資人買完股票以後就疏於照顧，放任股票亂跑，這有點可惜。要怎麼照顧自己的股票呢？用什麼方式當作出場的依據呢？我們繼續往下面的章節看下去。

*「股市尋寶」選股工具可以快速的選到具有優勢的股票，選到股票以後如何作交易，股票交易影音教學，有興趣的朋友可以到此進一步了解 http://optree.com.tw/book3/stock.html

做趨勢，用均線控盤

均線，是我用過最簡單、好用的技術分析工具，只要找到有方向的商品，你可以用均線來操作。

不管你交易的商品是什麼，股票、期貨、選擇權、或是海期，均線都可以助你一臂之力，尤其是在趨勢盤的時候。在我第一本著作《贏在修正的股市操盤絕技》裡提到，以 40 日均線來操作股票，我稱它為「主力成本線」，因為一般主力平均吃貨的時間是兩個月，所以用 40 天這個參數。操作時，若你不認識這檔股票，可預設用 40 日均線來看一下是否適合使用。我這裡會說「看一下是否合用」，是因為均線的參數沒有標準答案，不一定要用 40 日或 60 日或 20 日，不要被參數給框住了，重點不是參數，而是「觀念」。

均線的使用時機

這裡先給一個重要觀念，均線的使用時機只做「趨勢盤」不做盤整盤。均線屬於「順勢交易」的技術分析，在方向明確的時候好用，在方向不明確的時候難用。交易時文要對題，在「對的地方使用對的工具」，在錯的地方使用，好用的工具也會變成難用的工具。工具本身是中性的，好用、難用端看如何使用。最常見的錯誤是，在趨勢盤使用逆勢指標，一直猜頭猜底，在盤整的時候，使用順勢指標容易買在最高，賣在最低。

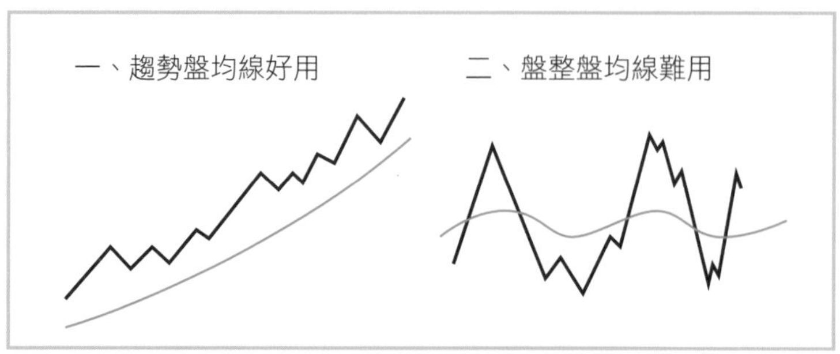

▲ 圖 2-4-1　均線只在「趨勢盤」好用

▲ 圖 2-4-2　趨勢盤，均線好用

▲ 圖 2-4-3　盤整盤，均線難使用

均線基本定義

這裡照顧一下投資新手，先談一下均線的基本定義，10MA 表示最近 10 根 K 棒的收盤價，加起來除以 10，20MA 表示最近 20 根 K 棒的收盤價，加起來除以 20，60MA 表示最近 60 根 K 棒的收盤價，加起來除以 60。

$$10MA = \frac{C1 + C2 + C3 + C4 + \cdots\cdots\cdots C10}{10}$$

$$20MA = \frac{C1 + C2 + C3 + C4 + \cdots\cdots\cdots C20}{20}$$

$$60MA = \frac{C1 + C2 + C3 + C4 + \cdots\cdots\cdots C60}{60}$$

若你看的 K 棒週期是日 K，一天一根 K 線，那麼 10MA 就是 10 日均線，40MA 就是 40 日均線。若你看的 K 棒週期是五分 K，則 10MA 是 10 根 5 分 K 的收盤價加起來除以 10。**這時候就不會稱它是 10 日均了，因為它不是十天價格的平均，只稱 10MA。**

以台積電的 10 日均為例，顯示 K 棒週期是日 K，最新一根 K 棒往回推 10 根 K 棒，將這 10 天的收盤價格加起來除以 10，再將得到的價格畫在圖上。同理可證，昨天的 10 日均數字，是以昨天 K 線為基準，往回推 10 根 K 線，將這 10 天的收盤價加起來除以 10 得到的數字。將每一天的 10 日均位置連成一條線，就變成「10 日均線」。如圖以橘色線條表示。由於是過去幾天的平均價格，讀者可以發現，這均線是落後的，價格已經上漲，均價還在下面。

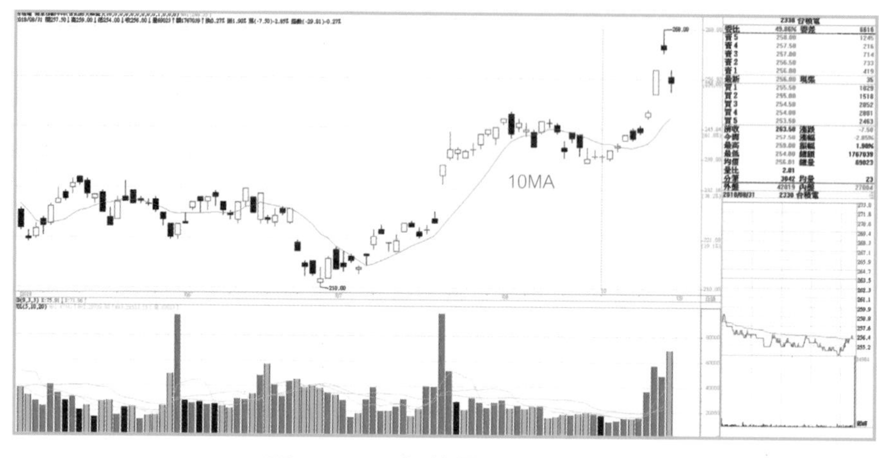

▲ 圖 2-4-4　台積電日 K ＋ 10MA

均線告訴你「行情方向」

理解均線的基本定義以後，現在來敘述均線的功能，均線第一個功能是說明行情前進的方向。由於 10MA 是過去 10 根 K 棒的平均值，20MA 是過去 20 根 K 棒的平均值，它是落後的，為什麼落後的指標可以讓你賺錢呢？正因為落後，所以非常適合用來敘述行進的大方向，「均線是不會隨意轉向的」。

在《傑西．李佛摩股市操盤術》裡面提到一位奇人，此人住在加州山區，位處偏僻，交通不便，他很少進城，只見過營業員幾面。他在山裡得到的報價是三天前的報價，報價是嚴重落後的，但是他偶爾的進出都是大手筆資金進出場，每年從股票市場上賺取巨大的財富。他的故事令傑西．李佛摩感到好奇，並研究他是怎麼賺到錢的。這位住在深山裡的奇人說：

如果我每天盯著行情報價看，會讓我心浮氣躁，做不出好的決定。所以我決定住在山區裡，遠離塵囂。每天我會將價格記錄下來，當我發現價格出現明顯的變化的時候，我就知道機會來了，當價格高過過去一段時間的報價，我知道行情發生了，由於報價是三天前的，所以我進和出都比較慢，也因為這樣所以我賺到趨勢的錢。

財富不是進進出出賺出來的，而是坐著等出來的，落後的均線指標告訴你行情的方向，讓你比較慢進場，比較慢出場，賺到的是「趨勢財」。我認識很多賺大錢的人都是做趨勢，而非做短線進出。

均線判定方向的用法是
均線漸漸墊高，均線往上揚，做多。
均線漸漸降低，均線往下彎，做空。

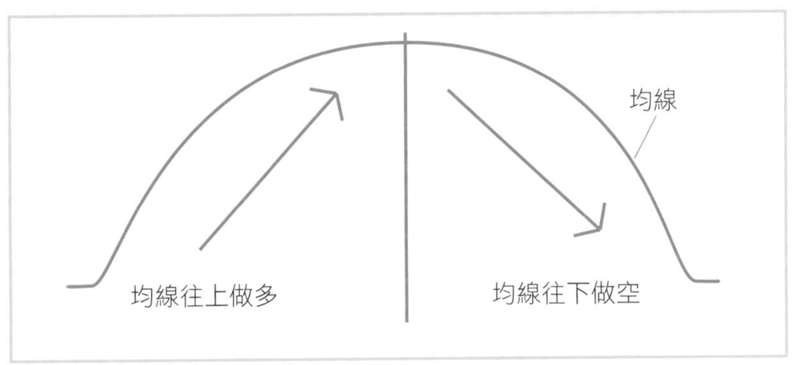

▲ 圖 2-4-5　均線敘述行情的方向

順著趨勢交易，均線助漲也助跌

當均線往上以後，代表「長期的趨勢」往上，短期的價格走勢，雖然上上下下跑，但最終還是會往趨勢的方向前進機率比較大。反之，當均線往下代表趨勢往下，價格往下探的機率相對較大。

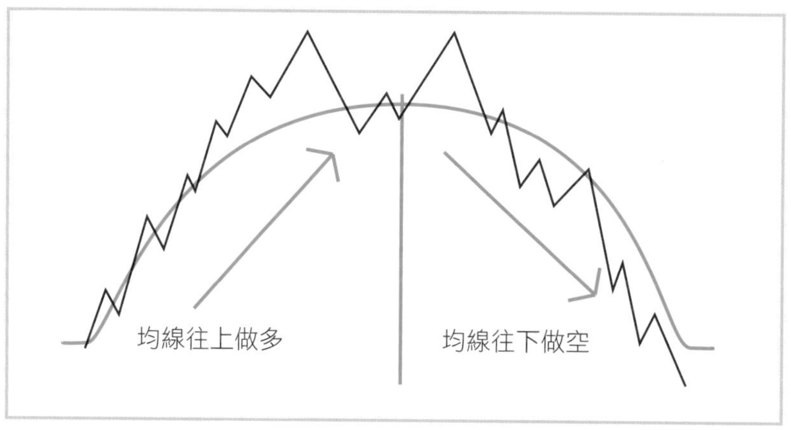

▲ 圖 2-4-6　短線（黑色線）價格上上下下，但是往均線（紅色線）方向前進機率大

順著均線的方向做，均線會助漲助跌，因此我強調順勢而為，「順著趨勢交易」這個觀念非常重要，為什麼呢，因為這樣做有兩大好處：

1. 提高你的勝率

2. 拉大你的獲利

我們比較難捉摸「短線價格波動」，但是只要順著趨勢的方向做，就可以提高勝算，因為只要時間拉長，價格就會往趨勢的方向前進，否則不叫趨勢，不是嗎？也希望大家可以牢記在心。

我股票這樣做，期貨、選擇權也這樣做，順著趨勢操作，勝利女神站在我們這邊。期貨、選擇權一次次獲得的重大勝利，都是順著趨勢操作，讓我勝率提升，讓我獲利變大，因為順著趨勢的方向做，可以拉長線，為我帶來可觀的獲利！股票操作也是，為什麼股票交易，我喜歡交易強勢股，找那些已經漲到一半的股票？因為趨勢已經形成，上漲機率高，順水推舟，你只需要搭順風車即可。大陸有句話「站在風口上豬都能飛上天」。

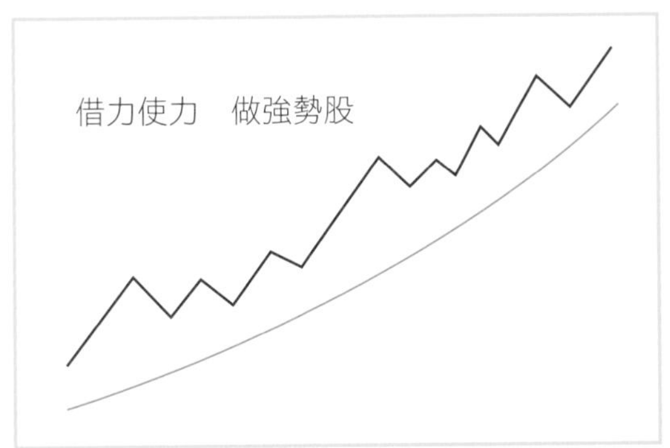

▲ 圖 2-4-7　股票就做強勢股，做一直往一個方向前進的股票

均線操盤，以均線當作進出場依據

除了將均線當作行情行進的方向，也可以將均線當作進出場的依據。**交易方法是只要均線往上，價格站上均線進場，跌破均線出場，重複做這動作直到均線轉向為止。只要均線往下，價格跌破均線放空，站上均線空單出場，重複做這動作直到均線轉向為止。這樣的操作方法稱為「均線控盤」。**

例如鴻海（2317），我用 40MA 均線來控盤，將走勢劃分成兩段，左半邊均線往上做多，價格站上均線買進跌破均線賣出。右半邊均線往下，價格跌破均線放空，站上均線買回。

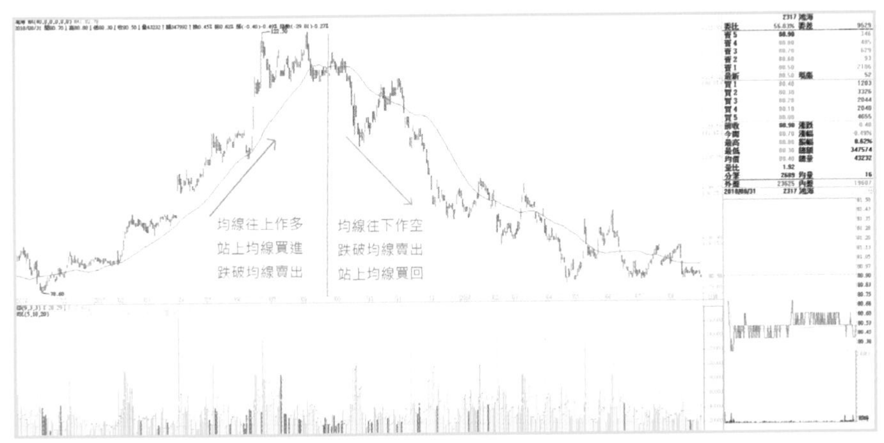

▲ 圖 2-4-8　鴻海（2317）日 K ＋ 40MA

「均線控盤」是一個極度好用且有效的方法，下圖是一個順著趨勢操作的案例，價格短線上上下下亂跑，但是長線是往一個「方向」前進。你只要順著均線的方向操作，首先，勝算提高，其次，賺得多。

⊕ 案例：合庫金（5880）

以合庫金（5880）的 40MA 均線來看，長期是往上的，只要股價在均線之上，就代表強勢，可以持有。這是高殖利率定存概念股，長期持有會配息給你的好公司，而且股價漲不停，可說是不錯的投資。

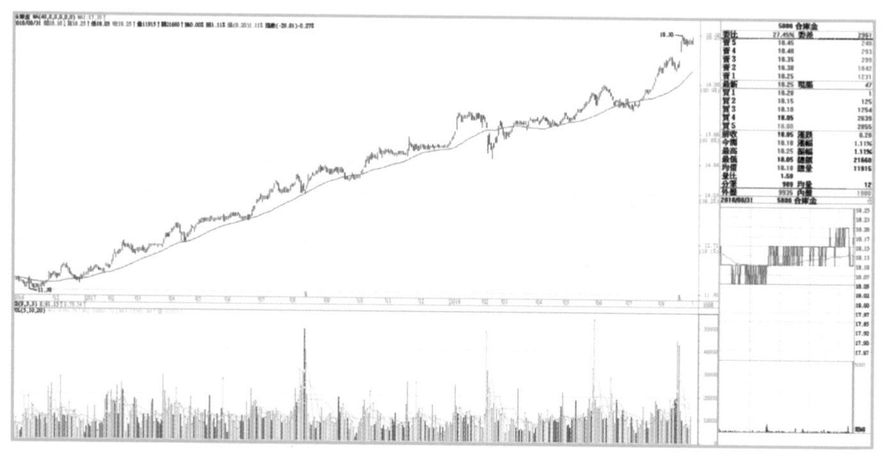

▲ 圖 2-4-9　合庫金（5880）日 K ＋ 40MA

⊕ 案例：亞泥（1102）

40MA 往上的那一段，很適合做多持有，股價行進的方向以「均線的方向」前進。

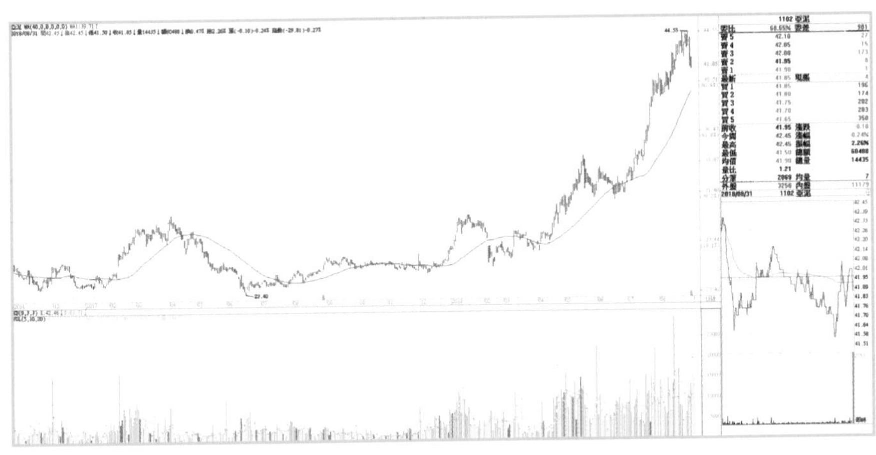

▲ 圖 2-4-10　亞泥（1102）日 K ＋ 40MA

⊕ 案例：上銀（2049）

一條均線搭配股價走勢，你可以很清楚看到價格行進的方向。

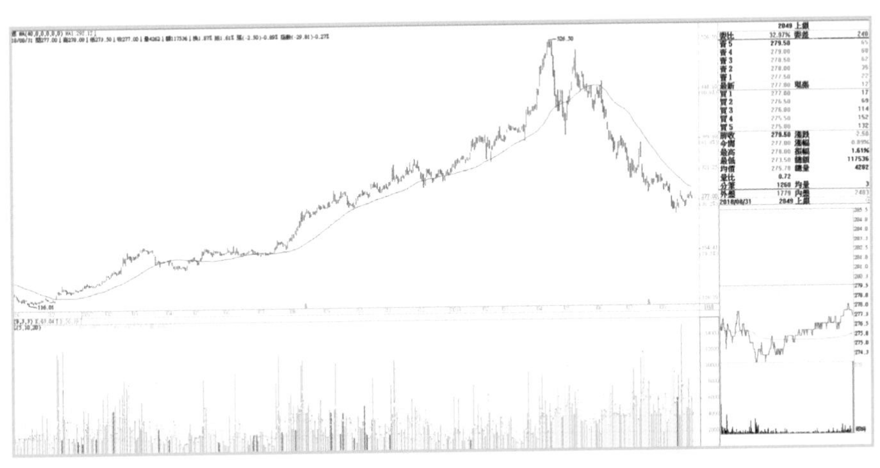

▲ 圖 2-4-11　上銀（2049）日 K ＋ 40MA

• 選擇一條適合的均線

知道均線的方向可以代表「行情行進的方向」後，下個問題是該選擇哪一條均線敘述行情的方向呢？這沒有標準答案，每個商品走勢適用的均線不一樣，都會有適合的均線。股票預設用 40MA。可以觀察是否適合，不適合就修改均線參數。例如上銀（2049），若你覺得最高點拉回到 40MA 的距離太遠了，不希望這麼慢出場，可以把均線參數改小，就可比較快出場，例如設為 10MA。小週期的均線會較貼著短線價格走勢。

若將上銀的均線參數改成 10MA，讀者可以發現出場的速度快很多。用 10 日均當作出場依據是比較短線的做法，適合走勢仰角陡峭的股票。

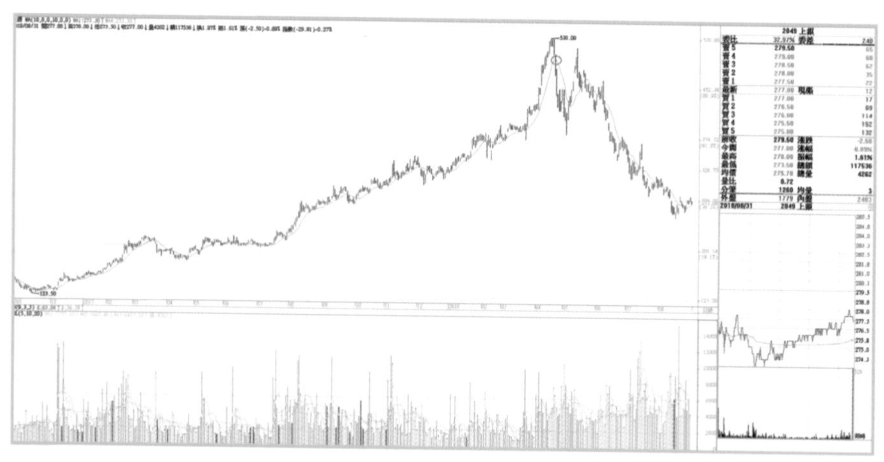

▲ 圖 2-4-12　上銀（2049）日 K ＋ 10MA，用 10MA 較快出場（紅圈）

• 均線是「移動停利」的神兵利器

將走勢圖放大，擷取走勢上漲的最後一段，讀者可以看到用 10 日均當作進出場的依據，會在那些地方出場，又會在那些地方重新進場。為什麼我們可以用均線當作出場依據，為什麼用均線當作出場依據，可以賺到趨勢盤的錢？

因為均線本身是一種「移動停利」，只要方向看對，用一種移動停利的方法抱住手上的股票，就可以大賺趨勢財。

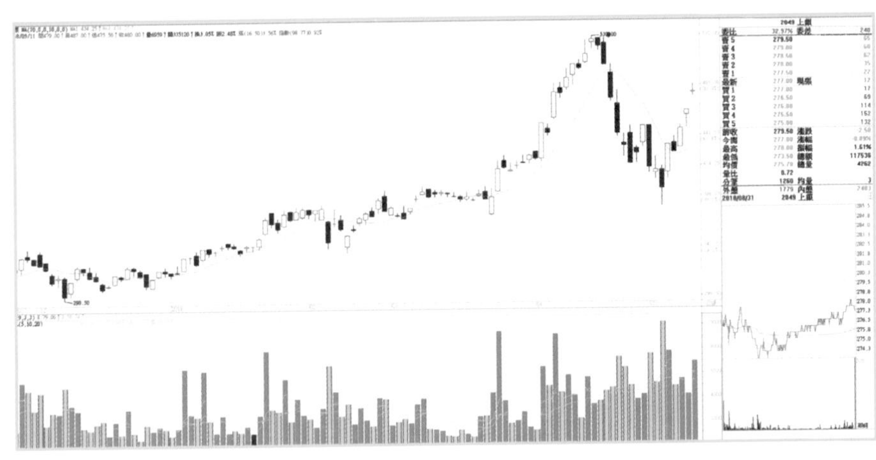

▲ 圖 2-4-13　上銀（2049）日 K ＋ 10MA

⊕ 案例：台塑（1301）

我用 10 日均來搭配價格走勢操作，你覺得如何？均線往上做多、往下做空，站上均線買進，跌破均線賣出。下圖這種走勢是一個區間盤整盤，我不太想在裡面短線操作。跳過，下一題。

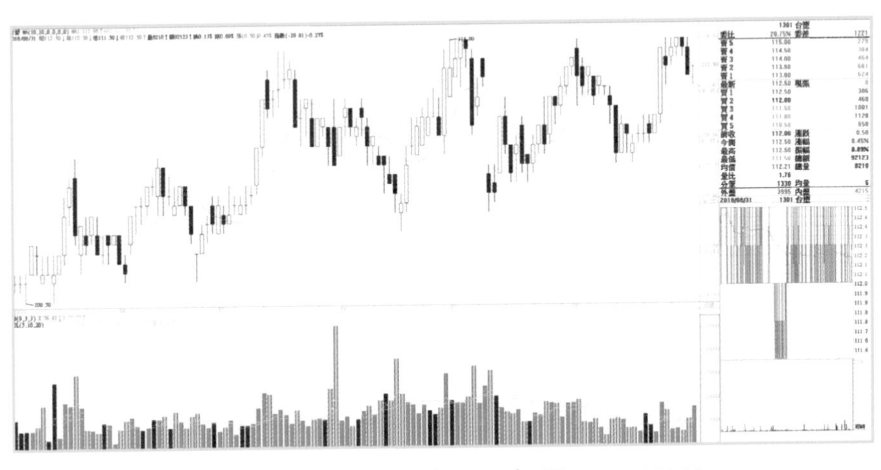

▲ 圖 2-4-14　台塑（1301）日 K ＋ 10MA

這個題目就是「盤整區均線難用」的案例，站上均線買進，跌破均線賣出，在盤整區裡面不會賺錢。但是把週期拉大來看呢？我們試試看用 120MA 並且把圖拉遠來看，我們也保留原本的 10MA，剛剛的盤整區只是這個圖 2-4-15 的紅色框框處，你可以看到，原來用 120MA 可以做一個長線波段，剛剛盤整的區塊，對長線來說只是價格震盪整理而已，趨勢還是往上。120MA 敘述了台塑這檔股票的長線方向，而 10MA 敘述了台塑這檔股票的短線方向。

所以，要用什麼均線來控盤沒有標準答案，跟你「想交易的週期」有關係。做短線的不可能使用 120MA，做長線的用 10MA 又太快進出了。要用什麼樣的均線參數，跟股票的「股性」有關。走勢強勁的股票，要用短期均線來貼近行情，例如 10MA 就是個不錯的參數。走勢溫吞緩慢的股票，可以要用半年線 120MA、甚至年線 240MA 來看。

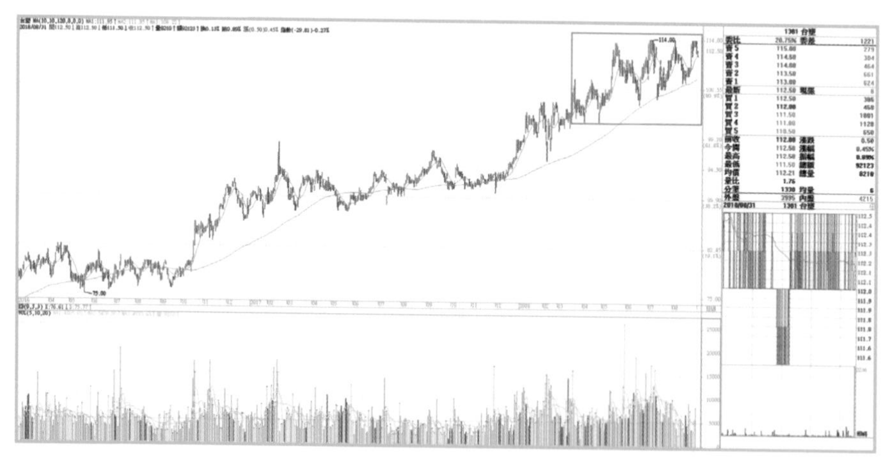

▲ 圖 2-4-15　台塑（1301）日 K ＋ 10MA ＋ 120MA

• 神奇的均線參數

曾有一位學生來找我，他是退休的老先生，他買了幾萬塊的軟體，這軟體有用一個神奇的均線參數，可以告訴他行情明確的方向和進出點，K 線周期有五分 K 的、有三十分 K 的、有六十分 K 的。在圖表上用虛線、實線，不同顏色和不同粗細畫均線。他說：「老師你是專家，給你看就知道這些均線是用什麼參數。給你參考一下，可能對你有幫助」。最後在離開的時候他問我，可不可以告訴他這個神祕的參數是什麼，他可以付錢。我笑笑，你先回去吧，過幾天我告訴你答案。你操作的商品適合什麼樣的均線參數呢？你可以花點時間修改參數調調看，配出合適的均線。

• 監控股票的自動化系統

其實很多投資人買完股票以後就疏於照顧，放任股票亂跑，這有點可惜。股票交易從選股開始、到進場點的尋找、資金分配、買進以後時時關心手上的股票，確實做到停損，達到停利條件的出場，免得抱上又抱下，這是一整套的交易流程。我一再強調知行要合一，知道也要做到。

既然均線可以當股票的控盤工具，那就拿來用。不管是 10 日均、40 日均還是其他參數的均線，都可以當作股票的溫度計，因為關心的股票為數眾多，手上的股票不只一檔，沒有辦法時時監控這些股票的股價變化，一不小心行情就跑掉了。股票走弱了，錯過第一出場點！或是錯過好的買點，是最常見的投資人心聲。所以我寫了一套股票監控系統，讓程式幫我監控股票何時轉弱、何時轉強，並即時通知我。

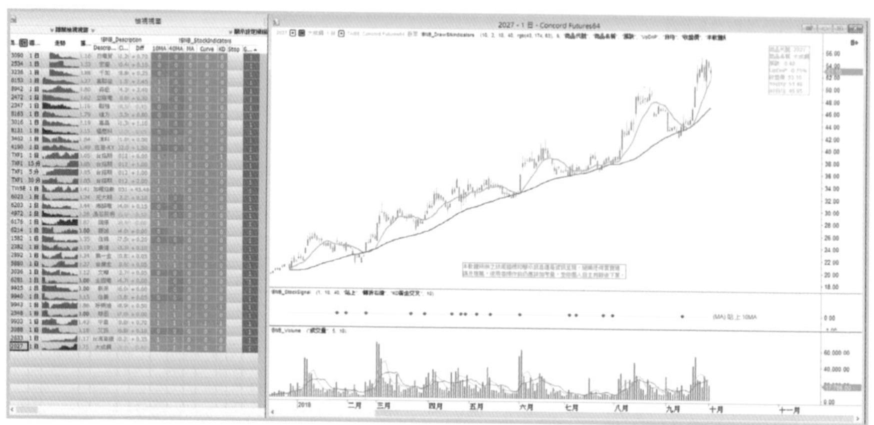

▲ 圖 2-4-16　WINSMART 股票監控系統　跌破重要均線通知我

WINSMART 股票監控系統，了解更多

http://optree.com.tw/book3/stock2.html

使用在不同商品的均線操作

知道均線的用法後做練習，練完以後你就會發現，不管操作什麼商品，觀念都是類似的。

只要想賺價差、低買高賣，就是企圖抓到價格的波動，一定要知道「價格行進的方向」，均線可以幫助你。你想抓到價差，均線也可以幫助你。接下來會拿不同商品來練習，分別是股票、期貨、選擇權、海期。也會以相同商品，切換不同的 K 線週期，切換日 K、30 分 K、15 分 K、5 分 K。大量的閱讀圖形來辨識「行情的方向」，和可能的「進出點」。

後面的「看圖練習」有個重點，判斷哪一段可以用均線操作，哪一段不行，先圈出來。再來，觀察可以用均線操作的那一段，適合用什麼樣的均線參數。這裡只是讓讀者知道，操作其實是有方法的，只要將一個方法練熟，就能應用在所有有 K 線走勢圖的商品上，那就是所有商品。李小龍說：「我不怕遇到練習過 10000 種腿法的對手，但害怕遇到只將一種腿法練習 10000 次的強敵 。」

• 第一個練習：用均線操作台股加權指數

◎日 K ＋ 5MA、60MA

若你要操作的商品是期貨、選擇權，你必須對台股走勢瞭若指掌，操作股票對台股走勢的要求就低一些，你只要知道大方向即可，無須抓住每個轉折。現在來看一段加權走勢圖，時間是 2017 年 10 月 23 到 2018 年 9 月 3 日。

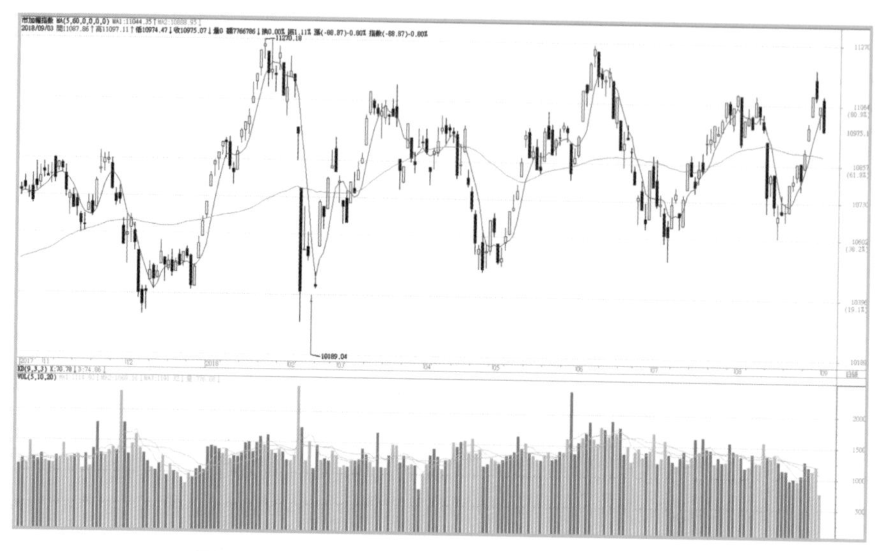

▲ 圖 2-5-1　大盤走勢圖 日 K　5MA ＋ 60MA

第一個先觀察，這個圖屬於什麼樣的走勢？是「盤整盤」還是「趨勢盤」？是往上還是往下？答案很明確，這個圖是盤整盤，在一個大區間盤整。好了，當我們知道這個走勢是在一個區間盤整，那麼要有觀念；盤整區內的均線可能無法使用，這要看均線的參數來決定。我們進一步來看，我們畫兩條均線，一條是 5MA、另外一條是 60MA，5MA 貼著行情走，以藍色線條表示。60MA 從中貫穿盤整區間，以紫色線條表示。

可以看到 60MA 是無法操作的，在上個單元提到，以均線的方向當作行情方向、以均線當作進出依據。但是，你若使用季線 60MA 來操作台股，在這裡可是會吃鱉，完全沒有辦法用。

這就是我說的，「盤整區均線無用論」。但是這句話有個但書，看均線參數決定。用 60MA 無法在這個區間操作，那麼用 5MA 呢？**5MA 貼著行情上去，貼著行情下來，幾乎抓到每個波段的方向與轉折點**。非常好用。5MA，五日均沒有辦法代表趨勢，但只是代表了五天行情行進的方向往哪走，你若只想做短線，那麼 5MA 已經很夠用了。知道五天方向往哪走就夠了。

在短線上，期貨操作、選擇權操作，5MA 是個好夥伴。5MA 可以讓你做個「短波段」。我們來看更大的均線參數 240MA，240 天是一年的時間，代表年線，在下圖表現（最下方的那條線），並且我們將圖拉遠，圖形的右上方以藍色方框框起來，這區間就是上個圖形的區間，你會發現 240MA 根本是個長期大買點，價格跌到年線就是低點。

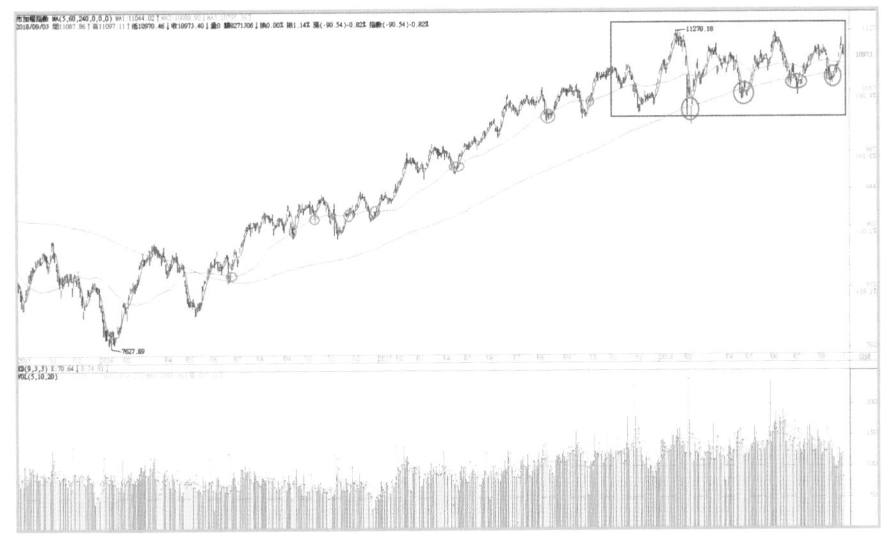

▲ 圖 2-5-2　大盤走勢圖 日 K 5MA ＋ 60MA ＋ 240MA

我將價格走勢跌到 240MA 的位置都用紅色圈圈框起來，這些點都是「好買點」，買在這個箱型整理區的低點，這個方法讓我好幾次買在「超級買點」，抓個底部做一段行情上去，這個十幾天的波段，對於期貨選擇權已經足夠，你也沒有辦法放更長，若放更長，行情就跌回來。讀者可以在〈交易日記〉看到更詳細的內容。

在一年的大區間盤整行情中，用 60MA 在這箱型內就不好用。但是，在此之前 60MA 都是波段的買點，有人稱季線買進為買在一季的最低點，我使用藍色圈，將它圈起來。2017 年這一區行情呈現明確的「多頭走勢」，一路往上，但是進入 2018 年後行情變成大區間整理，「走勢慣性改變，均線的適用性也改變」，你要隨著走勢慣性改變去選一條「適合的均線」。

在這大箱型之中 60MA 不好用，但是你用更大的均線 240MA 就可以買在這一年行情中盤整區的低點。你用更小的均線 5MA 就可以貼著行情方向抓到盤整區間內的小波段。**這就是均線的使用，可「觀察價格走勢」，選出適合的均線參數。**

• 第二個練習：用均線操作小道瓊期貨

◎小道 15 分 K 搭配 20MA、60MA，時間是 2018 年 8 月 21 日到 9 月 2 日。

這是較小週期的走勢，看 15 分鐘的 K 線，這個週期就是做比較短線。週期不同，商品不同，不過操作的觀念和方法是一樣的！經過上個練習題，你應該可以很快看出價格走勢的趨勢段和盤整段，判斷走勢正在走連續趨勢盤，或是進入盤整區，**進場之前先觀察走勢的慣性，是交易重要的技能。要「先觀察」，觀察正確才能做好交易。**判斷是趨勢段或是盤整段以後，可以試著找出適合控盤的均線，預設可以用 20MA 和 60MA 試試看合不合用。就像股票，我預設 40MA 一樣。不適合再修改均線參數。圖上 20MA 用藍色的線表示、60MA 用綠色的線表示，可以看得出均線在趨勢段的時候非常好用，不管是 20MA 或是 60MA 都是，但是在「盤整段」的時候你無法用 60MA 來當作操作依據。

▲ 圖 2-5-3　小道瓊期貨走勢圖 15 分 K 20MA ＋ 60MA

◎小道 30 分 K 搭配 20MA、60MA，時間是 2018 年 8 月 9 日到 9 月 3 日。

再來，我們練習「小道 30K 走勢圖」，交易之前，請先判斷趨勢或是盤整段落。你能分辨嗎？這個案例一樣是畫上 20MA 和 60MA，20MA 以藍色線表示、60MA 以綠色線表示。行情不會永遠走方向盤，也不會永遠走盤整盤，行情是「方向和盤整不斷交替」。所以你會聽過一句話，做趨勢的人死在盤整裡，做盤整的人死在趨勢裡，因為沒有用對方法，要先判斷走勢，再選擇正確的方法。例如，你無法在盤整區用長期均線當作「進出依據」，但「趨勢盤」可以。

▲ 圖 2-5-4　小道走勢圖 30 分 K 20MA ＋ 60MA

◎小道日 K ＋ 5MA ＋ 20MA，時間是 2017 年 8 月 16 日到 2018 年 9 月 3 日。

再來練習看小道日 K，這是比較大的交易週期，會看到日 K 是想要做波段，想要知道行情的趨勢往哪走，我們就在圖上畫兩條均線，5MA 以綠色線表示、以藍色線表示 20MA。你可以很清楚的看到，圖形的「左半部」都是明確的趨勢盤，一路往上漲。

▲ 圖 2-5-5　小道走勢圖 日 K　5MA ＋ 20MA

我現在把左半邊的圖放大給你看，這是簡單題，最好賺錢的一段。**做「期貨」就要選這種段落來操作。這是趨勢的力量，行情短線上上下下但是長線往一個方向走，順著趨勢做勝算比較高，順著趨勢做可以拉長線，打加碼，放大你的獲利。**就算是買進不動作，也能獲利。而右半邊就進入大的箱型整理，這裡行情短線轉向速度快，操作難度就比左半邊的高。如果是你，你要選擇在左邊操作，還是在右邊操作？柿子挑軟的吃，我喜歡挑簡單題目來操作。

▲ 圖 2-5-6　小道走勢圖 日 K　5MA ＋ 20MA

• 第三個練習：用均線操作輕原油

◎輕原油，日 **K** ＋ **5MA**、**20MA**，時間 **2017** 年 **12** 月 **20** 日到 **2018** 年 **9** 月 **3** 日。

請依照第一個直覺回答自己，這是「盤整盤」還是「趨勢盤」？如果答案是盤整盤，跳過，下一題。

▲ 圖 2-5-7　輕原油走勢圖 日 K　5MA ＋ 20MA

• 第四個練習：用均線操作上銀

◎上銀（**2049**）日 **K** ＋ **40MA**，時間 **2017** 年 **5** 月 **22** 日到 **2018** 年 **9** 月 **3** 日。

我只畫一條均線 40MA，左半邊是 40MA 往上，且價格往上跑多方勢，可以做多，但是現在（走勢的最右邊一根 K 線）正在均線下方且均線往下，屬於空方走勢，若在這裡我不會想猜底做多，猜底的事就給主力去做，主力才有本事把股票買到不跌。這題不做多，請跳下一題。

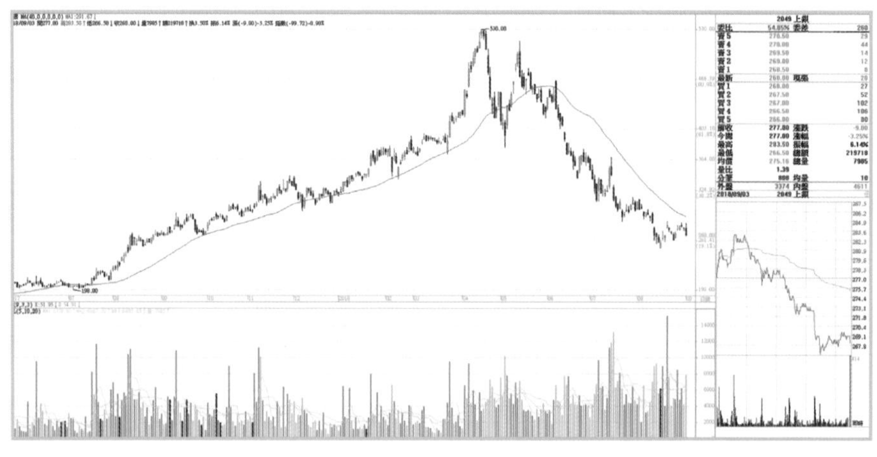

▲ 圖 2-5-8　上銀（2049）日 K ＋ 40MA 行情走空不做多

後續追蹤①，上銀（2049）過了一個月之後仍然弱勢整理尚未轉強，抄底要有技巧，股價轉強打底翻，這時才考慮進場，把股價止跌這工作交給主力，我們不買下跌的股票。

▲ 圖 2-5-9　上銀（2049）日 K ＋ 40MA 過了一個月尚未轉強

後續追蹤②，上銀（2049）繼續創新低，不要因為便宜買股票，要看價格行進的方向。

▲ 圖 2-5-10　上銀（2049）日 K ＋ 40MA 過了一段時間行情繼續破底

• 第五個練習：用均線操作大成鋼

◎大成鋼（**2027**）日 **K** ＋ **40MA** 時間是 **2017** 年 **5** 月 **22** 日到 **2018** 年 **9** 月 **3** 日。

大成鋼就不一樣了，是長期趨勢往上的商品，且長期趨勢的慣性尚未改變，所以若要做多，這檔股票可以留意。最後一天（最右邊的 K 線）大跌長黑跌 7.33%，跌幅很大，可能會續跌，先不買，明後天價格可能就往下掉跌破 40 日均，跌破 40 日均也不是買點，**「買點」要等到價格重新站回 40 日均，且 40 日均正在上揚（助漲），這才是比較安全的買點。因此這檔可列入觀察名單。**

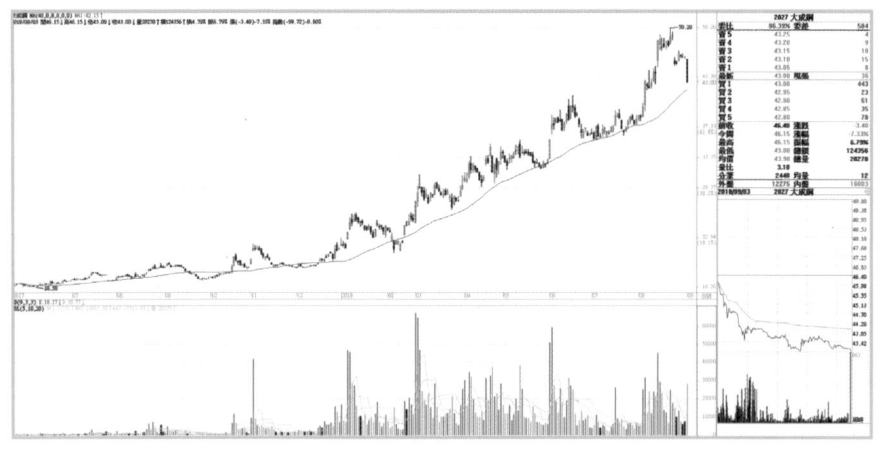

▲ 圖 2-5-11 大成鋼（2027）日 K ＋ 40MA 多頭走勢

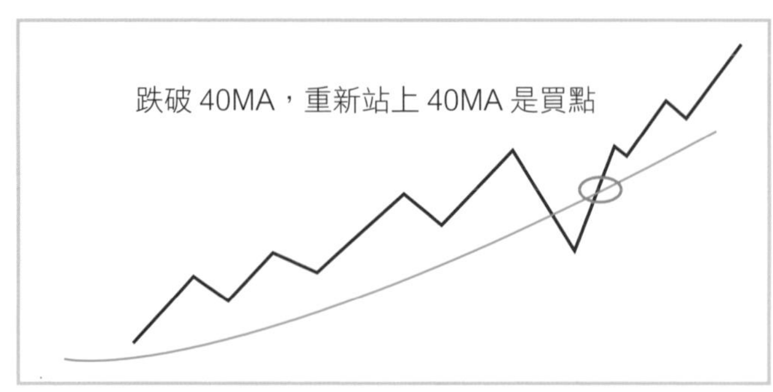

▲ 圖 2-5-12 均線往上的情況之下，跌破均線再重新站上均線是買點

後續追蹤①：一個月後，觀察大成鋼（2027），跌破均線又站回均線啟動一波漲勢，43 元漲到 55.2 元，上漲 28.37%，這是趨勢的力量。

▲ 圖 2-5-13　大成鋼（2027）日 K ＋ 40MA 多頭走勢，再創新高

後續追蹤②：大盤崩跌一千點，大成鋼（2027）維持多頭慣性，尚未破壞多方結構，這是趨勢的力量。

▲ 圖 2-5-14　大成鋼（2027）日 K ＋ 40MA 多頭走勢，相對抗跌

• 第六個練習：用均線操作博智

◎博智（8155），日 K ＋ 40MA 時間是 2017 年 5 月 22 日到 2018 年 9 月 3 日。

左半邊是良好的操作區，均線往上、價格往上，行情容易上漲做多容易賺錢，左半邊這一段，你可以在這裡做個波段交易，賺取大利潤，現在（最後一根 K 線）40MA 均線已經下彎，這就不是這麼好的線圖了，因為漲上去左邊前高位置有一個盤整區，這裡有大量的人套牢。**價格漲上來會有「解套賣壓」，所以這裡就算會漲，也恐怕漲不遠，正因為左邊套牢區有很多人等著賣。**

• 剛開始整理一段時間漲上來

▲ 圖 2-5-15　博智（8155）日 K ＋ 40MA 整理再上，好嗎？

「套牢區」我以下圖表示，再來，今天爆大量收黑，完全吃掉昨日的長紅努力了。昨天長紅出量突破盤整區，擺出一副要往上漲的企圖心，但今日就被高檔收黑更大量化解了。

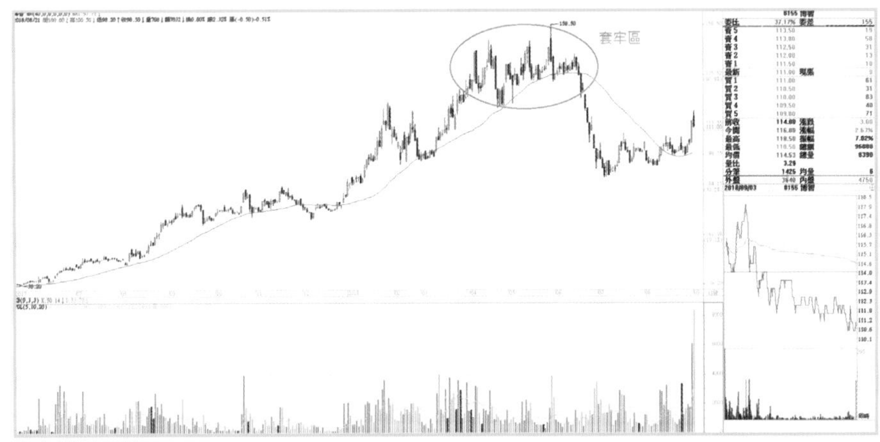

▲ 圖 2-5-16　博智（8155）日 K ＋ 40MA 左有套牢區

把最後兩根 K 棒放大來看，突破長紅搭配爆量覆蓋線，這是不好的量價排列組合。這題有很多疑慮，左邊高檔有解套賣壓，右邊最新一根 K 線又有人在大量賣。這題跳過去，不做。

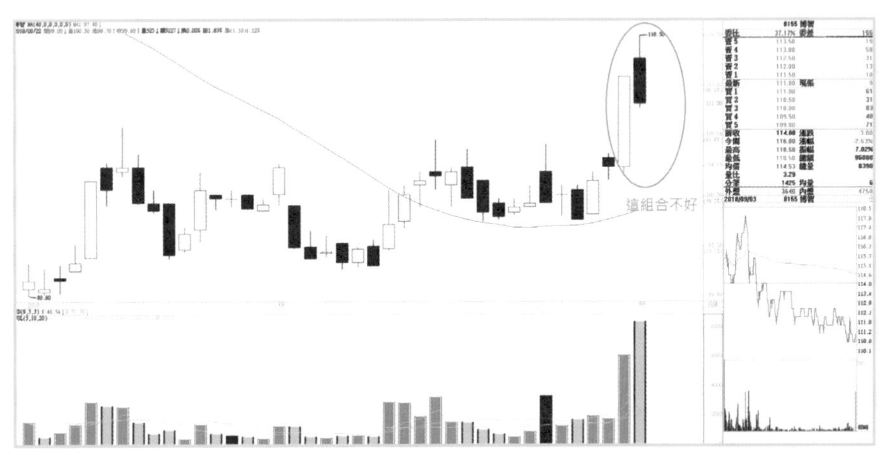

▲ 圖 2-5-17　博智（8155）日 K，大量黑 K，有人賣股

其實，光看長期的線圖，就不是好入手的題目，我們喜歡的是一路往上的股票走勢，或一路往下的價格走勢，這種題目比較簡單。走到一半又回檔的題目，這種題目短線可能上漲，但恐怕走不遠，**要走遠先拿出錢來，把前**

面套牢的人想賣的股票全部買走。主力要拉比較費力。所以，「順勢交易」很重要，做「阻力最小」的股票很重要，成功機率才會大增。交易，你有選擇的權利。不是每一題都要做，請選擇比較簡單的題目與股票來操作。

後續追蹤①：一個月後，博智（8155）真的跌下來。我們不買轉弱的股票。

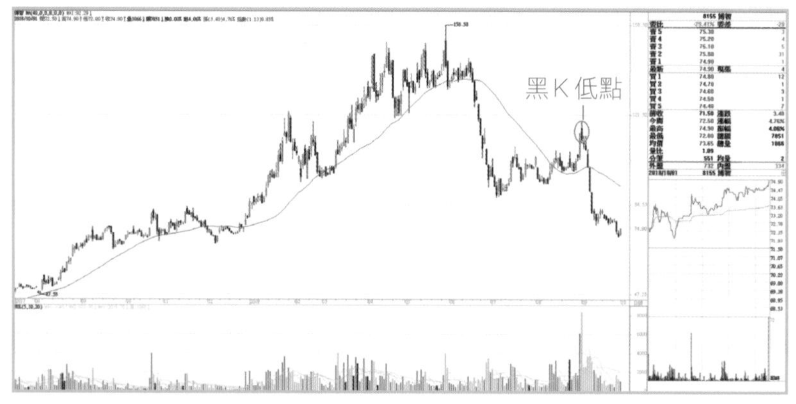

▲ 圖 2-5-18　博智（8155）日 K ＋ 40MA 破出量黑 K 低點，再跌一段

後續追蹤②：博智（8155）繼續下跌。走弱的股票不做。

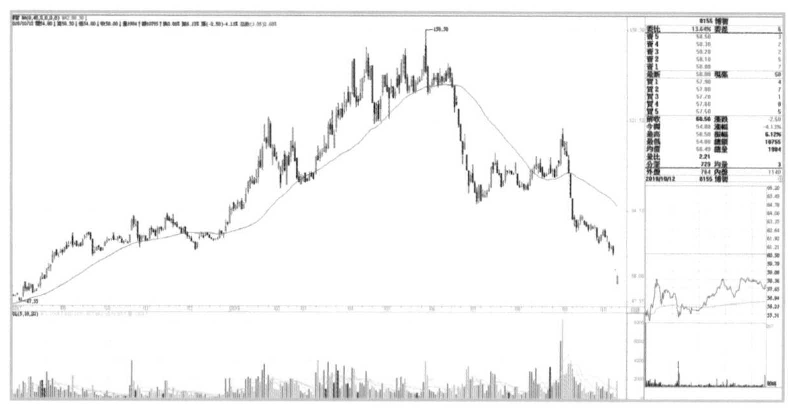

▲ 圖 2-5-19　博智（8155）日 K ＋ 40MA 反彈無力，繼續慘跌

- 第七個練習：用均線操作嘉聯益

◎嘉聯益（6153）日 K ＋ 40MA 日期是 2017 年 5 月 22 日到 2018 年 9 月 3 日。

若是以最後一天來看，我根本不會想買，因為均線往下可能會助跌，就不自作聰明買進了。除非，有其他強勢理由讓你想要買進，例如基本面很好，現在價格嚴重低估，不買好像對不起自己。否則，我不會碰這檔股票。

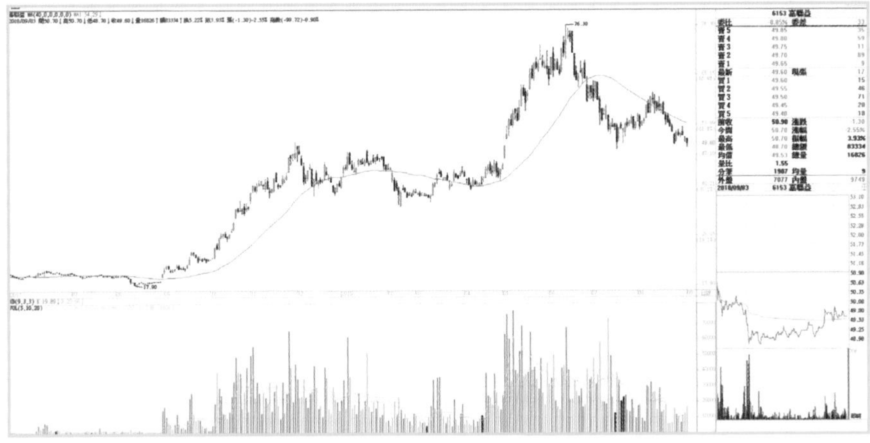

▲ 圖 2-5-20　嘉聯益（6153）日 K ＋ 40MA 均線往下，助跌

以這檔股票過去的走勢，也可以分成幾個區，讀者到現在應該很清楚我們專做哪一區，兩個紅色框框的上漲區，是我們主要要操作的段落，這也是股票最好做的一個區段。走勢上漲萬里無雲。漲完以後整理，畫一個下降趨勢線（藍色線），下降趨勢線突破以後，啟動另一波上漲行情（第二個紅色框框），而現在走勢又屬於漲多回檔整理區，最美好的時光已經過了，這裡就不參與了。**若你真的想做多，方法一樣，若未來行情突破下降趨勢線買進，我畫的第二個藍色圈圈處。**

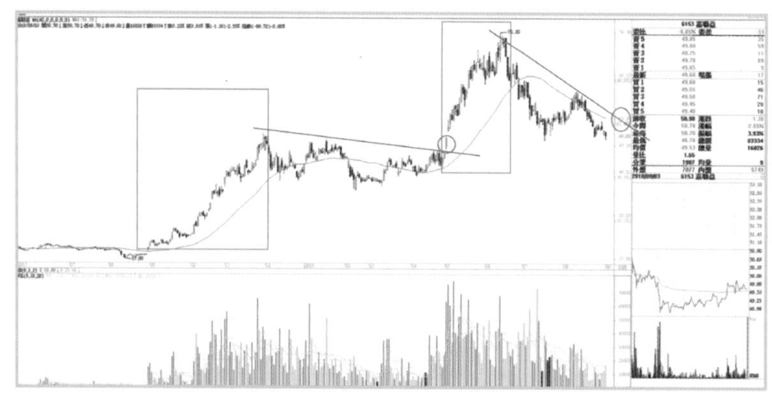

▲ 圖 2-5-21　嘉聯益（6153）日 K ＋趨勢線，突破下降趨勢線才轉強

若用 40MA 出場太慢，距離價格高檔位置很遠，那怎麼辦？相信聰明的你知道答案，我們可以用短天期的均線來做到較快出場。

▲ 圖 2-5-22　嘉聯益（6153）日 K ＋ 40MA，用 40MA 出場

我們加入一條均線 10MA。跌破 10MA 出場，你可以出在「相對高」的位置。但是，用 10MA 出場也可能出太快！例如，行情剛起漲不久就跌破 10MA，後面價格又站上，若一開始就出場，不再重新買回的話，那麼，你無法參與後面的行情。舉這案例，是想幫助讓讀者明白：在趨勢盤的時候，均線大部分時候是好用的，用均線來「移動停利」，可以幫助你抱一個波段。一般來說，均線週期越短做越短，均線越長可以做越長。若你選擇短天期的均線，優點是可以出在相對高點，缺點是被掃出場的機率比較高，**若行情持續，要再買回來**。重複做「錯賣買回」的動作，你將不會錯過任何行情。

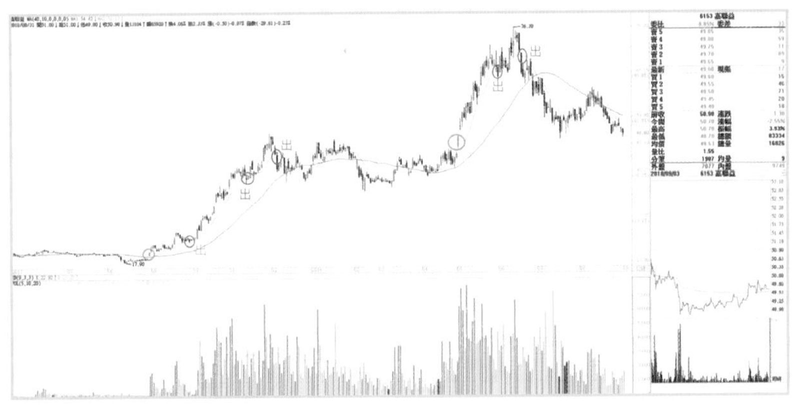

▲ 圖 2-5-23　嘉聯益（6153）日 K ＋ 40MA，用 10MA 出場

後續追蹤①：嘉聯益（6153）一個月後真的往下跌。所以股票不要撿便宜，要判斷行情前進的方向。

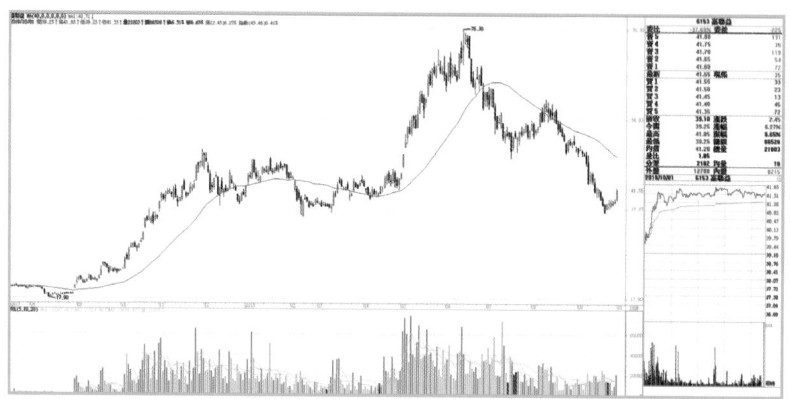

▲ 圖 2-5-24　嘉聯益（6153）日 K ＋ 40MA，40MA 往下助跌，行情再跌一段

後續追蹤②：過一段時間，嘉聯益（6153）繼續下跌。

▲ 圖 2-5-25　嘉聯益（6153）日 K ＋ 40MA，40MA 往下助跌，繼續破底

以上案例，都是我邊寫書邊解盤，把當下的研判寫出來，過一段時間之後把日後的走勢圖貼出來，兩相對照。由以上案例可知順勢交易的重要性。

6 海龜投資法則：如何大賺小賠

均線能夠在趨勢盤賺到錢，是符合了「移動停利」的操作原則。

投資對大多數人來說是迷人的，但行情走勢卻是充滿不確定性的。我們想賺錢又怕受傷害。愛因斯坦說過：「一遍又一遍地重複作同一件事，而期待會有不同的結果，是瘋子。」但投資的世界是每次都做相同的事，但卻會有不同的結果，結果好像任意門，這次打開是海洋，下次打開是沙漠，這次對，下次錯，最慘的是錯的那幾次有跟到，對的那次沒做到。該怎麼辦才好呢？

不管交易任何商品，只要是賺價差都要以「機率」的角度看待。漲跌是機率，買點對錯也是機率，行情走到一半會不會繼續走也是機率。**既然是機率那就內含不確定性，要如何在充滿不確定的情況下做到能賺錢呢？**

其實，投資（賺價差）某種程度蠻接近賭博的，政府公開設立的最大型賭場，數百萬人參與其中。這並不是貶損的意思，這是看清事實，並且用正面的角度思考，如何從中贏得財富，必須以如何在賭場贏錢的思考邏輯看待投資，才會贏得好成績。否則自以為在投資，卻是百分之百做賭徒在做的事，最後淪落為將口袋每一分錢輸光的賭徒。投資者和賭徒有何不同？賭徒知道自己在賭博，投資者常常不知道。

《海龜投資法則：揭露獲利上億的成功祕訣》的作者克提斯．費斯（Curtis M. Faith），是理察．丹尼斯的徒弟，理察．丹尼斯被稱為期貨交易王子，在三十幾歲就擁有將幾千美元轉變成幾億美元的輝煌成績。理察．丹尼斯和同樣是專職投資人的好友威廉．艾克哈特打賭。丹尼斯認為他有辦法把將一個完全沒有交易經驗的人訓練成優秀的操盤手；艾克哈特則認為這項本領是天生而來、而非後天培養，就這樣，啟動了這個賭注。這個實驗稱為海龜實驗。

他們在《華爾街日報》和《紐約時報》刊登大篇幅廣告，對外宣稱要找接班人，將交易祕笈傳授給受訓的人，且為受訓畢業的每一位學員開設一百萬美元的帳戶，讓學員使用他的方法來操作。這次實驗非常成功，轟動交易界。在短短四年半期間，這群學員平均年報酬率高達80%以上。成績好的每年幫理察．丹尼斯賺了上億的美金，這群學員被稱為「海龜」。成績最頂尖的學員克提斯出了一本書叫做《海龜投資法則：揭露獲利上億的成功祕訣》。這本經典書，每隔一段時間，我就拿起來翻閱，這本書分享丹尼斯和這群海龜們，如何在不確定的走勢中賺到大錢，我將閱讀心得整理成一段影片，有興趣的讀者可以點進去參閱。

海龜交易法則，揭露獲利的成功祕訣

http://optree.com.tw/book3/1-6.html

優游於股海中的海龜們

丹尼斯所選的接班人大多數是沒有交易背景的人，有電腦遊戲玩家、有西洋棋冠軍、有語言博士、有會計師、21點職業玩家、有程式設計師。**他找的人有個共通特點，就是賭博與遊戲理論和策略背景，以及對於機率數學和賭博遊戲的理解，這些背景對於日後的交易幫助很大。**

講到賭博，擁有「台灣賭神」之稱的戴子郎說：「他最看不起賭徒，因為賭徒靠的是運氣，但專業玩家依賴的是精心計算，並遵守下注紀律，只賭有機會贏的遊戲。」計算、守紀律、注重資金管理和下注、只找有機會贏的遊戲下注，這根本是在講交易，以賭場的表現來看，我相信，戴子郎先生應該也會是個非常出色的投資家。

投資世界裡如何用機率的角度來投資呢？首先是想辦法提高勝率，只賭有機會贏的遊戲，在機率導向你的時候交易。再來是必須撇除人性的弱點，這部分比較需要花時間，畢竟，要改變自己的本性和行為不是這麼容易。最後是想辦法在看對的那次賺多一點，看錯的那次賠少一點，這除了觀念之外，要轉化成明確的執行方法，並且重複執行，這有明確的 SOP 可以做，我會以我的 SOP 比對海龜投資的交易法則，有助理解。

首先提高勝算

提高勝率部分，找有趨勢與趨勢明顯的商品操作。《海龜投資法則：揭露獲利上億的成功祕訣》的作者克提斯提到，為何他的操作績效遠遠超過其他海龜學員，是因為他有別人不知道的方法嗎？不，每個海龜學員學到的投資方法都一樣。他的績效之所以特別突出，是因為他找有趨勢的商品操作，別人找的可能是不好操作的商品。找有趨勢的商品操作不但可以拉高你的勝算，又可以拉大你的獲利！找沒有趨勢的商品操作，賺到錢難度高，且價差小。

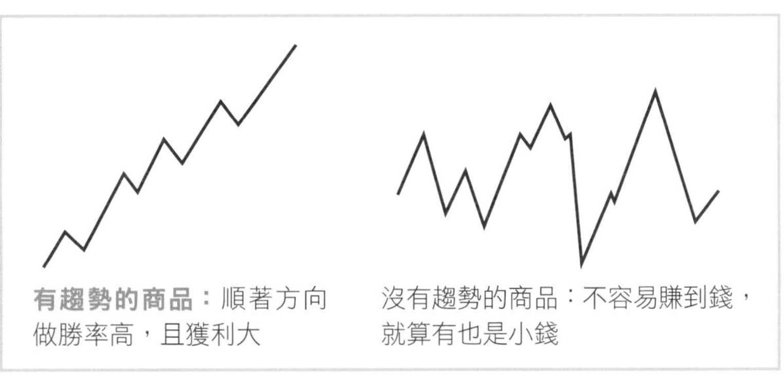

▲ 圖 2-6-1　海龜交易冠軍，找有方向的商品操作

所以，股票部分我喜歡操作「強勢股」，勝算高且行情有機會走一段。我發現很多投資人喜歡找以下幾種線型的股票來操作。

• ①空頭走勢，猜底進場

便宜的股票不要亂接，走勢跌很多價格很誘人，但賺價差重點是看價格行進的方向，而不是看價格高低。你若是在做價值投資，股價低撿便宜是有道理的，但是若只是想要低買高賣賺價差，這種天上掉下來的通常是鳥屎，不是禮物。

• ②之前是強勢股，現在大跌一段進場

之前股價很強一直漲買不下手，終於等到股價大幅修正趁機進場撿便宜。買這種股票也要小心，過去很強不代表未來也會很強。而且下跌必有因，聰明錢出走股價反應，**當下跌破壞多頭結構的時候，建議就不要買進**了。因為過去是強勢股，所以買進會賺，**當不再是強勢股的時候，就失去機率的優勢**，就算漲也不確定會漲很遠，畢竟高點有人買貴套牢，價格漲上去就會遇到賣壓。

這種股票很容易漲上去遇到賣壓形成右肩，走勢開始走空。若只是因為撿便宜的心態去買進的話，勝算不高，這種股票只能搶短，拉長勝算就降低了，低價買進的心理是舒服的，但不是具備「機率優勢」的股票。

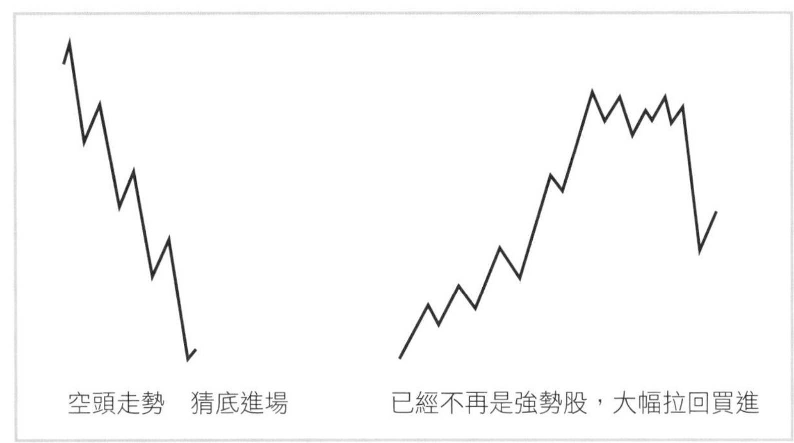

▲ 圖 2-6-2　投資人喜歡逢低買進，但是空頭走勢和不再是強勢股，不具備機率優勢

以下幾檔已經不再是強勢股的股票，高檔橫盤整理後大幅拉回，這種股票不具備機率優勢，容易「反彈不過高，由多轉空」。例如下面舉例的鴻海（2317）、兆勁（2444）、力山（1515）都是「反彈不過高，由多轉空」。

▲ 圖 2-6-3　鴻海（2317）反彈不過高，由多轉空

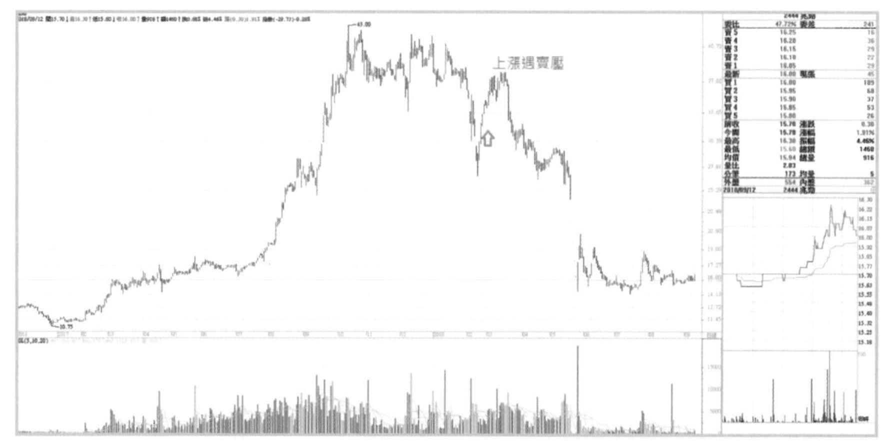

▲ 圖 2-6-4　兆勁（2444）反彈不過高，由多轉空

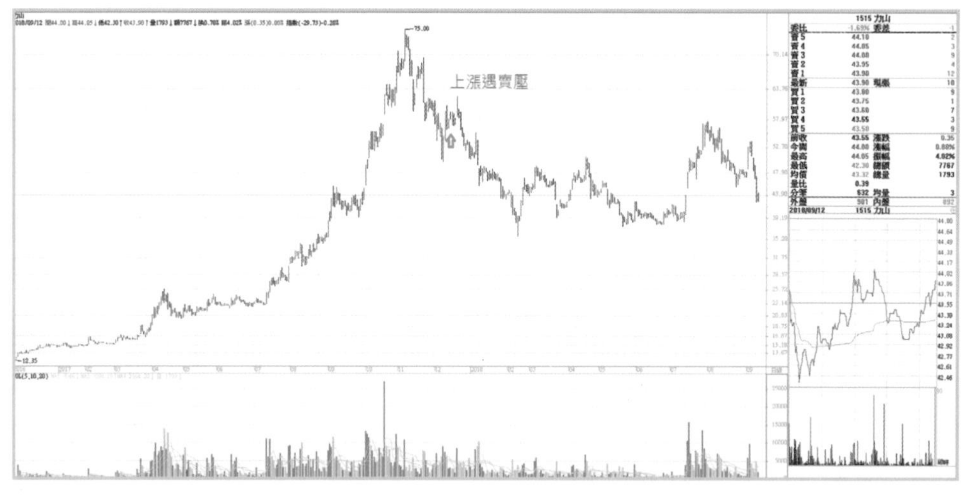

▲ 圖 2-6-5　力山（1515）反彈不過高，由多轉空

撇除人性弱點

順著人性操作，90%是輸家。實現虧損是痛苦的，所以人傾向不實現這痛苦，導致賠錢不停損、凹單、期待明天睡醒，損失就消失了。獲利出場是快樂的，所以獲利出場容易被執行。獲利減少是痛苦的，所以看到帳上獲利

減少會想要落袋為安。只要順著這趨吉避凶的天性，結果就是看錯賠大錢，看對卻早早出場。賠大錢、賺小錢，長期下來怎麼會賺錢呢？我就是想通這一點，才決定跟自己反著做，立志改過自新。撇除人性弱點，跟自己反著做，幫助我脫離不會賺錢的散戶命運。後來寫了一本書《贏在修正的股市操盤絕技》，敘述怎麼跟自己「反著做」，然後開始賺錢，得到很大的迴響。

跟自已反著做，原本不停損，反著做就是確實停損。原本有賺就出場獲利抱不住，反著做就是獲利抱牢。「獲利抱牢、確實停損」這是觀念，要怎麼變成明確的做法呢？投資要有明確的操作 SOP，然後練熟，交易的困難不在於理論，而是實際應用。想要學會如何交易並不難，但是要如何應用在實際交易且確實做到就相當難。因為這並非與生俱來的本能，沒有幾個人天生就是操盤手，生下來就擁有會投資賺錢的本事。都需要後天訓練和努力的。

海龜交易法則精髓，大賺小賠為準則

我的交易 SOP 明確的作法包含了風險管理、停損的原則、和停利的原則。先列出三個基本且重要的交易步驟，並且和海龜交易法來做比對。

一、每筆交易符合風險管理
二、進場設停損
三、移動停利

第一點控管風險保護你的錢，第二、三點只要確實做到，進場設停損和移動停利兩個步驟，就可以幫助你大賺小賠。比對海龜交易法則，他們也是遵守這幾樣重要原則。贏家方法都大同小異，海龜這樣做，傑西．李佛摩也是這樣，索羅斯也是這樣做。交易技巧有所不同，但是交易核心架構相同。

一、每筆交易符合風險管理

首先，要讓每一筆交易控制在合理的風險之內，我把這單筆交易風險定義在 2%以下，越小越好。交易必須先明確知道每筆交易的最大風險在哪裡，明確知道看錯會賠多少錢，否則只是在當賭徒。我們不做賭徒，我們做精明的玩家。**玩家會算籌碼，算自己有多少籌碼，有多少次出手機會。因為籌碼有限所以才找有機會獲勝的牌局去玩，不必把把玩。**沒有經驗的投資人想要把把玩，想要把握每個賺錢機會，卻不知道每次的出手都有成本，不是賺就是賠。若不是在規劃成功，就是正在執行失敗。

玩家懂得找對自己有利的地方下注，玩家懂得趁勝追擊用贏來的錢繼續贏更多的錢，懂得保護資金。交易的最核心就是如何下注，如何放大部位和縮小部位，注碼大小決定你的損益大小。不管買多少的注碼，都要做到「總損失必須控制在小範圍」之內，這是交易的藝術。風險的規劃，是事情尚未發生之前就先規劃。規劃最大的錯誤在某個數字之內。你可以用你的停損價和部位大小算出最大的風險是多少。也可以用最大可接受的風險和停損大小，反推你最多可以買的單位數。

部位 × 停損價差 ≤ 總資金 × 風險%

資金是 100 萬，風險百分比是 2%，若每一個單位的停損金額是 5000，請問你最多可以買多少部位？答案是 4 單位。

部位 =（總資金 × 風險%）÷ 停損價差

部位 =（100 萬 ×2%）÷5000

= 20000÷5000

= 4

若你的停損很大，每個單位會賠 10000，那麼你的部位就要減半，本來買四單位只能買兩單位。控制風險永遠是第一步。投資人常犯的第一個錯就是不知道何時停損，沒有規劃停損點就算不出風險，沒有規劃停損的投資人，只是在賭博罷了。我不相信什麼是一定、保證。影響價格走勢的因素太多，沒有什麼一定會漲或跌。交易是一個眾人參與的遊戲，你無法得知何人會在何時做出影響價格走勢的事，我們只能做初步判斷，**找機率對我們有利的時候下注，並且讓損失控制在可接受的範圍之內，這是交易的第一步，最重要的一步。**

學生最常問我，這檔股票現在可不可以買、這檔股票現在可不可以留。我都會反問，你有事先規劃停損點嗎？看錯打算賠多少。投資人關心可以買哪一檔股票、何時進場、何時出場，想要明確知道之後的走勢會怎麼走，想要預測未來。專業玩家以機率的角度看待，關心風險。你關心的問題，看問題的角度決定你是什麼等級的玩家。我投資的前十年，都在做預測。都在學習如何抓到進出點，如何準確預測未來。

答案是，未來不可預測，雖然我們總是會先預測再交易，但未來充滿不確定性，只有靠交易方法來彌補走勢的不確定，並且想辦法從中賺錢。**交易到後來，甚至可以不做預測，用射飛鏢來決定買哪一檔股票，用丟銅板決定多空，靠「交易方法」賺到錢。**

二、進場設停損

請養成「進場設停損」的好習慣，若操作股票，建議以技術型態來設停損。

股票停損舉例，例如鴻海（2317），我分別 **B1**、**B2**、**B3** 三個買點。每個買點都有自己的停損點。**B1** 跳空突破進場，停損設在跳空缺口下緣，以 **STOP1** 表示。理由是跳空是看多的理由，缺口回補出場表示進場理由不存在，出場。技術分析上來說，跳空向上，行情會走一段，若缺口被回補，代表這是多方結束，是「竭盡缺口」。**B2** 突破前高進場，停損設在轉折低，以 **STOP2** 表示。若行情維持多頭不該跌破這一波拉抬的起漲點。**B3** 長紅買進，買進的理由是長紅大漲，當跌破長紅表示進場理由不存在，出場。所以停損設在長紅低點，以 **STOP3** 表示。

▲ 圖 2-6-6　三個買進點和三個停損點

期貨交易可以用 ATR 來設定停損，海龜們他們用 ATR 來設停損，什麼是 ATR 呢？就是「平均真實波幅」。用每天的最高價、最低價和昨天收盤價，去計算每天的最大波動，並且採取 20 天的平均值。並且用這平均波動乘上一個倍數，當做是你可能會發生的停損。例如 1 倍的 ATR，這樣設計是合理的。你交易的商品越活潑，則你潛在的損失可能越大，**大原則是波動越大，商品買越少，波動越小的商品，可以買越多。然後，讓總風險算出來是一樣的。**

• 部位計算的公式

部位 =（總資金 × 風險%）÷ 停損

行情的波動就是你投資可能的停損，我們用波動來取代停損

部位 =（總資金 × 風險%）÷ 波動

由上述公式可以知道 波動越大部位越小，波動越小部位可以越大。理論上是如此，實際上應用百分之九十幾的時間也是如此，**但是要留意不要因為停損很小（波動很小）就買很多。怕的是無法確實停損，發生損失的時候超乎你的想像**。這在系統性風險的時候會發生，波動變大、流通性差的商品，你無法如期停損，想出都出不掉。

例如成交量少的股票出不掉，成交量少的選擇權出不掉，跌停板沒有成交量的股票也出不掉。而且波動小的時候代表盤整，可能很快波動就會變大。如果因為波動小（停損小）的時候去設計買較多的部位，等到波動大時若無法確實停損，損失會超出預期。所以每次買的部位還是有上限的。

海龜用 ATR 來做期貨的停損，這個停損算大的，以台指期的數據來看的話 ATR 大部分落在 80 到 120 之間。1 倍 ATR 120 點，2 倍 ATR 就 240 點。這停損可以讓你不容易被掃出場，除非你真的看錯。不過若是股票，ATR 的距離還是太小，建議以技術型態來設定停損點。

- 真實波幅（True Range）是取以下三者最大的一項

1. 當天最高價與最低價的幅度
2. 當天最高價與昨天收盤價的幅度
3. 當天最低價與昨天收盤價的幅度

ATR 是真實波幅（True Range）的 N 日移動平均，海龜 N 取 20 天，以上三個數據很好理解，我們來看「做多留倉」，你最多會賠多少錢。最大的損失是昨天收盤價到今天最低點停損出場。

做多：當天最低價與昨天收盤價的幅度，此為 TR。

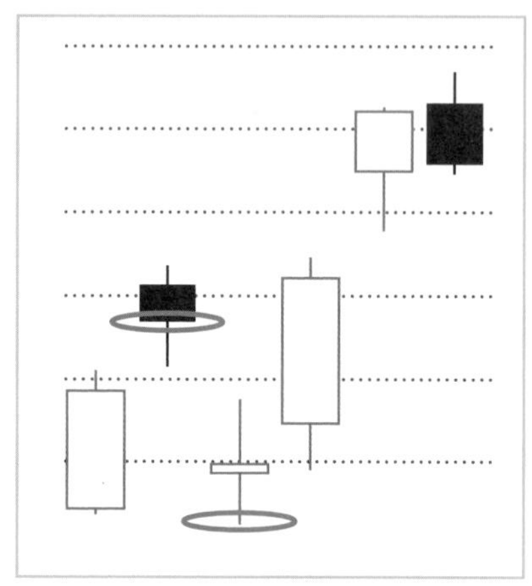

▲ 圖 2-6-7　昨收和今低的差距

我們來看「做空留倉」，你隔天最多會賠多少錢。最大的損失是從昨天留倉空單漲到今天最高點出場。

做空：當天最高價與昨天收盤價的幅度，此為 TR。

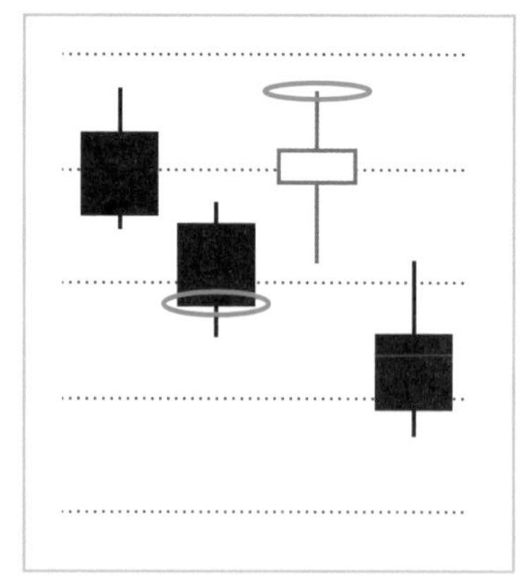

▲ 圖 2-6-8　昨收和今高的差距

若當沖，你最多會賠多少，最大的損失是從今天最高點到今天最低點的距離。你真的很衰，買在最高出在最低，今天高點到低點就是你的最大損失。當沖考量，當天最高價與最低價的幅度，此為 TR。

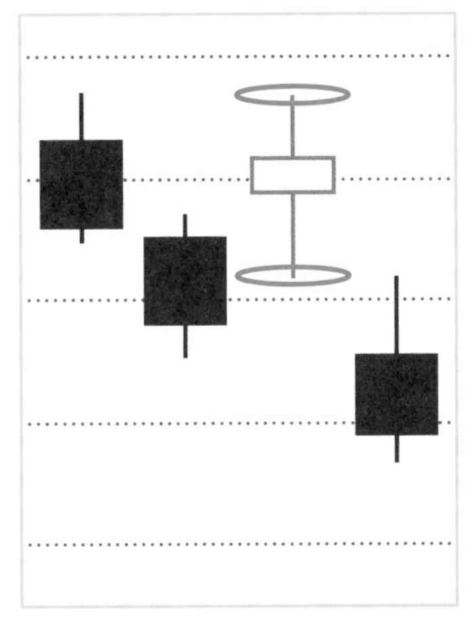

▲ 圖 2-6-9　今高和今低的差距

TR 是取以上三者最大的數值，海龜取 20 天的平均值。然後有的海龜用 0.5ATR，有的海龜用 1 倍 ATR，有的海龜用 2 倍 ATR 當停損。停損越大就買越少。

三、移動停利

賺錢以後要移動停利，移動停利是用某一種邏輯移動。例如，股票可以用「均線」來當作移動停利的技巧。移動停利絕對不只一種方法，有數種方法，實際在交易的時候，常常看情況選擇適合當下的移動停利方法。移動停利的方式可以切換，因為「走勢是活的，操作也是活的。」會進場的是徒弟，會出場的是師傅。

出場是一件藝術。移動停利幫助在看對方向的時候，盡量抱住部位放大獲利。很多書中的交易前輩都說過類似的話 ：「**放手讓獲利奔馳；獲利的部位會自己照顧自己；交易不是在短線進進出出賺來的，而是坐著等出來的**」這些交易金句都在敘述一件事，要抱波段拉長線可以取得豐厚的利潤。可是這是觀念，波段要怎麼抱？何時該出場？要怎麼把觀念轉化成明確的方法呢？我把它變成明確可執行的方法，用一句話講就是「移動停利」。移動停利用以下的圖示來表示，黑色的線是價格走勢，紅色的線是「移動停利位置」。

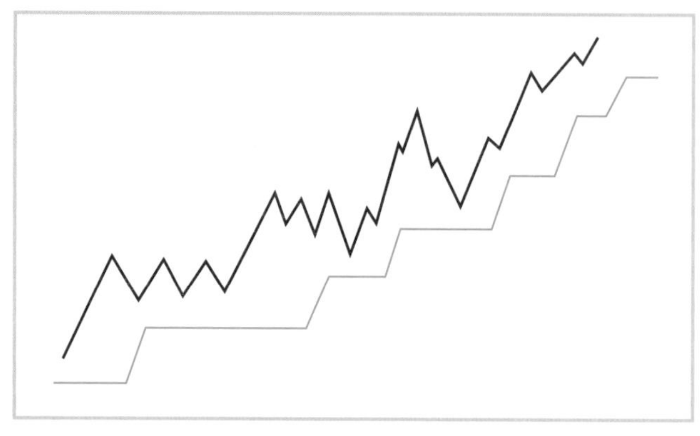

▲ 圖 2-6-10　移動停利

價格向前進移動，停利在後面跟，價格沒有跌破移動停利之前都續抱著部位，直到價格跌破移動停利價格為止，只要行情走一段，就可用「移動停利」的方式抱個「波段」，自然可以達成看對方向且行情走出去的時候賺大錢。交易的真諦就是：「如何在不確定的走勢中做到大賺小賠，你要確實做到進場設停損＋移動停利。」**移動停利絕對是交易一個非常重要的環節，如果只是知道「移動停利」四個字，就以為懂怎麼使用移動停利，那還差遠了。**

不同股票不同走勢有不同的方法，同一個股票在不同段落，也有不同的移動停利方法，移動停利是可以「混著用的」、「交替使用」的，我在教投資課時，也非常重視這個部分，都是先講移動停利有哪幾種方法，再透過舉例和練習來增加功力，投資沒有捷徑，只能不斷的練習練習再練習。知識要實踐才會發生力量，聽再多學再多都只不過是個知識，對你的生命不會起作用。實踐它你的生命就會開始改變，你不只要實踐它，還要熟練它，要多練習，才會內化成自己的東西，才能培養自己賺錢的 DNA。

透過練習，能夠在短時間內快速累積大量的經驗，還沒上場之前，你就知道要如何應對了，這比到市場上去摸索要來有效率。市場上交易一年的走勢，練習幾小時就可以做完。所以練習、練習、再練習，練習遇到各種狀況，從過程中思考該怎麼應對跟改進，練習、練習、再練習，熟練動作，變成反射動作，短時間之內閱讀上萬根的 K 線，做過千百種題目，絕對是上場之前最好的功課。經過練習，你不再不知所措，因為你已經知道如何應對接下來的走勢。而提高交易勝算、取得好的獲利就是最好的回報。

股票如何移動停利呢？股票用技術分析移動停利，例如均線就是一種移動停利的方法。技術分析帶上操作觀念，這技術分析就是有生命的技術分析。

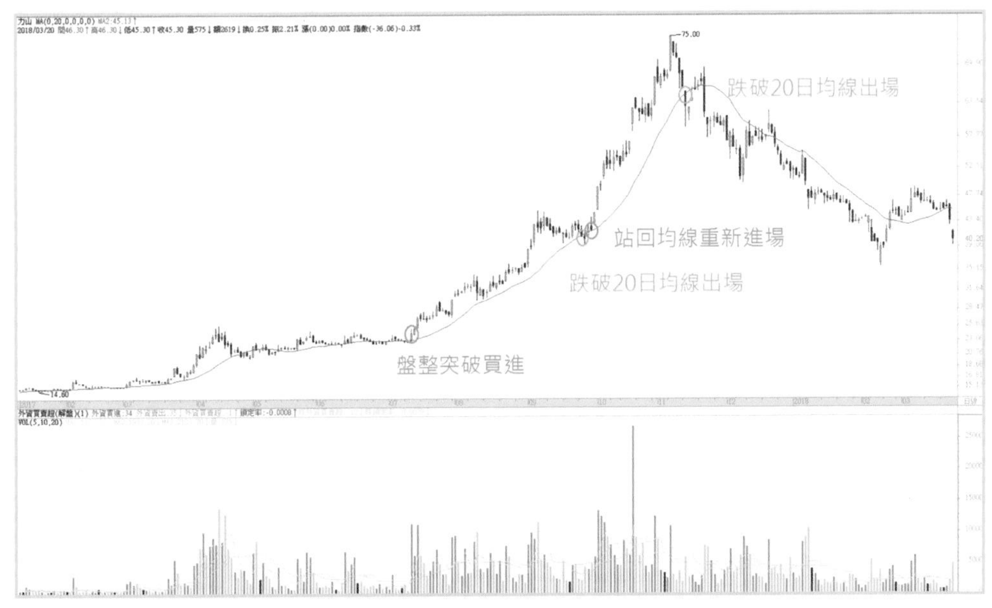

▲ 圖 2-6-11　力山（1515）用 20 日均線來移動停利

海龜如何移動停利呢，克提斯提到，當股價跌破 10 日低點是「短線」的出場點，當股價跌破 20 天的低點是「長線出場點」。重點不是 10 天，也不是 20 天，是價格跌破「一區 K 棒的高低點」出場。這是一種科學化機械化的方式移動停利，很適合程式交易。用一區 K 棒高低點當做出場點，這種方式可以自然做到移動停利。可以在趨勢盤出現的時候，向前跟進，在盤整盤的時候，停損剛好守在盤整區的低點。但是適用在程式交易上，不適合以人來執行。例如跌破最近 28 根 K 棒低點出場，天哪，28 根是哪一根？

因此，這更適合用電腦操作，克提斯本身就是程式交易的先驅，他提這個方式移動停利是有道理的。「**最近 N 根 K 棒高低點移動停利**」，我將這種移動停方式簡稱為「海龜移動停利」，舉例如下。

期貨「海龜移動停利」

我用台指期來舉例，操作台指期我把**進場設停損＋移動停利**拿來套用。進場設停損幫助你看錯的時候賠小錢，移動停利幫助你看對的時候賺大錢。我們在 9 月 18 日進場猜底，進場價格 10782，進場理由是一底比一底高進場，進場以後停損設在當日低點，破底表示猜底失敗。停損 23 點。

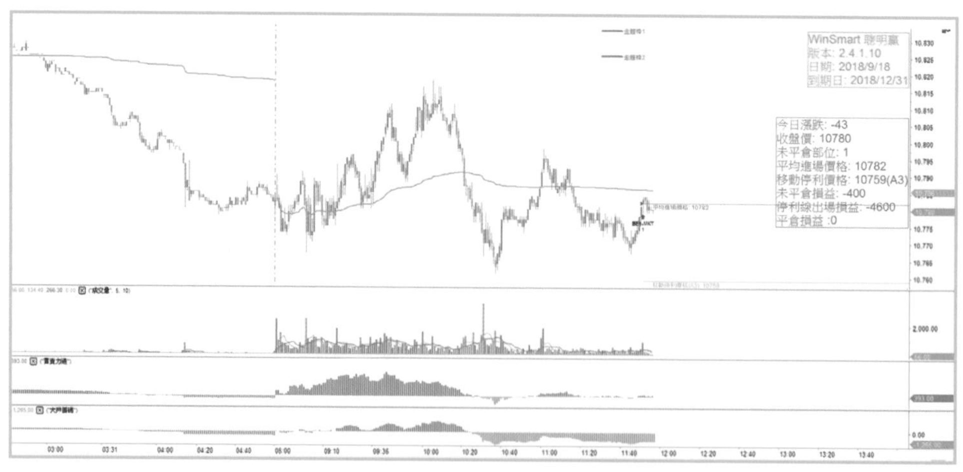

▲ 圖 2-6-12　一底比一底高進場，進場設停損，設在當日低點

行情走勢就兩種，一是跌破停損價，二是漲上去。那漲上去要在哪出場呢？我選擇移動停利的方式出場，採取看 N 根 K 棒高低點＋ N 個 TICK 的「海龜移動停利」方式，意思就是抓最近 N 根 K 棒，再往外加 N 個 TICK 當作移動停利條件，往外加 N 個 TICK 有必要，因為這樣比較不容易被掃掉。用這種方式可以做到行情走出去的時候「自動跟進」。

下午三點開始的夜盤行情往上跳上漲 31 點，行情開高盤整，「海龜移動停利」自動跟進守在最近 N 根 K 棒的低點，再往下加 N 點，停利價為 10789，你可以看到藍色的移動停利線位置，在今天低點再往下加一些空間，目的是要抱得住部位，不要太貼近行情，貼近行情容易被洗掉部位。因為移動停利的上升超越進場成本，所以現在已經取得不敗的地位，就算打到移動停利線也是賺錢出場。**當移動停利價格超越進場價格，這叫做「聽牌」，行情怎麼走都好。往上走賺更多，往下走也不會虧損。**

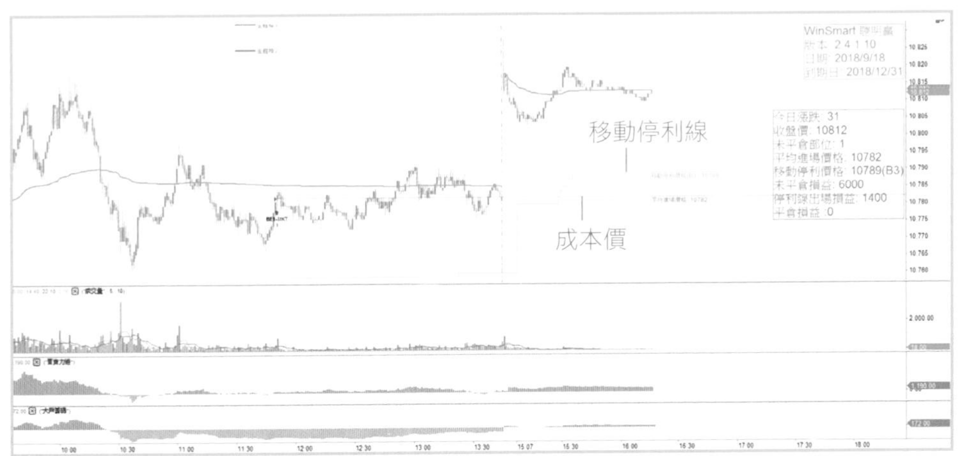

▲ 圖 2-6-13　當移動停利的價格超越進場價，聽牌，穩賺不賠

漫長的時間盤整，停利也守在這個盤整區的下緣，晚上九點半之後行情開始跑，「海龜移動停利」也跟著向上走，美股上漲，台指期夜盤也跟著上漲，只要移動停利保護你，不用擔心行情反轉，即使是在半夜沒有看盤，移

動停利也會保護你的部位。因為行情上漲，移動停利上移，所以你的帳上獲利提升，最少獲利也跟著提升。

「最少獲利」我們用價格跌到「移動停利線」出場來計算。**我並沒有聰明地在當下的最高點獲利出場，而是選擇在移動停利線出場，到移動停利線出場獲利一定是回吐，但就是因為我們願意接受獲利回吐，才能夠在行情拉回時抱住部位，在行情創新高時獲利更多。**

這在人性上是比較難做到的，因為，大多數投資人看到帳上獲利減少都會想出場，想落袋為安。可是，當下若選擇獲利出場，你就賺不到後面的行情，行情在跑，你手上卻沒有獲利的部位。投資人對於未來行情總是充滿期待和恐懼，手上有部位時充滿期待，希望賺錢，看到獲利時又充滿恐懼，深怕獲利消失。因為行情充滿不確定，人性主宰了進出的決定。**被情緒掌控無法做好交易，但「機械化操作」助你一臂之力。**

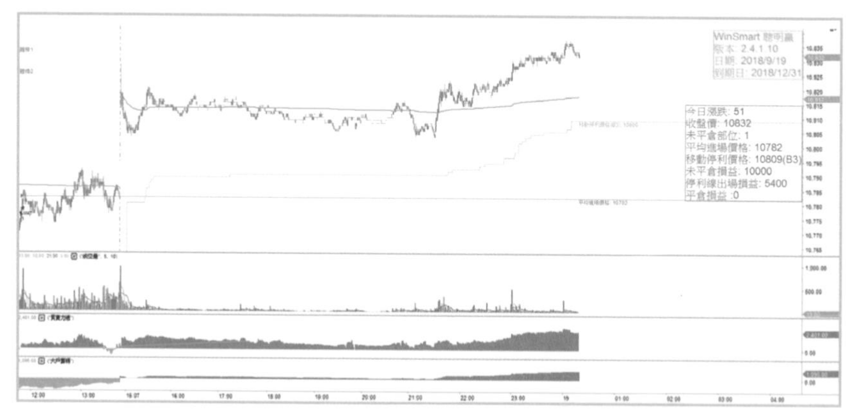

▲ 圖 2-6-14　機械化交易法：移動停利

隔天，行情開低震盪走高，這天行情超難做，上下震盪，我們並沒有參與其中，只是抱著獲利部位看什麼時候出場，因為用移動停利的方式跟行情保持一段距離，所以行情巴來巴去跟我沒有關係。這就跟開車一樣，保持距離以策安全。**拉長線交易的好處是，不用做對每一段行情、不用掌握每一個**

波動，只需要做對一次，然後抱著部位，靜看表演。短線的走勢對像是一場場精彩的表演。拉長戰線讓你交易次數變少了，勝算變高了，獲利變大了，心情也輕鬆了。

▲ 圖 2-6-15　拉長戰線讓你交易次數變少了，勝算變高了，獲利變大了

經過行情一天一夜的上漲，移動停利也保護你的獲利一天，在 9 月 20 開高走低急速下殺的時候，打到移動停利價格，獲利出場。這一段維持兩天多的小波段操作，結束。交易是一個交換的過程，一開始用虧損換獲利、後來用獲利換獲利。一開始用可能的虧損「進場設停損」，換取未來可能的獲利，而抱住獲利的方法就是「移動停利」。重複執行可以讓你「大賺小賠」。

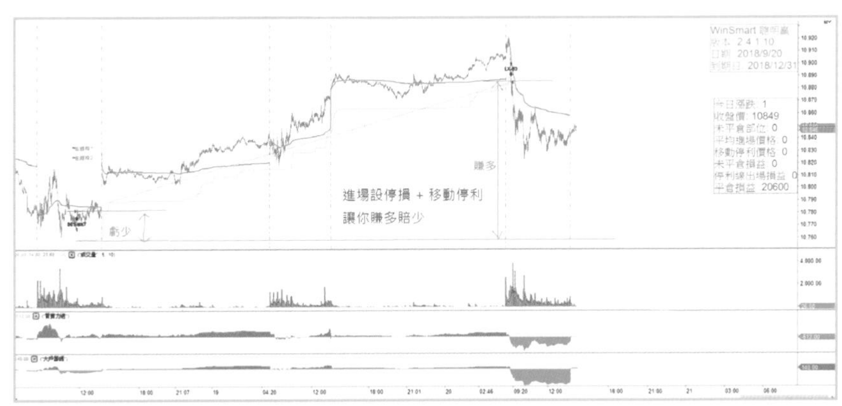

▲ 圖 2-6-16　進場設停損 + 移動停利，讓你賺多賠少

選擇權「海龜移動停利」

例如寫稿同時我正在開發選擇權程式交易，丟些錢下去測試，我就把**進場設停損＋移動停利**這套拿來套用在選擇權商品上面。9 月 14 日 10 點 43 分進場 BUY CALL 進場價格 69，然後進場設停損＋移動停利，程式於 9 月 14 日 21 點 36 分出場出場價格 107（選擇權買方是價格上漲賺錢）。我將移動停利的軌跡以藍色的線畫出來，看起來好像一個階梯線。移動停利的規則是用最近 N 根 K 棒高低點來移動停利，讀者可以看到當價格向上漲的同時，藍色移動停利線也跟著向上移動。

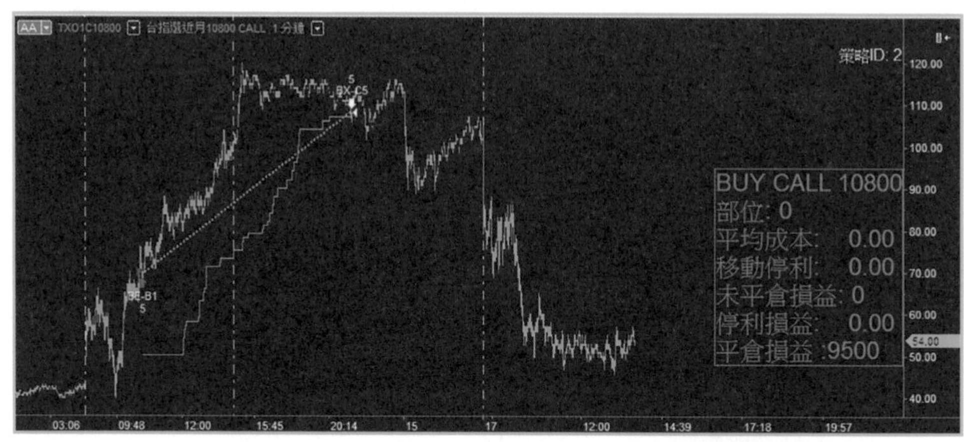

▲ 圖 2-6-17　10800 BUY CALL 移動停利出場

當價格橫盤的時候移動停利也移動到這盤整區的低點附近，這就是用「海龜移動停利」（N 根 K 棒高低點移動停利）的好處，成為自動跟進系統，價格走到哪跟到哪。當價格反轉下跌打到藍色移動停利線就出場，價格從進場的 69 漲到最高 120，後來又掉到 54，真的是不出場變成紙上富貴，從賺錢變成賠錢。可是若你有用移動停利的方式出場，後面價格下跌那一段你不會參與，做選擇權買方就怕曾經獲利又不見，有賺沒出變成賠錢單，移動停利是個好的方式。

用人工的方式移動停利挺花時間的，再加上目前的期貨、選擇權交易的時間很長，日盤加上夜盤一天有 19 個小時，我不可能一天到晚都在看盤，又不能買進以後放任不管，讓它從賺錢單變成賠錢單，不想被交易綁住生活，所以我想將這個工作交給程式交易去做。

再看另外一個商品 SELL PUT 10600，選擇權賣方一樣可以用**進場設停損＋移動停利來操作**。這支程式 9 月 12 日 12 點 16 分進場，進場價格四十多，到 9 月 18 日 00：20 分出場，出場價格兩點左右（選擇權賣方是價格收斂賺錢），我根本沒在看盤，程式幫我半夜出場，這是程式交易的好處。我不用擔心大行情沒跑掉，我也不用怕半夜美股崩盤，隔天台股跳空大跌，因為夜盤行情已經發生，你可以在夜盤移動停利出場。

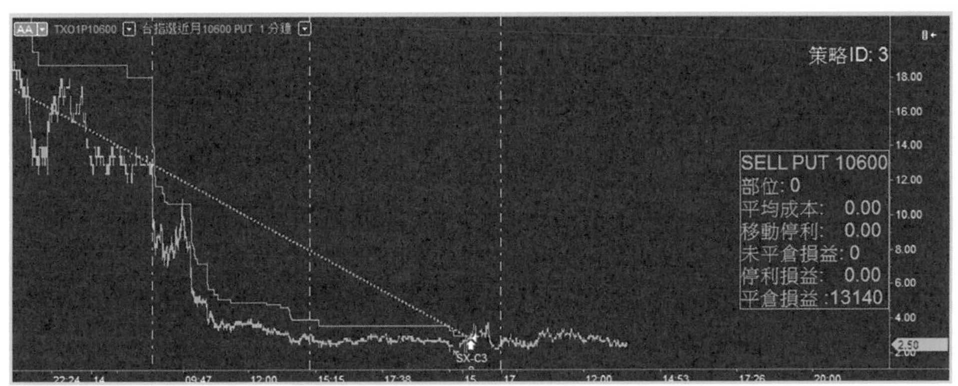

▲ 圖 2-6-18　10600 SELL PUT 移動停利出場

讀者看到這裡可以知道賣方一樣用移動停利的方式操作。價格走勢只要可能對你不利就出場。選擇權不怕大行情，只怕當木頭人，木頭人一二三定在原地不走。投資任何商品賺錢賠錢道理都是一樣的，股票這樣交易、期貨這樣交易、選擇權我也這樣交易。交易的精髓，就是想辦法做到大賺小賠。進場設停損＋移動停利可以幫助你做到這一點。

讓我翻身的兩大步驟，就是「進場設停損＋移動停利」！我將它應用在所有的金融商品，只要是可以畫得出 K 線的商品都可以這樣用，其實賺錢的觀念和方法都是一樣的。當我閱讀《海龜投資法則：揭露獲利上億的成功祕訣》發現他們也是這樣做的，於是我更確認了這麼做是正確的。但是這邊要留意，移動停利比較適合的走勢是走出行情，在原地踏步、區間整理橫盤走勢是不適用的。所以，我說先挑商品再操作，要知道什麼樣的走勢對你有利。

海龜們除了停損和移動停利以外，他們成為頂尖贏家的關鍵原因是他們還做「加碼」。加碼就更高級了，傑西・李佛摩也這樣做，他在《傑西・李佛摩股市操盤術》也提到加碼的觀念。會不會下注、該買多少部位，部位的放大和縮小是「交易的核心」。

7 傑西・李佛摩的股市操盤術

請讀者想想，如果可以做到看對的時候都買很多，看錯的時候都買很少，長期下來投資你會不會賺錢？

在《海龜投資法則》的第八章〈風險與資金管理〉提到，資金管理的精髓，便是在以下兩者之間取捨：

1. 買很多，要承擔那麼多風險，最後失去一切被迫退場
2. 買很少，承擔極小風險，最後手上留了太多現金

可是《海龜投資法則》這本書只提了問題，並沒有給出答案，投資到底要買多一點，還是買少一點？買多一點賺多一點，但是看錯風險大，買少看錯賠少一點，但是看對賺太少。這問題點到交易的核心：「到底要買多少部位」。要買多一點還是少一點？這和投資人的個性有關，和投資人的經驗有關，和投資人當時的心境有關，個性衝的人會買多一點，買太少賺賠太小沒感覺，個性保守的人會買少一點，不喜歡看到帳上損失太大。

一般來說剛進入市場的新手，容易買得比較多，因為對投資充滿期待且沒有受過傷害，沒受過傷的人比較勇敢，會買比較多。隨著交易經驗的增加，賠錢次數和數字變多，就變得比較膽小，越買越少，甚至常常看對不敢做。部位大小也和當時的心境有關，平常保守的人也可能會忽然間買很多，放大部位可能來自於可靠的內線消息，或是基於某種原因，很看好某檔股票會上漲而大量買進，或是因為過去一段時間連續的勝利，而信心大增而買很多。

也有投資人因為賠錢，所以急著想把錢賺回來而買很多，買進理由不盡相同，但是共同的原因都是很想賺錢，所以買的多一些。反之，在操作不順的時候會買少一點，特別是大賠過後，失去信心而害怕不敢買進，或是連續損失所帶來的信心不足，只敢買一點點。放大部位只有一個目的，想賺多一點。縮小部位只有一個目的，想賠少一點。可是你怎麼知道下大注的這次交易會對呢？萬一看錯賠很大怎麼辦？反之，你怎麼知道買很少這次會對還是錯，萬一看對賺得不多不是可惜嗎？若順著人性、順著情緒、讓貪婪和恐懼來主宰你的交易、決定部位的大小，毫無章法、隨心所欲的交易，怎麼能夠期望這樣會贏呢？

交易的核心問題，到底要買多少部位，要買多一點還是少一點？海龜並沒有給答案，其實答案就是「加減碼」。沒有買太多，風險大的問題，也沒有買太少，賺太少的問題。部位是可以透過加減碼來縮放。這個觀念在《傑西李佛摩─股市操盤術》裡提到，永遠只在賺錢的時候加碼。

當初看那本書的時候，還不能領會其中的奧義，不知道為何要這樣做，隨著交易經驗的增加，不斷嘗試且從錯誤中學習，開始了解交易是怎麼一回事，想通該如何交易比較好，才真正明白其中道理。投資成長有幾個階段：

第一階段：醉心於預測
第二階段：開始注意資金管理
第三階段：建構交易方法
第四階段：知道、做到、保持

交易第一階段：醉心於預測

被動的投資者喜歡打聽明牌，喜歡內幕消息，想知道哪一支股票可以買、喜歡跟單，想要賺快錢，你只要跟我說買哪一檔股票，何時進場何時出場就好，不太想學習，選擇加入會員、甚至買了幾套號稱能準確預測行情的投資軟體，提示哪裡可以低買，哪裡可以高賣，這套不準再買下一套試試。

主動積極的投資者喜歡學習，不斷學習各種預測行情的技術，包括技術分析、籌碼解讀、基本面分析等等，想要自己擁有預測的能力，若預測正確賺錢了，就大大讚賞自己的功夫，若賠錢一陣子就覺得這方法不管用了，會想換方法，不斷尋找預測行情的祕招，哪裡有課程就去哪上，看了很多投資書籍和理財雜誌，不斷學習和嘗試。

使用程式交易的人也多半是這樣，有大半是想要直接購買已經會賺錢的程式交易，想賺快錢。少部分人自己學習，用不同的進場條件和出場條件去拼湊出交易聖杯。殊不知，漂亮的歷史交易績效多半只是假象，一上線就破功。現在的很多程式交易還是在**湊答案**，湊出符合過去歷史行情，有著漂亮績效的交易策略，這和主觀交易者一直在尋找準確的進出場技巧是一樣的，不管使用的是籌碼分析，還是技術分析，不管是主觀交易，還是程式交易，方向不對、觀念不對、方法不對、很難找到答案。

大多數人終其一生都在這個階段打轉，認為只要掌握行情的脈動，就可以賺取財富；能預知三日漲跌，就可以富可敵國。我也曾經在這個階段打轉好幾年，答案是觀念錯了，方向錯了，往這裡鑽不會有答案。

漲跌不確定，我們能做到的只有選擇機率比較大的那一邊下注，這時認錯停損很重要，不要一味的求勝，不認輸。不停損會造成重大損失。要學乖並不容易，我也是有過大賠的經驗才領悟資金管理的重要性，不經一事，不長一智。

在市場上大多數的投資人都注重分析和預測，而市面上大多數的課程和書籍或軟體也在教如何分析和預測，如何找到買點和賣點，迎合市場的需求。常常有學生問我，老師請問這檔股票可以買嗎？現在可以進場做多嗎？現在可以進場放空嗎？我會這樣回答：「**你想買就買，但是你知道你出場會賠多少錢嗎？不知道就不要買。**」

投資人的重點在預測行情，我的回答重點在以機率角度看待投資，做好風險管理。漲跌是機率，你有可能對也有可能錯，想做就去做，並做好風險管理。也常常有學生問請問這檔股票可以留著嗎？我的選擇權該停損嗎？我的小道該怎麼辦？我的回答是：「**進場設停損，一開始進場就要決定出場點，然後將風險控制在你可以接受的範圍內。**」投資人想要的是預測未來，如果會上漲那麼多單就留著，如果會下跌那麼多單就出場，因為未來充滿不確定，所以常常拿不定主意。我的看法不是，未來漲跌都是機率，你要用一套大賺小賠的方法應對機率走勢。先講交易的「觀念」，講完以後再講我對這個商品的「多空看法」。

交易第二階段：開始注意資金管理

通常是有過賠錢經驗的投資人才能真正領悟「資金管理」、「風險管理」的重要性，不然資金管理、風險管理這幾個字就像是隔靴搔癢，常常聽但很陌生。交易既然有對有錯，那麼一定要想辦法容忍錯誤、接受錯誤，在錯的時候，控制虧損不要太大，在連續犯錯以後還能存活下來。

這和一開始我拼命想要準確預測、不想要發生錯誤，是兩個完全顛倒的想法，想法不同做法就不同。相信我，我花很多時間去找預測的聖杯，但發現它不存在。既然不存在，我們只好去控制風險、容忍錯誤。心裡可以坦然接受錯誤，是個轉捩點。願意賠錢出場，對我的交易有了巨大的改變。因為願意賠錢出場，小賠出場就不會有大賠（因為你已經空手了，沒有賠錢的部位），交易沒有大賠就能存活，能存活就能繼續在市場裡交易。控制損失讓我不怕犯錯，能夠從錯誤中學習。

資金管理有個很重要的部分，就是要買多少「單位」，部位的大小是資金管理的核心。這和人性大有關係。我貪婪過，我也膽小過。貪婪的時候買很多，膽小的時候買很少。貪婪的時候績效大起大落，膽小的時候看得懂不敢做。部位「從小到大」是艱難的，難在心臟是否能承受帳上數字的波動，這需要時間習慣。

部位從大到小也是難的，我已經習慣大口數輸贏，像是一種毒癮有點難戒掉。過去我用這麼大的部位輸錢，現在縮小部位怎麼賺得回來？所以只好繼續用大部位下單，但是人總是會有一陣子撞牆期，撞牆期的連續虧損會消耗的資金和擊潰你的信心。最後你會變得無錢無膽。

開始買得少，好一陣子不敢交易，看得懂，不敢做。2018 年 2 月 6 日這天台指期下跌七百點，這天恐慌行情造成選擇權價格 CALL 和 PUT 雙雙大漲，就有兩三個在這天做買方，賺大錢的投資人來找我報名上課，有的是做空 BUY PUT 賺大錢，有的是做多 BUY CALL 賺大錢，為什麼賺大錢還要來上課呢？

BUY CALL 賺大錢的同學，是買 1 點的 CALL，結果隔天 CALL 價格漲到四百多，全部出掉，因此賺一千多萬。可是後來繼續交易，東買西買半年就把一千多萬賠光了，所以來上課想要學完整的交易方法。BUY PUT 的同學那天也是賺大錢，從前一晚美股崩盤的時候開始放空，一直買、一直買，隔天大賺一筆，覺得選擇權這麼簡單何必學？結果也是在半年左右把賺的錢賠光。他們心想這樣下去不行，想要學習如何正確投資所以來上課。

你可以賭贏一場賽馬，但你不會每一場都贏。如果不會做資金管理、不懂得攻守，一時半刻的運氣好，並不算什麼。投資要的是「穩定的績效」，不要大起大落，紙上富貴。不管是大起或大落、連續虧損、從失去信心到重新建立信心、從只注重預測、賺賠看運氣、到注重資金管理和交易方法，去真正領悟賺錢的道理，從投機到投資，各種經驗我都有，我是從死裡活過來的人，見過地獄的人。我很感謝那些所有美好和不好的經驗，造就今日的我。經驗就是成功最好的養分。

資金管理唯一的目的，活在市場上。要活在市場上就要注重風險，現在的我不會讓任何一筆損失超過資金的 2%，常常是小於 1%。如果你問我用多少錢買一口單可以做到損失只有 1%、2%，用很多的錢買很少的單位，這樣看對會不會賺太少？我的答案是資金不是固定的，是變動的。這牽扯到交易的方法。

交易第三階段：建構交易方法

有次跟在券商工作的好朋友聊天，他在券商服務二十多年，看過非常多投資人來來去去。他總結的說：大部分的投資人都是死在槓桿。尤其是期貨、選擇權這種衍生性金融商品，有著高槓桿。或是股票融資、權證也是擴大槓桿。放大槓桿操作的人多半是死在槓桿。我想這句話是對的，投資房地產也是，槓桿放大的人在景氣好時大賺一筆，在景氣差時斷頭出場欲哭無淚。

之前炒作房地產將貸款成數提到最高，然後申辦寬限期只繳息不繳本，投資客根本繳不起貸款，也不打算繳貸款，只想以寬限期內，只繳利息的情況下，投資房地產。因為只繳利息，所以每月繳得錢變少了，可以買更大坪數，可以多買幾間，把房子出租，拿租金來繳利息，房價漲了賺價差，在房市大好的時候真的很好賺，一間房半年脫手賺一百多萬，繼續複製賺錢經驗，結果房地產反轉買氣冷縮，賣不掉。

當寬限期過了，繳不出房貸只好賤賣，現在很多新成屋的房價都是兩三年前的市價打八折賣。板橋、新莊、土城等地到處都有這樣的案例，當時買在高點的投資客現在正面臨轉手困難，賺錢的金雞母變成燙手山芋，投資客成也槓桿、敗也槓桿。如果你問我用多少錢交易一口期貨，我的答案是變動的。一開始用一百二十萬做一口，賺錢以後用一百二十萬做兩口、賺錢以後用一百二十萬做三口、再來是四口、五口、六口等等。以多少資金做一口單不是固定的，是「變動」的。為何我要這樣做？這取決於「交易方法」。

隨著交易經驗的增加，我漸漸理解要輔助以「機率」的角度看待投資，而不是純以「技術」的角度看待投資。既然漲跌都是機率，我們如何在機率裡面賺到錢呢？索羅斯說：「每個人都會看對和看錯，重點是看對的那次賺多少，看錯的那次賠多少。」這筆交易會賺多少，或賠多少，其實很簡單，就是一個算式兩個參數，一個參數是你買多少單位，一個參數是你的「停損」或「停利」價差有多大。你的獲利或虧損，就是你的部位乘上價差而來。

獲利 = 部位 × 價差
虧損 = 部位 × 價差

在部位固定的情況之下，要大賺小賠，要做到停利的價差大於停損的價差

獲利 = 部位 × 價差
1 × 10
虧損 = 部位 × 價差
1 × 1

如何做到停利價差是 10 停損價差是 1 呢？以下是我的方法。

1. 進場設停損
2. 移動停利

讓看對的那一次賺多一點，看錯的那一次賠少一點，就可以在機率的事件上做到賺大賠小，讓我操作股票開始賺錢，操作期貨開始賺錢、操作選擇權開始賺錢。就是因為確實做好這兩個步驟。可是接下來還有個參數是部位，怎麼做到看對的時候買很多，看錯的時候買很少呢？

獲利 = 部位 × 價差
10 × 10
虧損 = 部位 × 價差
1 × 1

如果可以做到看對的時候 10 單位，且獲利的價差是 10 單位，看錯的時候買 1 單位，停損也是 1 單位，那麼看對的這次可以賺 100，看錯的這次賠 1，極大化拉開賺賠比例，做到這點，就算勝率不高也能夠賺錢不是嗎？

要如何做到看對的時候買 10 單位，看錯的時候買 1 單位呢？我開始學 21 點玩家，算機率，機率對我有利的時候下大注，機率對我不利的時候下小注。一開始成績不錯，看對的時候買很多賺很多，看錯的時候買很少賠很少，我很高興我的交易功力又進化了，部位有大有小更能拉開賺賠的差距。

可是，這樣的方式執行一段時間後也發現問題，即使我覺得很有把握的那一次也可能會錯，交易最怕買很多然後看錯，這會造成巨大的損失。若把有沒有把握當作交易的決勝點，那又回到原始的預測準不準問題，雖然我們都很喜歡預測，但是要把預測的重要性降到最低才行，我現在還是會做預測，但是我只把預測的準確度當作五成，五五波，一半對一半錯，不用太在意預測對錯，是交易方法讓我賺錢。

如何做到獲利的時候部位最大化，虧損的時候部位最小化。在部位大小這階段我嘗試了很久、思考要怎麼做比較好，我試過機率對我有利下大注，行不通。因為機率對我有利，但也可能會錯。我試過「馬丁策略」*，賠錢加大部位，用 1、1、2、2、5 的方式下注。我總不會這麼衰吧，連續錯五次。我程度很好不會連續錯誤才是。結果也是行不通，輸錢博大讓人進入賭徒模式！很容易失去理智，5 再錯下 10 嗎？再錯呢？ 20 ？只要下大注是錯的，就會讓你賠大錢，急著下大注把錢賺回來只是賭徒作法而已。

最後用加碼來做做看，也就是俗稱的分批買進，我試過賠錢加碼、也試過賺錢加碼，最後在「賺錢加碼」找到正確的答案，唯有「賺錢加碼」可以確保我可以做到買很多，然後全部都是對的。為什麼要賺錢加碼？這樣買進成本不是越來越高嗎？除非行情證明你的看法是對的，否則不要一意孤行。

如何證明你的看法是對的？很簡單，部位的損益告訴你答案。所以只在賺錢加碼不在賠錢的時候加碼。你賠錢了表示你是錯的，千萬不要一意孤行。先買一單位，有賺錢才買第二單位，第一單位和第二單位都賺錢才買第三單位，前面三單位都賺錢才買第四單位、前面四單位都賺錢才買第五單位，依此類推。我若可以買到十單位這麼多，表示我前面九次買進的部位全部都賺錢。

唯有用賺錢加碼可以讓我安全的做到看對買很多，看錯買很少，這就是交易的祕密！贏家也會看錯，錯的時候買很少，且勇敢停損所以賠不多，但是賺錢的時候很敢賺，不但不出場還加碼買更多，這作法完全跟一般投資大眾顛倒，一般投資大眾是看錯捨不得走，甚至加碼攤平越賠越多，看對趕快跑，賺小賠大。一個賺大賠小，一個賺小賠大，就這樣一來一回拉開「賺跟賠的差距」。

當我了解交易賺錢的本質後，回頭看傑西・李佛摩的書，才開始看懂為何他要提只能在賺錢的情況下加碼，而且他早就這樣做，在一百多年前就這樣做，並且在華爾街取得巨大的成功，所以我將賺錢加碼稱為「**傑西李佛摩操盤法**」，用來紀念他。國內外最頂尖的操盤手和法人都這樣用，傑西・李佛摩這樣做，索羅斯也這樣做，海龜學員們也這樣做，只是他在書中沒有重點提示加碼的重要性，但是我知道這是他們「成功的主因」。

連國內某家券商自營部也是用這樣的系統在訓練他們的交易員。這些交易圈頂尖的操盤手都這樣做，就知道加碼有多強大。這不屬於判斷多空的層次，這屬於建構交易方法的層次。國內商品可以這樣做，國外商品更可以這樣做，因為波動更大。短線交易（日內交易）加碼機會比較少，拉長線交易加碼機會比較大。這也是我現在交易的主軸。以長線加碼交易為主，短線做做當沖。

回到一開始的「資金管理」，我的資金管理不是用固定的金額操作一口期貨、或是一口選擇權，而是用「變動」的方式，剛開始用最多的錢買最少單位。這是加碼的一個好處，一開始你必須減碼，你在去槓桿，做有槓桿的商品第一件事先去槓桿。回到《海龜投資法則》第八章〈風險與資金管理〉提到的問題，資金管理的精隨，是在以下兩者之間做取捨

1. 買很多，要承擔那麼多風險，最後失去一切被迫退場

2. 買很少，承擔極小風險，最後手上留了太多現金

答案就是先買少一點，承擔小一點的風險，看錯就停損就好，若行情往預期的方向走，手上的部位開始獲利，回應你的訊息就是你「看對了」，你可以開始加碼，隨著行情的越走越遠，你的「部位」越買越多，循序漸進、按部就班的放大你的「獲利部位」，唯有這方式可以做到部位買很大，但「風險很小」。

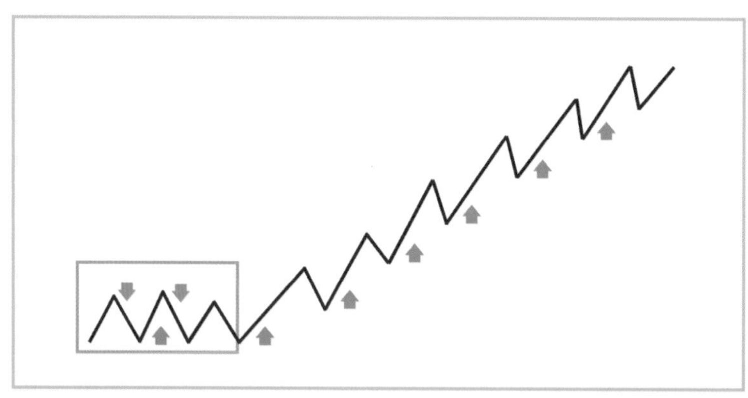

▲ 圖 2-7-1　賺錢加碼讓你做到，看錯的時候買很少，看對的時候買很多

因此，要在充滿不確定的機率走勢下確定賺錢，沒辦法靠預測，靠的是交易方法。以下三個交易步驟，可以幫助你做到這點。

1. 進場設停損
2. 移動停利
3. 賺錢加碼

獲利＝部位 × 價差

（3. 賺錢加碼，是最安全的方式放大部位）**10** × **10**（2. 移動停利，獲利大）

虧損＝部位 × 價差

1 × **1**（1. 進場設停損，損失小）

交易最後階段：知道、做到、保持

你不可能只憑知道「投籃」兩字，就能打入 NBA；你也不可能聽過「揮棒」兩個字，就進軍美國職棒大聯盟，其中必有很多執行上的細節要去注意，有很多基本功，必須扎實並且勤於練習。投資市場也是一樣，聽過「加碼」不等於就要開始賺錢了。步驟是先找到好的教練，學習交易方法，然後再去市場上「實戰」，邊做邊學、邊學邊做，透過不斷交易和練習來增加功力，不斷累積經驗、修正錯誤，從錯誤中成長，這是沒有辦法跳過的。

唯有當你做的盤夠多，你才能真正的學以致用。交易是一輩子的功課，你在進步，你的對手（也就是「主力」）也在進步，面對強勁的對手，我們虛心以對，熟練的基本動作、豐富交易的經驗，都可以幫助你在面對行情的變化能應變。**要成為一個好的交易者或操盤手，要保持最佳狀態，必須不斷的練習、參與行情、保持盤感。鈴木一朗說：「一日沒練自己知道，兩日沒練對手知道，三日沒練全場知道。」天下武功，唯快不破。面對交易，唯勤不破。**

打造被動現金流，擁有真正財富自由

投資只是一個手段、一個工具、一段過程，想過什麼樣的生活才是目的。我曾經收到一個學生的來信，他說他目前已經三十歲了，父母也已經到了退休的年齡，但不得已還是要出來工作，他時常在想，無論他年輕的時候投資的損益與結果如何，他無法到老的時候還跟爸媽一樣，持續工作一輩子，領的退休金也不夠用，多半到了五、六十歲還得繼續工作。因此，他想趁著自己三十歲的時候努力工作、努力投資，更要努力存錢。雖然目前自己靠著操作期貨、選擇權，手上資金已經翻了一倍，但沒人知道，在未來這可以維持多久。他要趁年輕的時候努力，希望到了晚年，自己還有一條「後路」可走，不用為錢煩惱，他希望我能給他一些意見。

不須為錢煩惱，可以無慮的活著，退休以後錢夠用，以上幾件事情，你或許也想過，我也是。當我二十幾歲時，在找工作的時候就問公司有沒有退休金，想來真好笑，能不能在一家公司待到退休都是個問題。當人們知道光靠工作收入是不夠的，於是積極研究投資，一路上跌跌撞撞，雖然最後在投資上取得一些成績，但是就算有能力在股票、期貨、選擇權的價格波動中低買高賣，賺取價差，賺再多錢也只是時薪很高的打工仔，你還是必須時間到就打卡上下班。但**投資也是一份工作，是一個需要極度自律，且承擔高度壓力的工作。**

真正的時間自由和財富自由是不工作就有收入。我鼓勵，也建議每個人從「現在」就開始為自己和家人打造且創造「被動收入」，一步步累積你的被動收入，將你的池子挖深、挖大。而要用什麼樣的被動收入方式呢？什麼樣的被動收入是讓大家羨慕的呢？人們第一個想到的是當包租公，可是房地產的資金門檻高，上班沒幾年的上班族不太可能投資房地產，更不用說目前（2018 年）房地產價格已經過高，以現在的高房價，我們很難創造出好的投報率。

買房努力一輩子，買股養你一輩子

與其買房自住，我會比較想先打造被動收入，先存股，再買房。有個網友在 PTT 上發問，他說自己存了三百萬，他和太太年薪加總起來有一百六十萬元，可以在新北市買多少錢的房子？他想買室內實際坪數三十幾坪的電梯大樓，網友紛紛回答以自備款和收入來看，建議他可以買多少錢的房子住，可以在哪個區域買到他要的物件。熱心的網友們都把重點放在有多少能力買什麼價格的房，買好買滿。

我的想法卻不太一樣，我想的是先打造被動收入，再買自己想住的房子，先苦後甘。這段期間可以租房，或是買便宜房，不讓房貸（房租）的支出吃掉大部分的資金，以年殖利率 6% 來算，存到 1000 萬可以有 60 萬的股息收入，平均一個月是五萬元。以年殖利率 4% 來說，1000 萬的股票也可以有 40 萬的股息收入，平均一個月三萬三千元。但，如果我們存更多呢？

不管是每月三萬、五萬或十萬的股息收入，這些都是真正的被動收入。就算你失業了還有人養你，就算你退休了還有人養你，就算勞保破產了還有人養你，就算你環遊世界你都還有收入，從此不再為錢煩惱，不愁吃穿，這不是很棒嗎？而且這部印鈔機還可以世襲，傳給下一代，只取股息不殺股本就可長長久久。而且，股息再投入可以越養越大。

拿離賭桌的錢，才是真正賺的

標題這句話，若我們是在操作一帆風順的時候聽了根本沒感覺，但做的不順的時候就很有感。我曾經在選擇權、股票上賺過大錢，也跌過跤。跌跤的時候就是成長的時候，賠錢讓我學會自我管理、資金管理、和分散投資。不要把所有資產放在「高波動」的商品上，你需要安全的資產配置。有的時候，慢就是快。賺價差很難有複利，操作有賺有賠，可是存股票卻能享受複利，股息再投入可讓你資產變大，複利靠的是時間，所以請你「現在」就開始存股。存股就像是把錢存入豬公撲滿一樣，我把選擇權賺到的錢存到高殖利率股上，我將股票價差賺到的錢也存入高殖利率股上，很高興我這樣做了，這是安定的來源。

這些收入足以負擔生活開銷，在沒有經濟的壓力下投資績效會更好。我也建議你這樣做，不管是辛苦工作賺來的，還是投資理財賺來的，最後都要存入被動收入系統。而存高殖利率股領股息就是最簡單的方式，小資金也可以做。目的就是要建立足夠的被動收入，讓錢生錢，我們不再為金錢煩惱、不再必須持續以勞力換取金錢，你將贏得人生的自由，贏得時間自由，時間最珍貴，你可以做任何你想做的事，做你有興趣的事，這不是很棒嗎？

學會投資理財可以加速存股速度。不管是股票也好，期貨也好，選擇權也好，賺的錢最後都存進「被動收入系統」。選擇權賣方有包租公的概念，若操作正確可以每個月收租（月選擇權），甚至週週收租（週選擇權），賺了錢就存起來，放入高殖利率的存錢筒，又可以再生一次息。買方中樂透賺了一筆，更要把錢存起來，請記得，拿離賭桌才是真正賺的。

建立一籃子股票，比重押少數股票好

我自己的配股配息系統有二十幾檔股票，將資金平均分散在不同的股票上。會這樣做是為了不把資金全部重壓在一兩家公司上，二十年後、五十年後你不知道有哪些股票是長青樹，不知道誰會被淘汰。將自己的未來重壓在少數股票是危險的。提高勝算的方式是分散投資，而且還要分散產業，食衣住行育樂都可以選。每年檢視持股，看需不需要淘汰一部分，需不需要換股。**我的選股方向，都是以日常生活周遭會用到的為主，也就是民生必需品，你可以檢視自己的帳單，你都把錢貢獻到誰的口袋，你就投資誰。**你繳房貸嗎 ？誰賺走了房屋的巨款，利息誰賺走了。你吃什麼？買那些食品，去哪些餐廳吃？你買水或飲料喝嗎 ？買哪一個牌子的？你繳電話費嗎？你繳網路費嗎？你看第四台嗎？你用電腦或 3C 用品？買哪個牌子、去哪買？你的交通費呢？貢獻給誰 ？ 你買保險嗎 ？ 買哪一家的保險 ？ 你穿鞋子嗎？產業的上下游的又是誰？從自己生活周遭的消費習慣，就可找到許多好股票。我會在稍後的章節舉幾個例子，活學活用，你也可以舉一反三。

三千、五千元都能存的零股投資術

存股票不見得要買一整張，可以買零股。可以隨時買、看準了就買。只要這筆錢對你來說，是多出來的閒錢，失去了也不會變窮，那你就去存，積沙成塔。投資零股有個好處（但也是壞處）就是不太方便進出，「收盤後」投資人才能交易零股，盤中不能交易（註解）。因為買進以後不方便賣掉，所以適合把它當作存錢筒，錢存進去就不隨意拿出來。

我覺得除了定期定額買基金以外，也可以定期定額「買零股」。這兩種的思維邏輯不一樣。買基金賺的是價差，買零股除了股價價差以外，最重要的是要存好股，領股息。買基金有管理費，買零股沒有管理費。你就是自己的資產經理人，你要配置你的資產。若要做股票的資產配置，買整張股票需要 300 萬以上的資金才好做配置，要放在不同「產業」的不同「股票」做分散投資。零股的好處就出現了，可以用少少的錢，就做到資產配置，將錢分散在不同的股票上，十萬就可以買台積電、鴻海、國泰金、中華電、台塑等。

零股交易時間是下午一點四十分到下午的兩點半之間。
零股手續費 1.425%，若手續費不足 20 元，最少也要 20 元。

日盛證券有個智慧下單功能，他可以讓你設定一段起訖時間，選擇你有興趣的股票，可以選好幾檔標的，當價格小於等於你要的價格時，它自動幫你買入零股，直到買完你要的股數為止。這種應用程式很方便，你根本不用看盤，也不用每天去查價格，藉著軟體每天自動幫你比對條件來下單，對此，投資人可以善加利用。

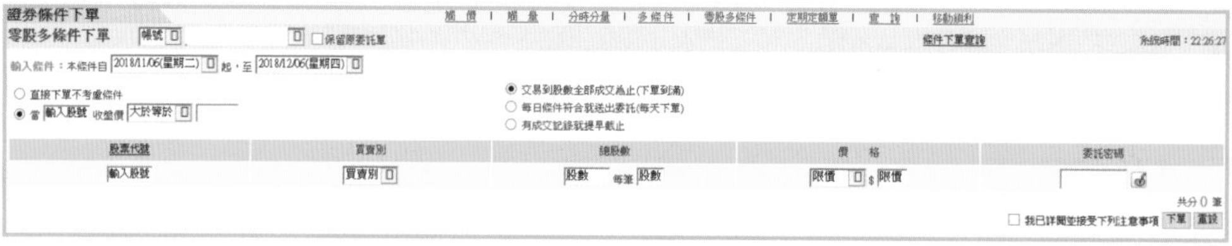

▲ 圖 2-8-1　智慧下單買零股，自動自發

從生活周遭民生必須品開始選股

昨天，有個朋友來找我，想跟我學投資，他的工作很忙，收入很高，但是沒時間理財，更沒買過股票。他說：每天都在做重複的事情，做著做著，一年就過去了，他想做些改變，他知道我會交易股票，於是來找我學股票。我告訴他，股票有兩種賺錢方式，一種是賺價差，一種是領股息，你兩個都可以做。我建議你拿一些錢放在領股息這邊，這裡花的時間少，不工作就有錢，這不是你要的賺錢方式嗎？

朋友：「那我可以買什麼股票呢？」

我：「可以從日常生活周遭尋找標的物。」

我：「你今天搭計程車來，你常搭哪一家計程車呢？」

朋友：「台灣大車隊，我常常用 APP 叫車。」

我：「那就對了，台灣大車隊有一萬多台車，每台車每個月收 1700 元月租費，就有 1700 萬收入。每次叫車都抽十元一天有十二萬車次每天有 120 萬現金流，一個月就有 3,600 萬現金流，一個月至少有 5,300 萬現金流入，靠別人幫公司賺錢這不是很好嗎？」

朋友：「聽起來真不錯。」

我：「你無法打敗他，你無法成為他，你可以投資他，當該家公司股東。」

我：「台灣大車隊現在股價約 66 元，配息 4 元，殖利率 6%，比把錢存在銀行好。你可以買個幾張，以後搭計程車的錢，回頭就讓台灣大車隊付給你。」

朋友：「聽起來不錯，除了台灣大車隊，還有什麼股票可以買呢？」

我：「你用哪一家電信公司講電話？」

朋友：「台灣大哥大，我有電話以來都用他，每個月電話費可高的呢。」

我：「好，那你就買台灣大哥大的股票，你是他的忠實客戶，也每個月貢獻給他，你可以買他們家的股票，多買幾張讓他幫你付以後的電話費。台灣大哥大去年配息 5.6 元，買一張配 5,600，十張配 5 萬 6。不過台灣大哥大比較貴，一張十萬零八百（股價 108 元），殖利率也有 5%，還是比放在銀行強。」

朋友：「5% 投報率已經很好了！」

我：「是啊，電信業者除台灣大哥大還有中華電信和遠傳電信，殖利率都差不多，獲利也都穩定，買哪一家都可以，你就買你平常有在使用的，像我就買中華電信。你看喔，電信公司每個月都收月租費，那不是現金流嗎？有多少人用電話，有多少人用手機上網，到處都有人在滑手機，人手一支手機，這些月租費比坐計程車的現金流還龐大。」

朋友：「有道理。今天兩檔股票都叫台灣大。」

我：「沒錯，兩個台灣大。你先買這兩檔，以後再介紹你其他好股票。」

股利政策					單位：元
年 度	現金股利	盈餘配股	公積配股	股票股利	合計
106	3.50	0.50	0.00	0.50	4.00
105	2.20	0.50	0.00	0.50	2.70
104	3.28	0.50	0.00	0.50	3.78
103	4.90	0.50	0.00	0.50	5.40
102	4.30	0.50	0.00	0.50	4.80
101	3.00	0.50	0.00	0.50	3.50
100	1.50	0.50	0.00	0.50	2.00
99	1.00	2.65	0.35	3.00	4.00

▲ 圖 2-8-2　（2640）大車隊 近八年股利政策

錢放銀行領利息，不如買我們公司股票

某次看報紙看到到第一銀行董事長的談話，他說：「錢放在我們銀行利息只有 1%，不如買我們公司股票，殖利率還有 10%。」2015 年到 2016 年初的時候，第一銀的股價正在走空頭，股價跌到 14 元的時候，董事長都忍不住跳出來為自己公司低股價喊冤，股價 14 元左右配息 1.4 元，殖利率近 10%，我聽了覺得有道理，而且，一銀過去獲利穩定每年都配發 1 元多，我對一銀很熟悉，因為在我年輕的時候還曾外派到一銀工作。

我自己在第一銀行也有開戶與存款，就這樣把錢存在銀行換成買銀行的股票，買進第一銀行，從 14 元多開始買進，配息真的不錯，之後我也陸續將錢「存入一銀」，股價從 14 元買到 19 元，過程中，曾經有想等到價格跌低一點再買，價格會回到 14 元嗎？過去，有統一超和中華電、中興保全等股票的經驗，好股票被市場認同，它們是會一直漲的，甚至會漲到你買不下手為止，所以我就繼續買。

大原則是當投資的殖利率有 4% 多以上，我就繼續買股票。這一波除了賺到配息，也賺了豐厚的價差。不過，對於帳上的獲利，我倒不是看得這麼重，真正的資產是來自於「股票張數」，而不是帳上數字。

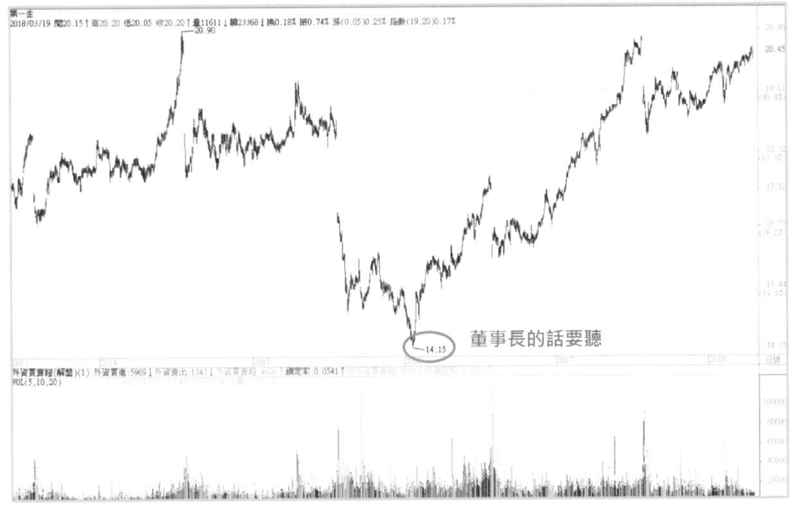

▲ 圖 2-8-3　第一銀行（2892）股價走勢圖 日 K

2013 年 6 月 11 日 到 2018 年 4 月 27 日，董事長的話要聽

股利政策					單位：元
年 度	現金股利	盈餘配股	公積配股	股票股利	合計
106	0.90	0.10	0.00	0.10	1.00
105	1.20	0.20	0.00	0.20	1.40
104	0.95	0.45	0.00	0.45	1.40
103	0.70	0.65	0.00	0.65	1.35
102	0.50	0.70	0.00	0.70	1.20
101	0.45	0.65	0.00	0.65	1.10
100	0.40	0.55	0.00	0.60	1.00
99	0.30	0.60	0.00	0.60	0.90
98	0.50	0.25	0.00	0.25	0.75
97	0.50	0.25	0.00	0.25	0.75

▲ 圖 2-8-4　第一金 最近十年的配股配息

除了買一銀以外還買進合庫金（5880）、中信金（2891）、兆豐金（2886），理由一樣將錢「存入銀行」。

財富自由不在於你做了什麼，而在你擁有什麼

以上舉例，都是從日常生活找尋股票，不管是電信股還是金融股，都和我們日常生活息息相關，這些日常生活的民生必需品，讓提供服務的公司可以長久營運下去。它們擁有合理的獲利，股東擁有合理的報酬。我們無法一輩子都在工作，但我們一輩子都需要錢，生老病死，食衣住行都需要錢。我們應當為自己的將來做準備，讓收入不至於匱乏，財富的自由不在於我們做了什麼，而在於我們擁有什麼。

除了中華電信、台灣大哥大、台灣大車隊、第一金、中信金等這些股票，還有什麼標的物值得我們擁有？我會選擇穩定配股配息的公司當作持有的標的，以下是我的私房存股清單。

	2018	2017	2016	2015	2014	2013	2012	2011	2010	2009
國泰金 (2882)	2.50	2.00	2.00	2.00	2.00	1.38	1.00	0.80	1.00	0.00
富邦金 (2881)	2.30	2.00	2.00	3.00	1.50	1.00	1.50	1.50	2.50	0.00
中信金 (2891)	1.08	1.00	1.61	1.62	0.75	1.41	1.28	1.45	1.28	0.50
第一金 (2892)	1.00	1.40	1.40	1.35	1.20	1.10	1.00	0.90	0.75	0.75
合庫金 (5880)	1.05	1.05	1.00	1.00	1.00	1.00				
兆豐金 (2886)	1.50	1.42	1.50	1.40	1.11	1.10	1.00	1.10	1.00	0.25
元大期 (6023)	2.00	2.47	2.28	6.95	2.07	1.79	2.40	1.58	1.83	3.00
群益期 (6024)	3.87	2.21	2.47	1.70	1.49	1.74	2.30	1.00	1.75	2.12
新產 (2850)	1.82	1.51	1.57	1.07	1.00	1.20	1.47	1.50	2.98	0.00
華固 (2548)	5.20	5.60	5.50	5.00	5.50	5.00	5.80	6.49	6.56	4.91
興富發 (2542)	3.50	5.00	6.00	7.00	7.00	3.00	3.00	6.10	5.04	2.76
中華電 (2412)	4.80	4.94	5.49	4.86	4.53	5.35	5.46	5.52	4.06	4.83
台灣大 (3045)	5.60	5.60	5.60	5.60	5.60	5.50	5.16	4.16	5.03	4.69
遠傳 (4904)	3.75	3.75	3.75	3.75	3.75	3.50	3.00	2.50	2.80	2.80
台泥 (1101)	2.50	1.45	1.33	2.49	2.30	1.90	1.90	2.00	1.80	1.32
亞泥 (1102)	1.20	0.90	1.10	2.20	2.00	1.90	2.60	2.10	2.10	2.10
中保 (9917)	4.00	3.50	4.00	4.00	3.65	3.40	3.30	3.10	3.00	3.00
新保 (9925)	2.00	2.00	2.00	1.90	1.90	1.80	1.70	1.70	1.60	1.00
遠百 (2903)	1.00	0.70	1.00	1.00	1.35	1.10	1.40	1.60	1.00	0.60
大車隊 (2640)	4.00	2.70	3.78	5.40	4.80	3.50	2.00	4.00		
好樂迪 (9943)	4.00	4.00	4.00	4.00	4.00	3.00	3.00	1.50	0.00	1.00
中鼎 (9933)	3.23	2.60	2.40	2.23	1.99	2.84	2.76	2.42	2.37	1.92
全國電 (6281)	4.00	4.30	3.70	3.90	3.50	4.90	4.00	3.48	3.56	3.20
精誠 (6214)	5.00	5.00	5.00	4.90	3.00	2.00	2.00	2.06	2.00	0.00
寶成 (9904)	2.00	1.50	1.50	1.50	1.00	1.50	1.30	1.20	1.70	1.00
文曄 (3036)	2.50	2.40	3.40	4.00	3.00	2.10	3.00	3.99	1.96	1.13
超豐 (2441)	3.00	2.75	2.40	2.80	2.00	1.60	1.20	2.00	2.00	2.00
中華食 (4205)	3.00	2.60	2.00	1.50	2.00	2.00	2.00	2.00	2.00	1.50
天仁 (1233)	2.25	1.60	2.00	2.10	2.30	2.30	2.30	2.00	1.90	1.40
聯華 (1229)	2.80	2.10	1.45	1.80	1.00	1.00	1.00	1.50	0.80	0.60
瑞儀 (6176)	4.80	4.50	4.50	5.50	7.00	8.30	6.80	4.10	2.60	2.00

▲ 圖 2-8-5 最近十年 股息 + 股利分配

以上公司大多是大家耳熟能詳的公司，我將最近十年配股＋股息給呈列出來讓投資者參考，這些公司都有穩定的獲利能力，也不吝嗇配給股東。你可以從裡面挑選你喜歡的股票。

例如，投資人每天都將交易手續費奉獻給券商，我們不如投資券商，手續費也分一杯羹。元大期貨（6023）和群益期貨（6024）是不錯的投資標的，殖利率平均有 6% 到 7%。每個人都有買保險的需求，保險費被保險公司賺走了，乾脆我們也買配股配息佳的保險公司，富邦金（2881）、國泰金（2882）、新光產險（2850）是好標的，有些公司很肯回報股東。買房子好貴，錢都被建商賺走了，現在買房子沒有好投報，但若是當建商的股東就挺不錯，華固（2548）和興富發（2542）殖利率高達 8% 到 9%，十多年配下來，股票都回本了。到時候，你持有的股票就是零成本，只要建立零成本部位，你就不會在意股價的漲跌了。

而保全業兩大龍頭中興保全（9917）與新光保全（9925），他們也是現金流概念股，每個月靠保全系統和保全服務收取費用，台灣市場很難有第三家可以抗衡這兩大龍頭，它們算是穩定的公司。其平均殖利率有 4.7%，也很不錯。水泥產業的龍頭台泥（1101）和二哥亞泥（1102），每年也有穩定的配息，我的父親在台泥上班，從二十幾歲做到退休，這公司福利不錯，算是幸福企業，很照顧員工，這是活了半世紀，且穩定獲利的公司，可以照顧你一輩子。

百貨公司周年慶，人潮擠得水洩不通，商品銷售和櫃位出租是百貨公司的主要收入來源，出租櫃位這算起來也是「包租公」，東西賣出去之後還可以抽成，真的不錯。所以，我也投資遠東百貨（2903），投資徐旭東董事長。徐旭東和蔡明忠的事業版圖有很多會賺錢的事業。再如，年輕人會去唱歌聚會，而好樂迪（9943）收包廂費，出租包廂這也算是包租公生意。不見得要買房收租，有很多事業都在做包租公生意，我們可以擇優參與。這兩家公司平均也有 4% 到 6% 的殖利率。

其他的日常生活所需，例如市占率最高的中華豆腐、天仁茗茶，五、六、七年級生小時候會吃的零食可樂果或卡迪那都是大眾會持續消費的品牌，這些食品類股的配息也都算穩定，中華食（4205）、天仁（1233）、聯華（1229）這些公司應該可以活得好好的，身為股東就可以繼續領股息。

鞋子製造商寶成（9904），它可以同時幫 Nike、Adidas 等十幾個國際大品牌代工，他不只代工，同時也做品牌代理和運動用品零售。我想，在製造業毛利漸低之下，電子製造大哥郭台銘也不想只代工，還要做銷售的轉型之路。而這部分，寶成（9904）已經在做了。

做 3C、家電用品零售業的全國電子（6281）也是奇葩，它並沒有被網路購物給擊垮，我想是它們訴求的在地服務、售後服務，以及「全國電子揪感心」的形象已深植人心。這也是我長期持有的股票。

把錢分散在不同公司，幫自己建立一籃子股票，這樣風險比較低。**我們也可以用 A 公司配息去買 B 公司，B 公司配息了又去買 C 公司，這些配股配息出來的都是金雞母，而且「零成本」**。你可以幫自己打造「被動收入組合」，存股，是和時間賽跑，請立刻開始。

交易日記

交易現場的實況轉播

交易之前，建立基礎

這個章節我所要寫的是「交易日記」，這是我每天都在做的功課，每天做交易、檢討交易，並從中進步。我在部落格「選擇權搖錢樹」寫交易日記已經超過十年，十年如一日。交易並非只有理論，還要學以致用，重點是實戰。於是我想，何不將我平常寫的交易日記寫入書內，設計了這個交易實戰單元。**這個單元是為了忠實的與投資人分享交易中，我的想法、做法，以及紀錄交易過程中會遇到的所有事情，包括預測、分析、執行、獲利、虧損、情緒……。**

我每天都在做交易，交易日記時段並非刻意挑選，只是在寫書的時候順手將當天的交易日記寫下來，整理成書。日記中的截圖也都是「當下」的走勢圖，再以文字敘述當下的操作和內心想法。這是邊交易，邊用圖文記錄的Live實況轉播，站在最前線的第一手資料。

日記篇幅只有十幾天的交易日記，記錄從我進場到出場的一段交易。我不敢說我做的很好，但是我敢說我很用心、很認真，每天做交易，每天做檢討。希望這樣自我檢討的內容陳述，對你有幫助和啟發。〈交易日記〉是交易的第一現場，我會以第一人稱視角，帶你窺探交易這件事，從盤前的分析、戰略的擬定、盤中的交易、盤後的檢討。如何判斷行情的方向會往哪走，如何解讀法人籌碼，如何找進出場點，如何贏在停損、贏在修正，贏在加碼。

想看更多的交易日記，歡迎到我的部落格「選擇權搖錢樹」，每天都有一篇交易日記，你可以在底下留言，這裡有一群交易同好，我們每天在這裡切磋討論。

閱讀這個單元之前，建議先閱讀〈股票交易〉篇，裡面提到了「交易的方法」，可以應用在任何金融商品，包括股票、選擇權、期貨。這個單元是講實戰，內容主要以交易期貨、選擇權為主，是從已經了解期貨、選擇權的角度來寫的，若你還是期貨及選擇權新手，為了讓你能夠快速地進入狀況，我要先打個基礎，快速的介紹期貨和選擇權。想了解更多選擇權基礎，可看我另一本著作《獨孤求敗選擇權獲利祕技》。

期貨與選擇權

什麼是期貨，期貨是一種衍生性金融商品，有期貨就有現貨。台股的加權指數是現貨，台指期就是期貨。台積電是現貨，台積電的股票期貨就是期貨。現貨是用十塊錢做十塊錢生意，期貨是用一塊錢做十塊錢生意，所以期貨槓桿比較高。一樣的漲跌幅，期貨的帳上損益就是現貨的好幾倍。現貨和期貨最大的差異之一是槓桿。交易期貨建議先要「**去槓桿交易**」，意思就是用多一點錢買少一點的部位，這樣才安全。

期貨和現貨的價格走勢圖99%相似，現貨是主人，期貨是狗。小狗在主人身邊跑來跑去，有的時候在前面，有的時候在後面，但是小狗終究是跟著主人在前進，主人往西牠就往西，主人往東牠就往東，主人決定要往哪走，小狗只管跟著主人。

在交易台指期的時候，我會同步看加權指數，比較這兩者的走勢。有時候期貨價格領先反應，後來現貨走勢跟上，這表示有聰明錢知道現貨等一下的走勢要漲或是要跌，所以提前進場在期貨卡位。有的時候期貨走勢是虛晃一招，假裝上漲或下跌，來誘使投資人進場做特定方向。但是現貨不動，甚至走反方向，接下來期貨必須跟上現貨的腳步；觀察期貨和現貨之間的關係，可以讓你清楚行情的脈動真假，**期貨是狡猾的，現貨是誠實的**。

對於期貨，只有多和空兩個方向，不是上漲就是下跌，所以期貨很簡單，不是做多就是做空。至於選擇權就比較多變化，選擇權有四個象限和無限種組合單。這裡不談組合單，對組合單有興趣可以下載我的「獨孤九劍」EXCEL 軟體*，裡面有很多進階組合單策略的解說，我花很多時間和功夫研究選擇權策略。

選擇權可以組出千變萬化的組合單，真的很有趣，每種策略都有獨特的特性和使用時機、加上交易心得，光是這個部分就可以獨立出一本書。我現在就講最基本也最重要的選擇權四元素，你只要熟悉這四個基本元素好好的操作，就能取得豐厚的獲利，選擇權並不難，請跟著我一起學習選擇權。

選擇權買方

很多投資人還沒開始做選擇權就喜歡選擇權買方，大概是被廣告台詞所吸引，以小博大、倍數獲利。但是投資人要留意「買方槓桿」很高，賺得快賠得也快，你要「**去槓桿**」，用比較多的錢買比較少的單位，這是比較重要的部分。接下來做買方跟做股票一樣，兩個方向，一個做多，一個做空，當然你也可以多空兩邊同時做。

做多的商品是 BUY CALL，做空的商品是 BUY PUT，兩個同時買進就是 BUY CALL ＋ BUY PUT，多空兩邊壓寶的意思。是要看誰的多空呢？選擇權的標的物，我們看的是期貨跟加權指數。若是短線交易，選擇權的價格走勢 99.99%跟著期貨跑，若是拉長來看，最後結算價格以加權指數為主。

買方通常做短線，所以我建議看期貨走勢圖操作。若你覺得台指期會「漲」，你可以做 BUY CALL，若你覺得台指期會跌，你可以做 BUY PUT，若你覺得漲跌都有可能，不是大漲就是大跌，那做「雙 BUY」。而選擇權買方跟期貨、股票比較不同的地方是，股票和期貨，你只要決定做多或做空就可以，但是選擇權除了多空以外還有「履約價」，履約價是預計行情會漲到哪或會跌到哪的概念。

例如，台指指數在 10751，而你認為行情會漲，那麼你做多 BUY CALL，除了做多 BUY CALL 外你還要說清楚會漲到哪，會漲到 10800 還是會漲到 10900 點。

◎ BUY CALL 10800，認為行情會漲到 10800。
◎ BUY CALL 10900，認為行情會漲到 10900。
◎ BUY CALL 10850，認為行情會漲到 10850。
前面的 BUY CALL 是「方向」，後面的 10800 是「目標價」

BUY CALL	10800
方向	目標價

▲ 圖 3-1-1　看漲到 10800

做買方建議買「價外的履約價」，做多買還沒漲到的地方，還沒漲到的地方就是價外。例如，指數 10751，BUY CALL 是「看多」，對於 BUY CALL，指數還沒漲到 10800，則 10800 是價外，10900 也是價外、11000 也是價外。那 10700 對於 BUY CALL 來說是價外，還是價內呢？指數 10751 已經漲過 10700，因此 10700 對 BUY CALL 來說是「價內」。

做空也一樣，指數在 10751 點，若你覺得行情會跌，你可以做空 BUY PUT，接著你要選「履約價」，你認為行情會跌到 10700，你 BUY PUT 10700，你覺得行情會跌到 10600，你 BUY PUT 10600。

◎ BUY PUT 10700，認為行情會跌到 10700。

◎ BUY PUT 10600，認為行情會跌到 10600。

◎ BUY PUT 10500，認為行情會跌到 10500。

前面的 BUY PUT 是「方向」，後面的履約價是「目標價」。

BUY PUT	10700
方向	目標價

▲ 圖 3-1-2　看跌到 10700

做空 BUY PUT 也建議選擇「價外的履約價」。BUY PUT 是看空，指數在 10751，因此它還沒跌到 10700，所以 10700 對於 BUY PUT 來說屬於「價外」、10600 也是價外、10500 也是。反之，指數 10751 點，10751 等於已經跌破 10800，所以 10800 對於 BUY PUT 來說是價內。

10700 PUT 是一個商品，10800 PUT 也是一個商品。**每個商品都有自己的報價，這個報價我們稱為「選擇權權利金」。**

T 字報價

我們來看一下台指期漲跌與選擇權報價的關係。2018 年 9 月 19 日這天台指期跳空上漲 92 點，台指期日 K 走勢如下圖。

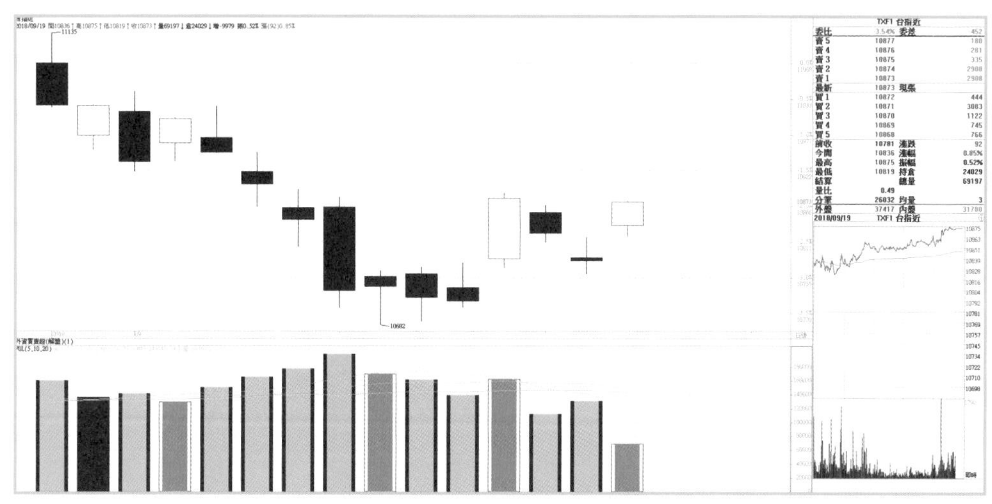

▲ 圖 3-1-3　台指期走勢圖

這天行情大漲，看多的 CALL 會賺錢，看空的 PUT 會賠錢。CALL 價格會上漲，PUT 價格會下跌。我們來看 T 字報價表。10900 CALL 我用紅色框框框起來，成交價是 127，今天上漲 35 點，做 BUY CALL 10900 的人賺 35 點。10700 PUT 我也用紅色框框框起來，成交價 78 點，這天台指期上漲 92 點，10700 PUT 下跌 40 點，做 BUY PUT 10700 的人賠 40 點。

TXO 台指權　月份　2018/10　註記　設定 ☑　對照 ☑

買價	賣價	成交	漲跌	成交量	規格	買價	賣價	成交	漲跌	成交量
0.1	44.0	0.6	▲0.2	2	12500	1570.0	1680.0		0.0	0
0.1	55.0	0.6	▲0.1	1	12400	1470.0	1580.0		0.0	0
0.1	66.0		0.0	0	12300	1380.0	1480.0		0.0	0
0.1	0.9	0.9	▲0.2	266	12200	1270.0	1380.0		0.0	0
0.1	1.1	1.0	▲0.2	854	12100	1180.0	1280.0		0.0	0
0.1	2.7	1.3	▲0.4	95	12000	1080.0	1180.0		0.0	0
0.1	111.0	1.4	▲0.2	29	11900	975.0	1080.0		0.0	0
	2.0	1.6	0.0	128	11800	875.0	980.0	930.0	▼90.0	1
1.2	2.0	2.0	0.0	1431	11700	775.0	880.0		0.0	0
2.7	3.3	2.9	0.0	804	11600	675.0	785.0	740.0	▼85.0	1
0.1	5.3	4.7	▲0.1	2789	11500	580.0	685.0	640.0	▼90.0	3
8.0	8.7	8.2	▲0.8	2280	11400	479.0	590.0	545.0	▼85.0	3
15.5	16.0	15.5	▲3.0	3889	11300	440.0	451.0	454.0	▼81.0	15
27.5	28.0	27.5	▲6.5	8041	11200	346.0	354.0	359.0	▼85.0	58
48.5	49.0	48.5	▲12.5	7810	11100	270.0	275.0	275.0	▼80.0	226
81.0	82.0	81.0	▲22.0	9357	11000	206.0	211.0	206.0	▼71.0	727
125.0	128.0	127.0	▲35.0	5849	10900	151.0	152.0	151.0	▼64.0	2128
180.0	185.0	182.0	▲44.0	2911	10800	108.0	109.0	109.0	▼52.0	3288
251.0	253.0	253.0	▲57.0	772	10700	77.0	78.0	78.0	▼40.0	6109
323.0	339.0	322.0	▲57.0	375	10600	53.0	54.0	53.0	▼32.0	5786
406.0	423.0	410.0	▲70.0	88	10500	39.0	39.5	39.0	▼24.0	6020
494.0	515.0	499.0	▲74.0	90	10400	29.0	30.0	29.0	▼17.0	3149
590.0	600.0	590.0	▲80.0	6	10300	21.5	23.5	22.0	▼12.5	2206
635.0	745.0	680.0	▲75.0	9	10200	17.0	17.5	17.5	▼8.5	2381
735.0	840.0	780.0	▲80.0	3	10100	13.5	14.5	13.5	▼7.5	637
830.0	940.0	880.0	▲85.0	3	10000	11.5	12.5	12.0	▼5.5	3607
930.0	1030.0	980.0	▲85.0	3	9900	9.7	10.5	9.8	▼4.2	388
1030.0	1130.0	1070.0	▲80.0	8	9800	7.0	10.5	8.2	▼2.8	1609
1130.0	1230.0	1170.0	▲80.0	3	9700	6.7	9.6	6.9	▼2.7	2013
1230.0	1280.0		0.0	0	9600	0.3	6.6	5.6	▼2.7	578
1330.0	1380.0		0.0	0	9500	5.1	5.2	5.1	▼2.1	679
1410.0	1480.0		0.0	0	9400	0.2	9.9	4.5	▼1.6	463
1510.0	1630.0		0.0	0	9300	3.2	33.0	3.7	▼1.6	109
1610.0	1730.0		0.0	0	9200	1.3	3.6	3.5	▼1.2	85
1710.0	1830.0		0.0	0	9100	1.0	3.2	3.1	▼0.9	47
1810.0	1930.0		0.0	0	9000	2.7	3.2	2.9	▼0.9	440

▲ 圖 3-1-4　T 字報價表

有人賺就有人賠！10700 PUT 價格下跌 40 點，做買方的賠 40 點，做賣方的就賺 40 點。選擇權是零和遊戲，BUY PUT 和 SELL PUT 加起來的損益要是 0。所以這裡有個基本重要觀念，**權利金價格上漲，是買方賺錢，權利金價格下跌，是賣方賺錢**。

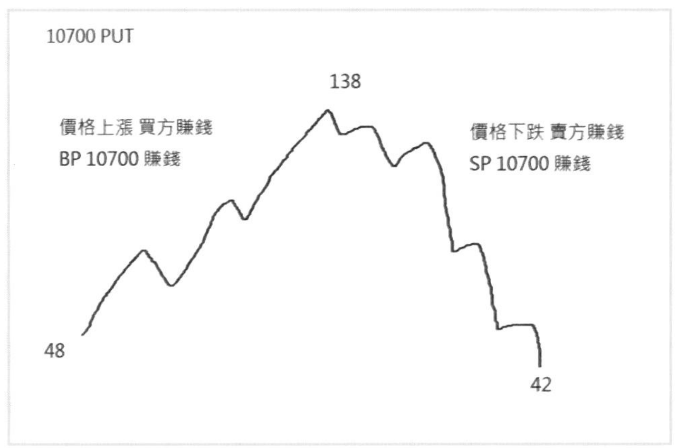

▲ 圖 3-1-5　10700 PUT 價格走勢圖

▲ 圖 3-1-6　10900 CALL 價格走勢圖

當賣方的最大獲利就是你收的權利金下跌變成 0，俗稱是**吃龜苓膏**（歸零糕），或是**權利金收乾**。你看 T 字報價表有許多的履約價，左邊一排都是 CALL，從 9000 的 CALL 到 12500 的 CALL，每個履約價都有報價，這個報價就是「權利金價格」。

右邊一排都是 PUT，從 9000 的 PUT 到 12500 的 PUT，每個履約價都有報價。T 字報價表你可把它當作一個商品櫥窗，**這個 T 字報價表將所有的商品全部陳列在這裡，集中報價。**

選擇權賣方

接著我們來看選擇權賣方，選擇權賣方有三個方向，多單、空單、盤整單。**行情有三種走法，**上漲、下跌、盤整。**剛剛好配上選擇權賣方三種策略。**所以，操作選擇權賣方，你要判斷台指期或是加權指數，未來的走勢是上漲、下跌或盤整，然後選擇「對應的策略」。

若你看多，你做 SELL PUT，若你看空，你做 SELL CALL，若你看盤整，你做 SELL CALL ＋ SELL PUT。做賣方要看期貨指數還是加權指數呢？那要看交易週期，若你是短進短出，選擇權報價幾乎跟著期貨同步，看期貨指數就可以了。**若你是拉長線，我建議看大盤（加權指數），因為最後結算的位置和加權指數有關，而且拉長線看大盤，比較有「技術分析」層面的意義，比較能夠正確的分析趨勢的方向，和找出關鍵價。**畢竟，大盤是主人、期貨只是小狗。

賣方跟股票、期貨不太一樣的地方是它除了敘述方向以外，還多了個履約價。做多 SELL PUT 後面接履約價：

SELL PUT 10600，表示認為行情「不會跌破」10600。
SELL PUT 10700，表示認為行情「不會跌破」10700。
SELL PUT 10500，表示認為行情「不會跌破」10500。

SELL PUT	10600
方向	地板價

▲ 圖 3-1-7　認為行情 ≥ 10600

SELL PUT 是個「大於等於」的遊戲，結算價格在你設定的履約價之上，你就可以獲利。如圖，價格在 10873，SP10600 認為行情不跌破 10600，結算

那天的價格只要 ≥ 10600 就可以將權利金全部收入口袋。所以賣方是個勝率高的遊戲，不管上漲、盤整或是小跌都可以賺錢。

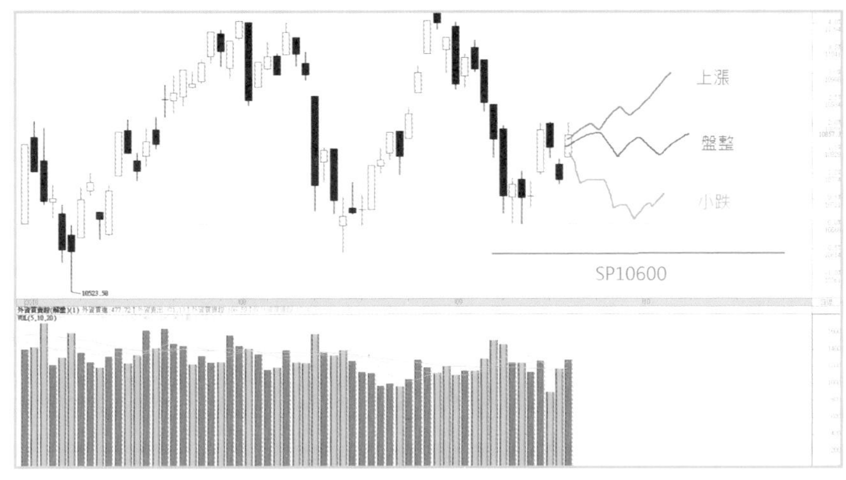

▲ 圖 3-1-8　結算價格只要 ≥ 10600，SP10600 就會賺錢

股票和期貨是做多以後，價格上漲賺錢，但是選擇權賣方不是，做多以後，行情上漲、盤整或小跌，你都可以賺錢。我笑稱選擇權賣方是個「**差不多遊戲**」，你只要看得差不多，不要錯太多就可以賺錢了。

那做空 SELL CALL 呢？做空 SELL CALL 是個「小於等於」的遊戲，結算這天小於你說的履約價你就賺錢。

SELL CALL 10900，是認為「行情不漲過」10900。

SELL CALL 11000，是認為「行情不漲過」11000。

SELL CALL 11100，是認為「行情不漲過」11100 。

SELL CALL	11000
方向	天花板價

▲ 圖 3-1-9　認為行情 ≤ 11000

只要你指定的履約價在結算那天不被漲過，你就可以將權利金收乾。以上面 T 字報價來看

10900 CALL 權利金 127
11000 CALL 權利金 81
11100 CALL 權利金 48.5

若你 SELL CALL 10900，接下來行情真的不會漲（現在價格 10873），不漲過 10900 你就贏。可是現在價格 10873，再漲 28 點就突破 10900 了，所以 SELL CALL 10900 危險大，加上今天收長紅多方氣勢如虹，很快就可以漲過 10900。因為危險，所以它的權利金比較高，有 127 點。你看對可以獲利 127×50=6350 元。11100 比較遠，距離 10873 兩百多點，這個天花板比較高，被突破機率比較小，賺錢機率比較大，所以權利金比較小，48.5 點。看對可以賺 2425 元。

所以，**SELL CALL 是定出一個漲不過的天花板價格，只要未來行情不漲過，你就可以獲利。接下來行情盤整你可以賺錢、下跌你賺錢，上漲不要漲太多你可以賺錢，這是「賣方優勢」。**

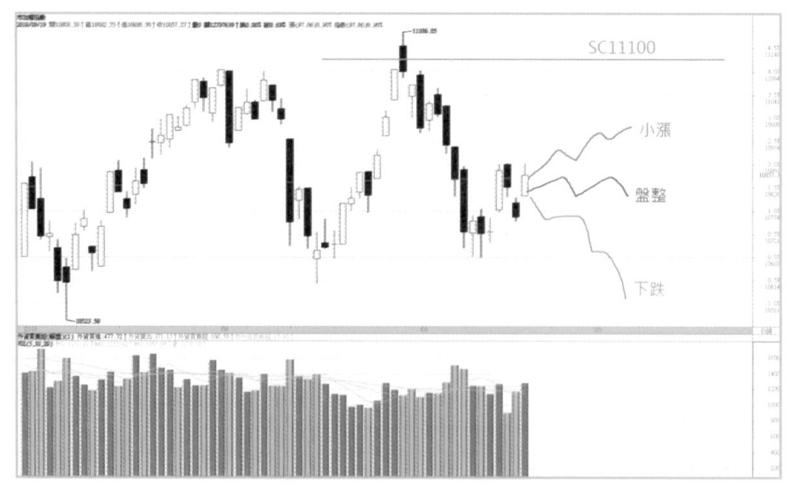

▲ 圖 3-1-10　結算價只要 ≤ 11100，SC11100 就賺錢

見上圖，在此時，我到底該做多 SELL PUT，還是做空 SELL CALL 呢？要研判行情未來的方向，方向看對賺錢，所以操作選擇權賣方，方向很重要，先定義方向，再決定要做多 **SELL PUT**，或做空 **SELL CALL**，下一個是決定履約價的價格，漲不過哪裡和跌不破哪裡要定義出來。操作選擇權賣方，要有方向感，也要有空間感，定義出行情前進的方向和上下區間。

那雙 SELL 呢？

雙 SELL 是看盤整格局，把剛剛上面的 SELL PUT10600 和 SELL CALL 11100 同時都持有，就是看「區間盤整」，區間在 10600 到 11100 之間。讀者可能會想說，那我可以賣很遠的雙 SELL，SELL CALL 天花板很高，SELL PUT 地板很低，這樣勝算不是很大嗎？

例如，現在指數位置往上加 500 點，當作 SELL CALL 履約價，往下減 500 點，當作 SELL PUT 履約價，未來的行情，只要在這一千點之內跑來跑去，就可以獲利，但事情沒有我們想的這麼簡單。

做雙 SELL 就怕大行情，怕趨勢盤，怕一直往一個方向走。我一開始專門做選擇權雙 SELL，做了兩三年後來不這麼做了，因為我找到更好的獲利法。隨著走勢選擇恰當的部位，隨著走勢調整部位。**大部分時候做單邊賣方，做單方向，少數時候做雙 SELL，雙 SELL 是本大、利小、怕趨勢，但是當你操作實戰的時候帶上方向感，可以使用的武器有「選擇權賣方」、「期貨」、「選擇權買方」，只要順著走勢交易，就可以做到本小利大賺趨勢。**透過好的交易方法，可以做到獲利最大化，虧損最小化，這是我推薦的交易方式。

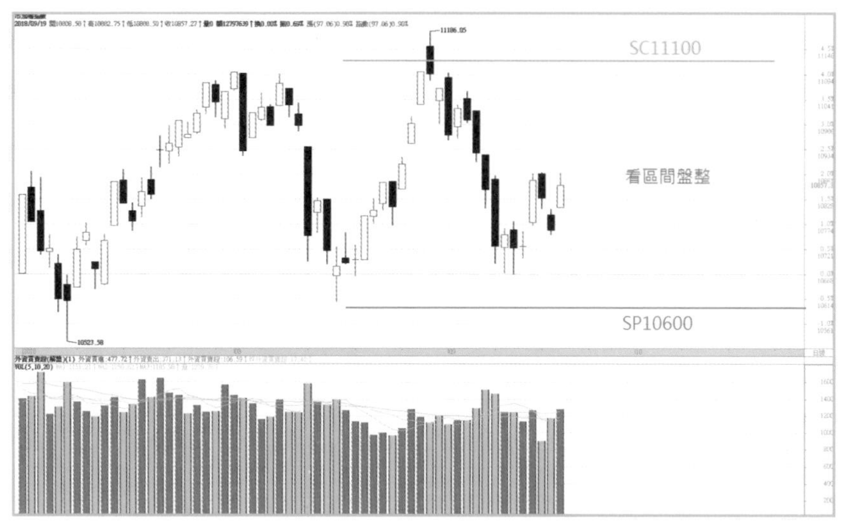

▲ 圖 3-1-11　SC11100+SP10600 看區間整理

當有了期貨、選擇權的基本知識以後，現在要來開始實戰交易。接下來的章節會用到前面兩個章節所提到的方法來操作。包括〈海龜投資法則〉、〈傑西．李佛摩操盤法〉和〈賠錢自救 SOP，啟動獲利方程式〉所敘述的方法，讓交易贏在修正、贏在加碼。

選擇權的進修資源

你若是選擇權新手，想要了解更多選擇權的遊戲規則，可以看我上一本著作《獨孤求敗選擇權獲利祕技》，深入淺出帶你認識選擇權。你若是進階玩家，對千變萬化的組合單有興趣可以看這篇文章〈一起來種選擇權搖錢樹〉，http://optree.com.tw/book3/3-1.html，裡面有很多進階組合單策略。

也可下載我的「獨孤九劍」Excel 試算軟體，研究一下組合單策略，53招組合單策略和使用說明。

〈一起來種選擇權搖錢樹〉

http://optree.com.tw/book3/3-1.html

索取獨孤九劍劍譜

http://optree.com.tw/book3/3-1-2.html

充滿情緒的 K 棒

交易日記：2018 年 7 月 6 日　禮拜五

盤前分析

前一天台股賣壓出籠，摜破最近整理區的低點，「可能」會往下走。我原本打算在底部進場做長多，在跌破停損價的時候停損，並且反手放空。行情怎走都可能。既然破了多單的停損點就先假設會往下，做多不成就做空，下個階段測頸線 10200。

▲ 圖 3-2-1　大盤日 K 盤前分析：情境一，走勢往下。

但是，若行情跌不下去，再漲回破底的低點（6 月 26 日的低點），那麼我會改變盤整區間下緣到昨日低點。原本看跌改成看「不跌」。如下圖所示。投資就是不斷假設、修正、假設、再修正。判斷正確賺錢是應該的，判斷錯誤就修正自己的判斷，試著跟上行情腳步，只有跟上行情腳步才能賺錢。

▲ 圖 3-2-2　大盤日 K 盤前分析：情境二，走勢往上

當行情跟我們想的一樣，照計畫執行可賺到錢，當行情跟我們想的不一樣的時候。才是考驗的開始。沒關係，贏在修正，推翻原本的假設執行 B 計畫。所以我在昨天進場放空。

昨天大跌外資和自營的期貨、選擇權籌碼會如何呢？外資期貨多單減碼五千多口，只剩下兩萬一千多口淨多單。自營期貨空單兩千多口。

			交易口數與契約金額						未平倉餘額					
			多方		空方		多空淨額		多方		空方		多空淨額	
序號	商品名稱	身份別	口數	契約金額	口數	契約金額	口數	契約金額	口數	契約金額	口數	契約金額	口數	契約金額
1	臺股期貨	自營商	20,609	43,492,852	21,115	44,514,356	-506	-1,021,504	9,559	19,908,296	11,864	24,666,825	-2,305	-4,758,529
		投信	65	136,807	638	1,341,750	-573	-1,204,943	2,127	4,465,910	27,881	58,554,964	-25,754	-54,089,054
		外資	69,687	147,199,877	75,670	159,860,379	-5,983	-12,660,502	62,189	130,536,598	40,518	85,022,162	21,671	45,514,436

▲ 圖 3-2-3　三大法人期交所籌碼

籌碼分析

外資 SELL CALL 兩萬四千多口，BUY PUT 兩萬六千多口。外資放空。自營 SELL CALL 四萬六千多口，BUY PUT 140 口，自營商也做空。

選擇權買賣權分計

單位：口數；千元(含鉅額交易，含標的證券為國外成分證券ETFs或境外指數ETFs之交易量)　日期2018/7/5

序號	商品名稱	權別	身份別	交易口數與契約金額						未平倉餘額					
				買方		賣方		買賣差額		買方		賣方		買賣差額	
				口數	契約金額	口數	契約金額	口數	契約金額	口數	契約金額	口數	契約金額	口數	契約金額
1	臺指選擇權	買權	自營商	145,613	282,477	153,010	311,987	-7,397	-29,511	75,773	146,756	122,092	176,755	-46,319	-29,999
			投信	0	0	0	0	0	0	0	0	200	460	-200	-460
			外資	37,662	115,132	42,861	140,626	-5,199	-25,494	36,677	74,227	61,479	97,793	-24,802	-23,566
		賣權	自營商	134,039	437,232	130,052	422,780	3,987	14,452	86,987	443,072	86,847	449,396	140	-6,324
			投信	0	0	0	0	0	0	1,900	12,493	398	2,110	1,502	10,383
			外資	54,048	225,812	45,991	200,578	8,057	25,234	93,111	516,290	67,063	486,923	26,048	29,367

▲ 圖 3-2-4　三大法人選擇權籌碼

看選擇權 PUT CALL RATIO 的表格。行情轉空了，前天 RATIO 值是 103.94%，昨天是 91.77%。

單位：口

日期	賣權成交量	買權成交量	買賣權成交量比率%	賣權未平倉量	買權未平倉量	買賣權未平倉量比率%
2018/7/5	298,062	328,180	90.82	297,705	324,387	91.77
2018/7/4	497,444	491,525	101.20	260,209	250,336	103.94
2018/7/3	571,971	540,391	105.84	370,373	347,960	106.44
2018/7/2	331,847	291,105	114.00	348,289	312,122	111.59
2018/6/29	341,790	327,617	104.33	328,163	286,530	114.53
2018/6/28	324,083	302,436	107.16	276,697	279,534	98.99
2018/6/27	477,014	462,308	103.18	201,472	221,584	90.92
2018/6/26	441,570	429,189	102.88	296,438	333,680	88.84

▲ 圖 3-2-5　選擇權 PUT CALL RATIO

盤中交易

時間　08：51

今天行情跳高三十多點，開在昨日長黑的裡面，有可能走盤整盤。我的計畫是以靜制動，觀察行情會往哪走。等九點現貨開盤。另外一個影響台股的重大因素——中美貿易戰。由於川普不守信用，大陸強硬反擊。這也是近期台股下跌的主因，外資賣不停。

時間　09：01

行情往上衝高。我手上留著的是昨天進場的空單，目前這空單是獲利的。行情雖上衝，但還不用被嚇跑。

時間　09：07

行情 10544 上漲 41 點，今日目前籌碼小空。幾百口的數據，觀察是否止跌。

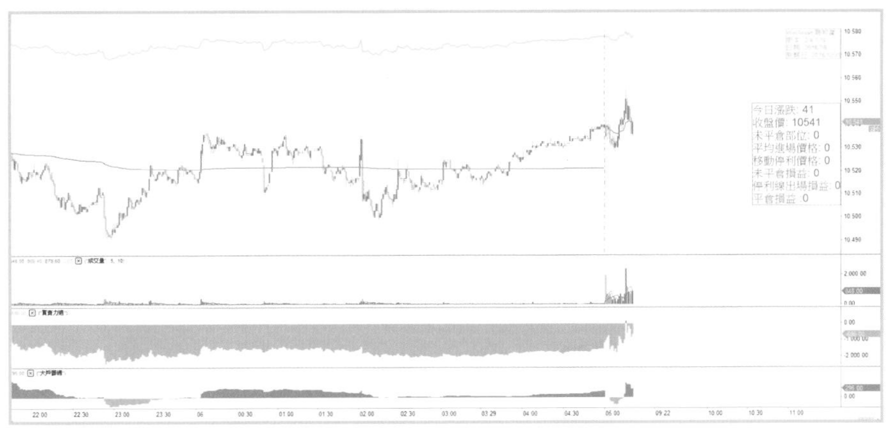

▲ 圖 3-2-6　台指期一分 K

時間　09：11

看台股日 K，今天 K 線開在昨日 K 裡面，有機會雙巴盤整。

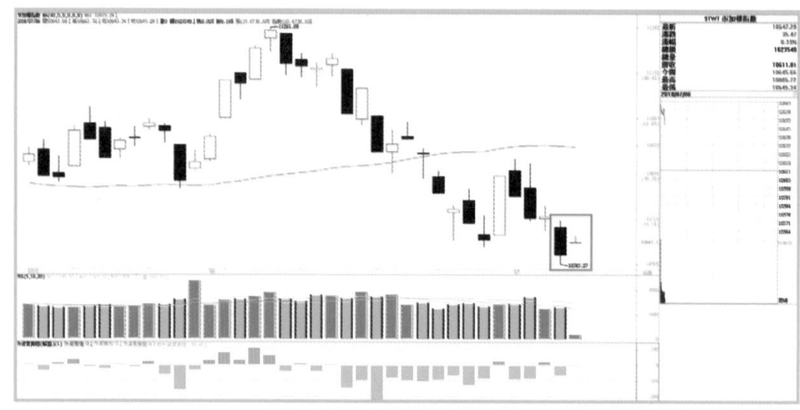

▲ 圖 3-2-7　大盤日 K

時間　09：21

台指期 VS. 加權指數 VS. 台積電的走勢圖。目前台積電慢慢下跌，加權指數也是，台指期比較強。我以現貨為主，先看跌。看看是台指期反映下跌，還是加權指數後來拉抬。

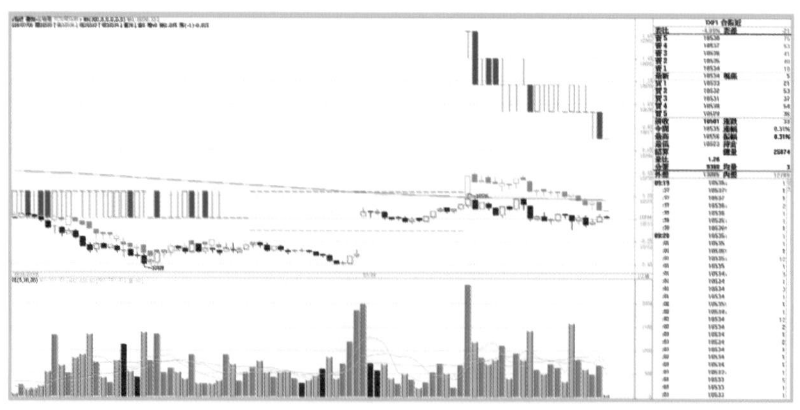

▲ 圖 3-2-8　台指期一分 K VS. 大盤一分 K VS. 台積電一分 K

時間　09：27

台積電一分 K，關注交易明細中的大單。

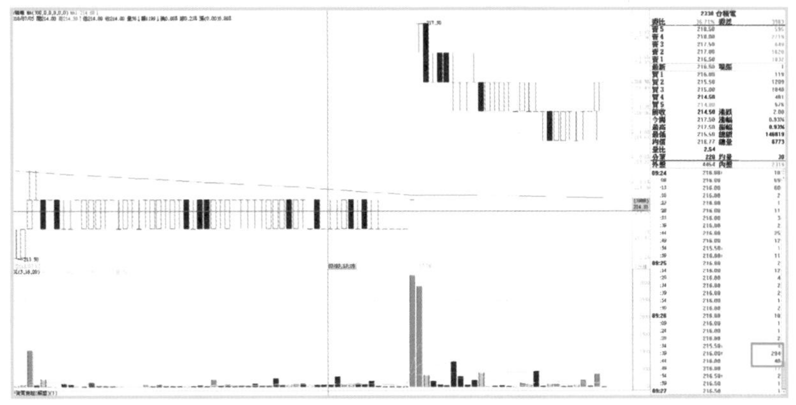

▲ 圖 3-2-9　台積電一分 K & 成交明細

時間　09：30

台積電一分 K & 成交明細。有買單，但又被連續賣單打下來。空方壓制。台積電走勢影響大盤走勢，影響台指期走勢，盤中可繼續觀察。

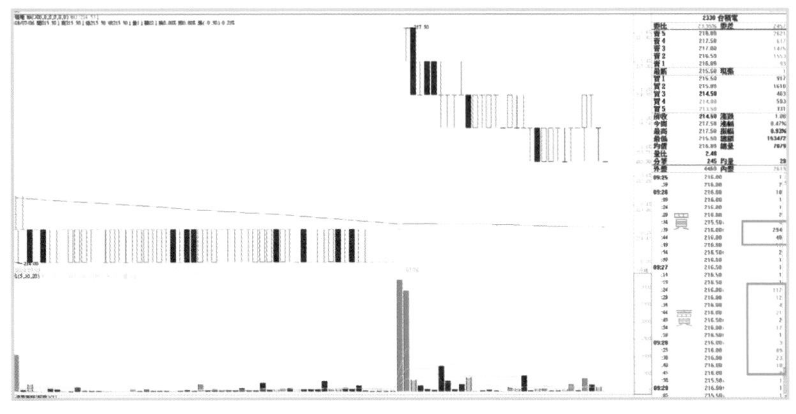

▲ 圖 3-2-10　台積電一分 K & 成交明細

09：34

台指期一分K，拉大停損停利，比較能抱得住單。我也不喜歡洗刷刷盤。

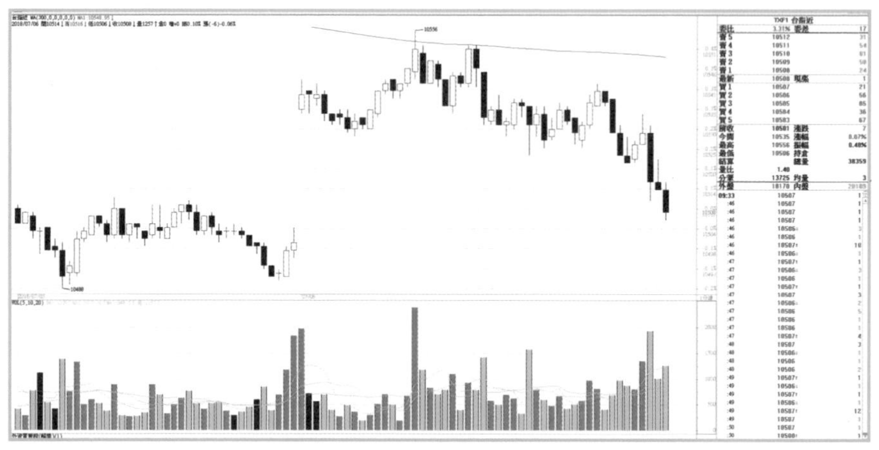

▲ 圖 3-2-11　台指期一分 K

時間　09：37

天量之後的方向是方向，期貨 7 月 3 日爆天量，目前價格低於 7 月 3 日，所以先偏空看。目前短線上漲， 視為反彈。如果漲回去，再改變假設。

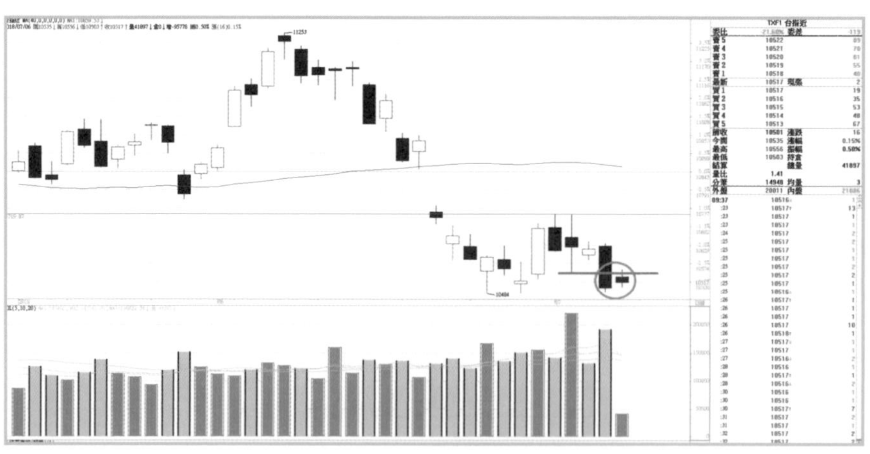

▲ 圖 3-2-12　台指期日 K

時間 09：47

台指期一分 K，V 型反轉，走勢凶狠。綠色圈選處的組合 K 是反轉訊號，進場做空期貨。

▲ 圖 3-2-13　台指期一分 K

時間 09：56

如預期下跌，剛剛圈出的 K 線是反轉點。今天走 V 型反轉，進場後希望行情走出去。觀察點，是否破昨日長黑低點。

▲ 圖 3-2-14　台指期一分 K

時間　09：58

大盤日 K 圖，目前跌到昨天低點的時候，反彈了一下，觀察是否破昨低。

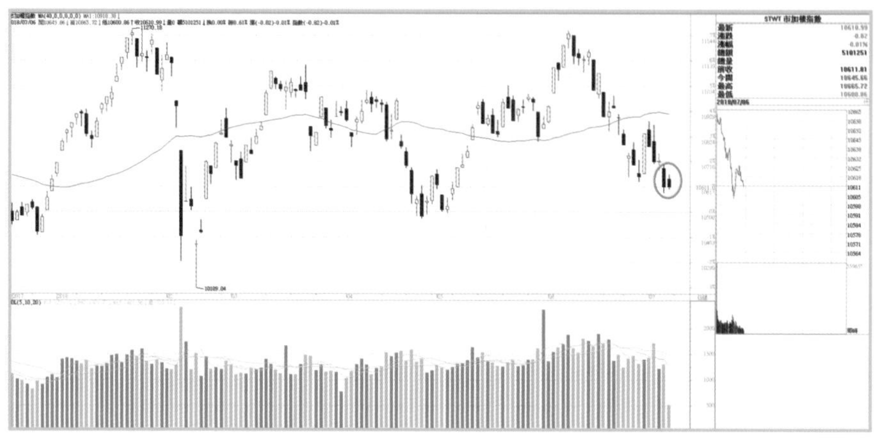

▲ 圖 3-2-15　大盤日 K

時間　10：08

台指期日 K，破昨低！今日多方抵抗失敗。

▲ 圖 3-2-16　台指期日 K 破底

時間 10：10

急跌有急彈，觀察反彈幅度。

▲ 圖 3-2-17　台指期一分 K

時間 10：15

反彈幅度比上一波小，做空不手軟。

▲ 圖 3-2-18　台指期一分 K

時間　10：20

短線轉折訊號，看得懂這裡是短線止跌訊號，若是做短線交易，我會在這裡出場，可是現在想拉長線，空單不出場，做 BUY CALL 避險，短線多單幫助我抱住長線空單。

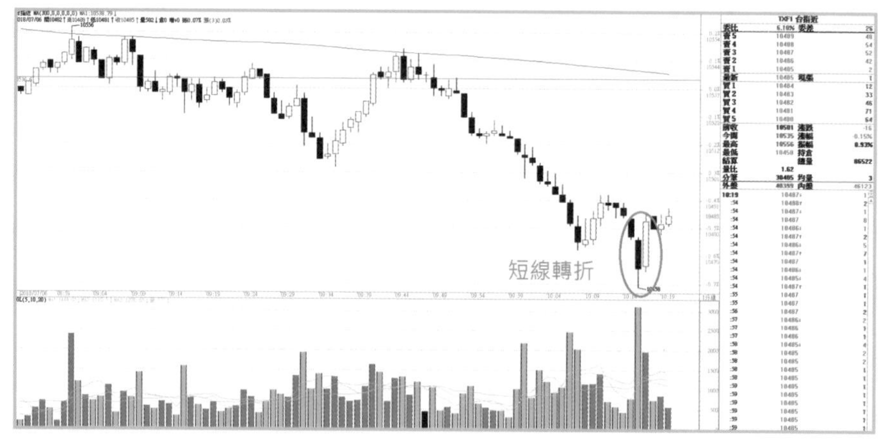

▲ 圖 3-2-19　台指期一分 K

時間　10：25

振作，就算大環境不好，我們要振作，做好自己的本業，好好練習投資技能。台指期一分 K 走勢正在打底。

▲ 圖 3-2-20　台指期一分 K

10：36

看台指期一分 K 的行情。目前行情是止跌了，接下來會往上，還是往下呢？

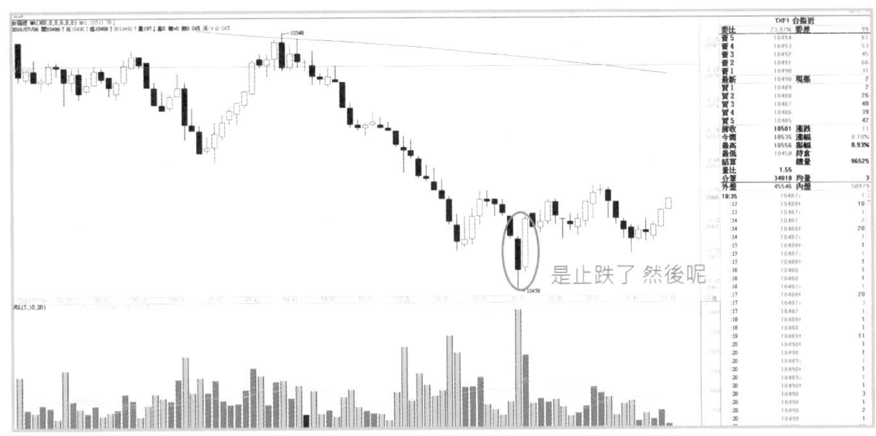

▲ 圖 3-2-21　台指期一分 K

10：37

不確定往哪走的時候，我會看一下盤中的籌碼數據。目前籌碼是負的。買賣力道 - 3823 ，大戶籌碼 -1665，行情整理，這裡不停利出場，先看往下，加碼放空。

▲ 圖 3-2-22　台指期一分 K

時間　10：47

目前橫盤整理，看破底。持有空單，來比對大盤走勢和台指期一分 K 走勢。

▲ 圖 3-2-23　台指期一分 K VS. 加權指數一分 K

時間　10：57

破低，GOOD。

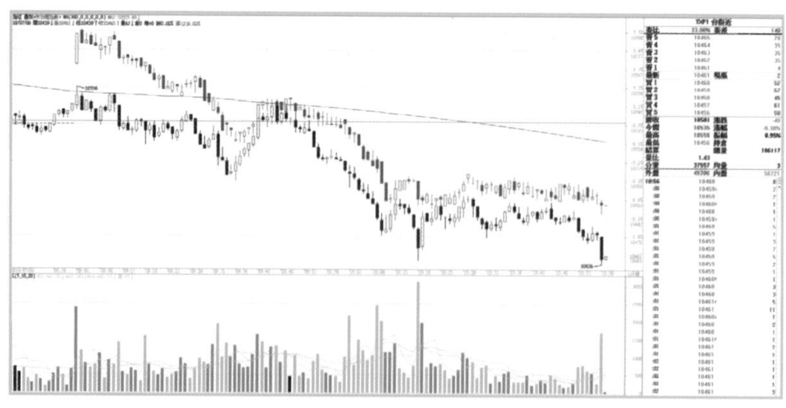

▲ 圖 3-2-24　台指期一分 K VS. 加權指數一分 K

時間 11：02

破底了！今天打加碼。

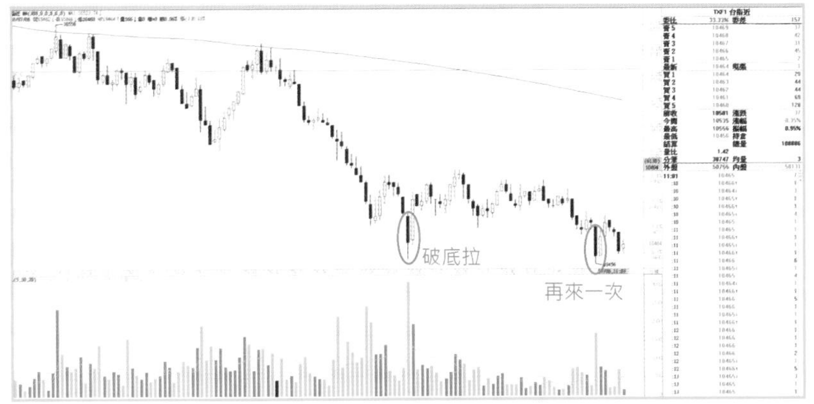

▲ 圖 3-2-25　台指期一分 K

時間 11：06

台指期再跌，今日加碼，累積四碼期貨空單部位。也有 BP 樂透（BP 意即 BUY PUT）。不想 SELL CALL，SELL CALL 賺太少。大行情的時候買方、期貨有大獲利。賣方看不上。

▲ 圖 3-2-26　台指期一分 K

時間　11：14

今天走出趨勢盤。台指期一分 K，可以見到行情持續往下。

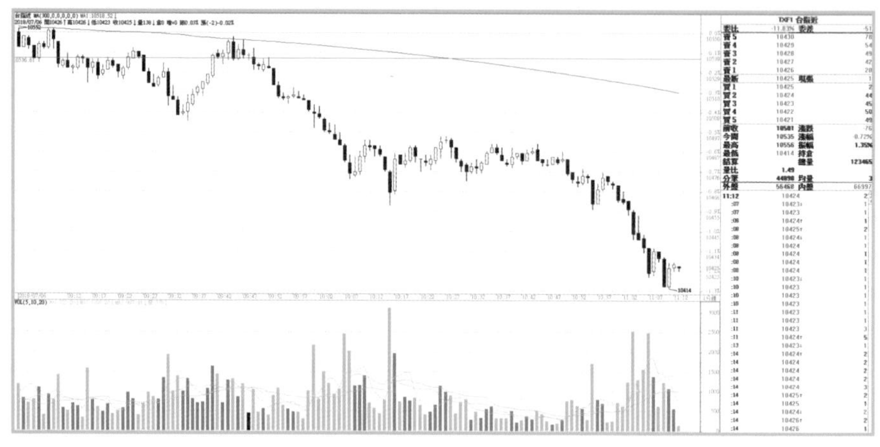

▲ 圖 3-2-27　台指期一分 K

時間　11：17

台指期日 K，今日繼續一根長黑。沒有再漲回去，看來，往下探測頸線 10200 的機率高。看情況減碼股票。

▲ 圖 3-2-28　台指期日 K

時間　11：20

看大盤還沒跌破前波轉折低。不知道會不會有支撐，目前持有空單，「看」就好。由於接近地板，提防多方拉抬，這裡不追空。

▲ 圖 3-2-29　大盤日 K，關注前波轉折低是否跌破

時間　11：23

台指期一分 K，有急拉。大盤接近前低的位置有買盤。目前已經走出趨勢盤，此刻，不去猜底。真的想猜底就買避險單。避險單，顧名思義是有空單的情況下買的保險單，不是單獨存在的多單。我買保險單 BUY CALL。

▲ 圖 3-2-30　台指期一分 K

時間　11：32

這個上漲角度和長度不尋常，和這波下跌的反彈波不同。真的有法人買盤進來。有空單在「地板」的朋友，進場點如果比較差，切記要跑得快。我的空單空的位置較好，可以有本錢看行情怎麼走。

▲ 圖 3-2-31　台指期一分 K

時間　11：35

來看大盤日 K，前波低點有買盤。

▲ 圖 3-2-32　大盤日 K，前波低點見買盤

時間　11：41

今天的盤有兩個 V。一個 V 和更大的另一個 V。

▲ 圖 3-2-33　台指期一分 K

時間　12：10

台指期一分 K，行情往下走，很好。往對我有利的方向走，希望行情再往下，只是要留意行情突破下降趨勢線。

▲ 圖 3-2-34　台指期一分 K

時間　12：14

喔，突襲！突破下降趨勢線。

▲ 圖 3-2-35　台指期五分 K

時間　12：17

低點到高點拉了快一百點，原本期望行情往下大跌，結果反向大漲。上拉的過程中將空單減碼出場，我設定「回本出場」。順便將 BUY CALL 獲利出場。避險單起作用。

▲ 圖 3-2-36　台指期一分 K

時間　12：22

空單減碼剩下兩碼，這兩碼均價 10552，現在指數 10499。

▲ 圖 3-2-37　台指期日 K

時間　12：28

大盤日 K，大盤跌 27 點，就這樣，台股沒有直接走出去。我的買方抓轉折訊號出現買訊，這個訊號出現滿有機會是轉折點。觀察後勢怎走。

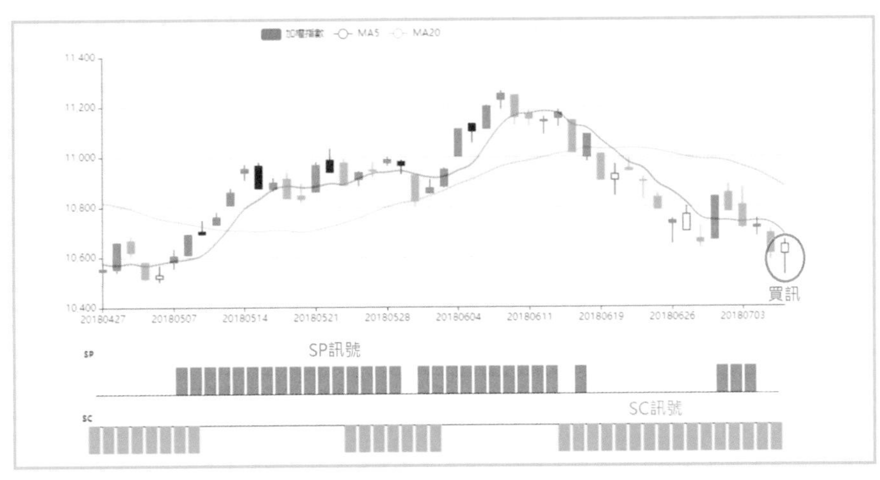

▲ 圖 3-2-38　加權走勢圖＋買方抓轉折訊號

13：12

台股再次往上拉。台指期日 K，收一根好長的下影線，有操作就有情緒在裡面，若做空會想：好詭譎的盤。尤其是一心想把行情空到地獄去的我，面對行情的反撲，實在不舒服。

若做多，但停損在低點，沒吃到上漲，也會反覆思考這個盤。若空手沒交易，沒參與行情，客觀的看，這就是一個打樁線啊，這樣的 K 線排列組合，我會怎麼看？

下周站上打樁線表示行情會反彈，加上今日自己的選擇權買方訊號，也出現買訊。整體上，行情有可能反轉，進場第一碼 SELL PUT 多單。

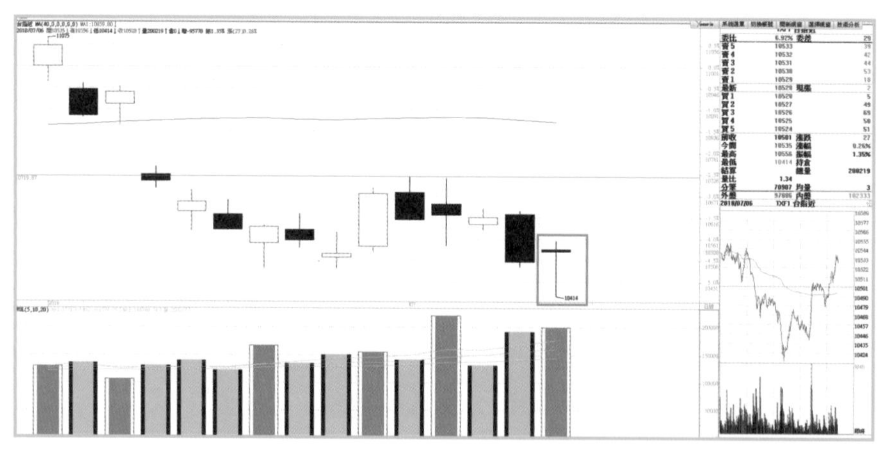

▲ 圖 3-2-39　台指期日 K，收打樁線

盤後檢討

沒有不可能的行情，只有不相信的行情。今天行情開高上衝，行情接著在高檔整理，到了 9：44 的時候，行情再次來到今日早盤高點附近，但是隨即收黑，這波短線高點位置在 10548，我看的是一分 K，有前波高檔做掩護，我進場放空，放空的成本均價是 10537，這是我打的第三碼期貨空單。昨日

打兩碼，今日第一次加碼。行情慢慢地往下滑，當手上有部位以後，當然希望行情可以走出去，不要原地踏步，就算我預估今日是「盤整盤」，但心裡的小聲音希望行情走出趨勢盤，走得越遠越好。過程中一直關注權值股是不是在下跌，台積電也同步下跌、富邦金、國泰金也是，大盤應該會下跌。現在能做的事情是等待，持有部位，看。

行情經過今日 9：34 低點，10503 掙扎一下，繼續破底，我心中吶喊：「太棒了！」看著行情拉開有種愉悅的感覺。行情加快下跌的速度，有點自由落體的拋物線角度下跌，中間有個小反彈，10：16 再次長黑破底，創新低 10458，隨即長紅出量止跌反彈。這裡是短線的停利點，但我想做長線，所以這裡止跌不出場。**要用「順勢交易」的角度來看待行情，這樣才會在行情出現的時候賺到最多的錢。若我都不相信它會走遠，中途出場，那麼就賺不到趨勢盤的錢。**

怕行情反轉，我有個變通的方法，就是做買方 BUY CALL 避險。當你很想出場，或是很想「猜底做多」的時候，你可以買短單 BUY CALL，不用真的把你的主要空單部位出場。這樣心理上執行了「做多」的指令，比較容易抱得住部位。看行情橫盤阿盤的，K 線圖告訴我，行情會再往下破底的機率高，加碼期貨空單，成本在 10485，避險單 BUY CALL 出場。沒多久，行情往下跌了。幹得好！心中再次吶喊。

過程中，我盡量不去看損益單純看圖操作，這樣比較不會被賺賠數字影響心情。我希望是依據客觀的「線圖」做決策，而非因為輸贏的心理做決策。行情一路下殺到 11：11，見到低點 10414 點。之後的價格走勢連續上漲，我覺得不尋常。我到部落格發文，要網友小心行情會反彈，若有空在地板的要小心，此時要先離場。

結果這一波反彈走了 20 根 K 棒（一分 K），漲到 10479，上漲幅度為 65 點。**上漲的時間變長，上漲的幅度變大。跟今日的反彈波不一樣。**威力變強了，這是一個「走勢轉強」的警訊。

由於行情還在我的最後一次加碼的成本之下（10485），我還有空間可以看行情會走去哪。**但是若是空在地板的投資朋友，就沒有權利看行情會走去哪，因為出場關乎了「損益」**。走勢再從 10479 跌回到 10438，獲利又拉開，等待是對的，不要急著出場。

時間來到中午 12：09，就在這裡去倒一杯水喝，回來的時候見到走勢急拉，用噴的，我的水也用噴的。速度超快，今天的盤好機車喔！行情總在你倒水的時候發生，三分鐘漲了 51 點，成交量是 8958 口的巨量，12：13 漲到 10501。

這是今日速度最快的走勢。原本認為是空方趨勢盤結果行情急速反轉，心中有些不舒服，減碼兩碼空單。從今日低點 10414 到現在，高低差差了快一百點，獲利落差極大，最後行情走 V 轉上拉 130 點。今天的操作從原本預期的放空大賺，到被急拉的行情逼著出場，長黑變打樁線，很想放空的心理，看著走勢圖心裡罵：「好機車的盤，作手干預。」

可是，靜下心來看，這不過是一根打樁線而已，這是多方訊號，我不該帶著情緒看 K 線。其實一開始上漲的時候我就看出不尋常，只是那時一心想要放空，所以「忽略」多頭訊號。對於這樣看得懂，但是還沒賺到的盤，我心理帶著些不甘。現在走勢已經漲上來，冷靜下來看盤，以這根打樁線，加上權值股上漲，告訴我行情有機會往上，於是我進第一筆選擇權 SELL PUT 多單。做價內的履約價 SELL PUT 10600*收權利金 149，若接下來行情續漲，我再加碼。目前部位是長線期貨空單留著，加上第一碼今天做多選擇權 SELL PUT。

---

*這裡，我買價內 SELL PUT 10600 的原因是因為除權息，我看加權指數決定履約價，細節在〈七八九月除權息旺季，做多有超額利潤〉章節中說明。

3 不要被部位綁架，空手的你會怎做？

交易日記：2018 年 7 月 9 日　禮拜一

盤前分析

上周五 7 月 6 日以為台股會大跌，結果反轉收長下影線。帶著情緒看 K 棒，會覺得行情很機車，難以看透。抽離情緒單純看線，這是一個打樁線嘛，是買盤的訊號，今日站上這個打樁線，行情則有機會止跌。畢竟，還是沒有跌破前低。可是在裡面輸贏，就會有各式各樣的情緒出來，變成帶著情緒的 K 線。

交易最好不要帶著情緒看盤，別被手上的部位綁架，這容易做出錯誤的決策。投資人常常被部位影響走勢及看法。當部位是多單的時候，投資人「期望」行情往上走，當部位是空單的時候，行情往上走就看不順眼。我的父親是股票三十年的老股民，他總是在做多，所以每當股票下跌時，他都會說：「跌這麼多，不會再跌了。」

不管股票跌多少，他總是那句「跌這麼多，不會再跌了。」有一次台股正在走空，他問我說：「你手上有股票嗎？現在股市不好。」這可稀奇了，這是我長這麼大第一次聽到父親看空台股。原來，他手上沒股票。真是有趣，有部位的時候，眼睛是被蒙蔽的，沒部位的時候，眼睛是雪亮的。

你做的決策是因為客觀的分析判斷或是主觀的一廂情願？每當我猶豫的時候，懷疑當下的判斷是否客觀，我都會假設現在沒部位，我會怎麼解讀行情？**假設我現在空手，會怎麼操作？這就是答案。**

假設現在空手，會怎麼操作？

大盤日 K，昨天大盤跌到前低的位置出現買盤收打樁線，只要今天漲過昨日 K 線高點，就可以再買進，因為這裡還是「一底比一底高」，屬於「多頭型態」。

▲ 圖 3-3-1　大盤日 K，前低有撐

我的長線空單，並沒有在上周五的大反彈中出場，是因為我空的位置比較高，且我拉大了移動停利，允許較大的「價格震盪」，但在夜盤行情繼續上漲的時候出場。目前我的手上剩下多單 SELL PUT。

籌碼分析

通常我會再閱讀法人的「留倉資訊」，藉著參考他們的留倉資訊，來判斷他們對行情的態度是偏多或偏空。我會觀察的籌碼資訊有選擇權最大未平倉量、選擇權 PUT CALL RATIO、三大法人期貨籌碼、三大法人選擇權籌碼。

選擇權 PUT CALL RATIO：周五還是在低檔 90％偏空，市場上 SELL CALL 留倉 37 萬口，SELL PUT 留倉 33 萬多口，市場上的選擇權莊家是「偏空留倉」。

單位：口

日期	賣權成交量	買權成交量	買賣權成交量比率%	賣權未平倉量	買權未平倉量	買賣權未平倉量比率%
2018/7/6	400,546	420,036	95.36	333,002	370,008	90.00
2018/7/5	298,062	328,180	90.82	297,705	324,387	91.77
2018/7/4	497,444	491,525	101.20	260,209	250,336	103.94
2018/7/3	571,971	540,391	105.84	370,373	347,960	106.44
2018/7/2	331,847	291,105	114.00	348,289	312,122	111.59
2018/6/29	341,790	327,617	104.33	328,163	286,530	114.53
2018/6/28	324,083	302,436	107.16	276,697	279,534	98.99
2018/6/27	477,014	462,308	103.18	201,472	221,584	90.92
2018/6/26	441,570	429,189	102.88	296,438	333,680	88.84
2018/6/25	223,664	243,969	91.68	261,465	280,087	93.35

▲ 圖 3-3-2　選擇權 PUT CALL RATIO

期貨籌碼：外資的期貨多單增加三千多口到兩萬四千口，這水平偏低。

			交易口數與契約金額						未平倉餘額					
			多方		空方		多空淨額		多方		空方		多空淨額	
序號	商品名稱	身份別	口數	契約金額	口數	契約金額	口數	契約金額	口數	契約金額	口數	契約金額	口數	契約金額
1	臺股期貨	自營商	25,867	54,258,656	25,164	52,784,489	703	1,474,167	9,530	19,914,554	11,124	23,191,505	-1,594	-3,276,951
		投信	149	313,742	74	153,955	75	159,788	2,239	4,717,506	27,918	58,837,997	-25,679	-54,120,491
		外資	93,755	196,883,122	90,584	190,229,170	3,171	6,653,953	64,948	136,807,007	40,095	84,429,316	24,853	52,377,691

▲ 圖 3-3-3　三大法人期貨籌碼

選擇權籌碼：自營和外資同步都做空，都持有 SELL CALL ＋ BUY PUT，他們倆同步做空，他們做空，我則小心謹慎點。

選擇權買賣權分計

單位：口數；千元(含鉅額交易，含標的證券為國外成分證券ETFs或境外指數ETFs之交易量)　　日期2018/7/6

				交易口數與契約金額						未平倉餘額					
				買方		賣方		買賣差額		買方		賣方		買賣差額	
序號	商品名稱	權別	身份別	口數	契約金額	口數	契約金額	口數	契約金額	口數	契約金額	口數	契約金額	口數	契約金額
1	臺指選擇權	買權	自營商	176,685	344,830	182,682	344,111	-5,997	719	90,236	194,607	142,552	225,529	-52,316	-30,922
			投信	0	0	0	0	0	0	0	0	200	485	-200	-485
			外資	53,117	156,656	59,778	179,836	-6,661	-23,180	38,849	83,561	70,312	135,222	-31,463	-51,661
		賣權	自營商	164,263	504,860	160,887	478,087	3,376	26,773	101,030	404,164	97,514	387,954	3,516	16,210
			投信	0	0	0	0	0	0	1,900	9,453	398	1,518	1,502	7,935
			外資	72,769	259,662	68,609	264,897	4,160	-5,235	99,023	445,711	68,815	438,272	30,208	7,439

▲ 圖 3-3-4　三大法人選擇權籌碼

盤中交易

09：27

台指期一分 K，走一座山。

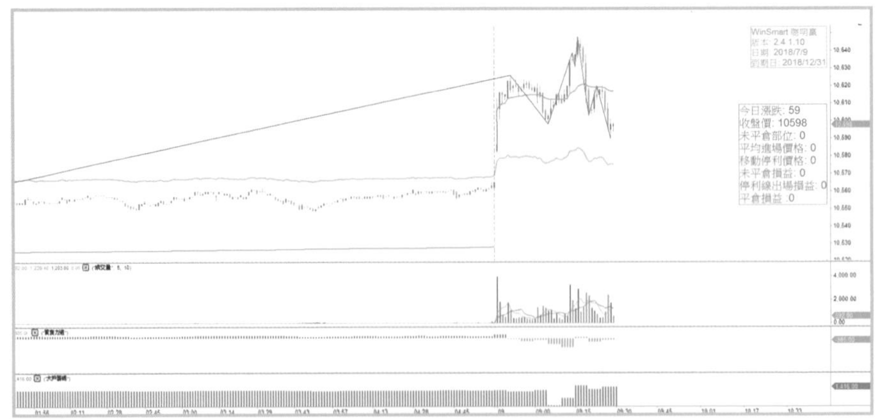

▲ 圖 3-3-5　台指期一分 K，走一座山

開盤行情就往上衝，走勢稍微回檔，在 9：13 分快速衝過今天高點 10626，這是一個強勁的訊號，吸引買盤進入，繼續將價格推高，可是過沒幾分鐘，走勢就 V 型反轉，急轉向下，今天短線追高的人都要被市場修理了，果然過沒多久就出現反向殺一根「停損的長黑」。現在，大盤日 K 收了一根墓碑線，我要看空嗎？真是看多看空都有理由，心態不堅定，很容易失去主見，跟著走勢改變多空看法。

時間 09：29

台指期日 K，收墓碑線

▲ 圖 3-3-6 台指期日 K，收墓碑線

面對早上這一齣戲，我沒參與，現在手上部位多單 SELL PUT 10600 是賺錢的，不急，我決定再觀察看看，操作原則是隨著行情調整部位，目前帳上賺錢可以加碼，下跌的疑慮消失，我再進場做多。

時間　09：45

價格重新站上主力成本線，下跌的疑慮因此大減，加碼多單。主力成本線（橘色線）表示主力的平均價格，是多空分水嶺。行情再漲，下跌疑慮解除，我加碼 SELL PUT 多單，SELL PUT 10600 收權利金 81 點。

PUT 的價格消退得很快，上個交易日還有 160，今天就打對折。做買方的投資人要留意，只要看錯，權利金減半是家常便飯。**所以買方很難停損，**一開盤就跳過你的停損價，讓資金減半，這是當買方最艱難的地方。

買方只能從源頭用「部位」，用「資金管理」來控制風險了。賣方也是，在我交易賣方的時候，部位規模、資金管理是非常重視的一塊。我有個資金管理計畫表格，每一注買多少、滿倉買多少，事先都經過計算，是固定的，不是隨心所欲的滑鼠亂點，點到沒錢為止才停止交易。

由於，部位大小決定了風險和獲利，有多少錢、買多少部位，決定了你是什麼角色。貪婪無知的人買太多，膽小、受過傷的人買太少，按照風險計算的人，買適合的部位。

▲ 圖 3-3-7　台指期一分 K

時間 09：55

目前部位 SP 10600。上周五收盤附近進第一碼，今日加碼第二碼。這次的節奏慢些。期貨空單於上周五盤中減碼兩碼，夜盤全部平倉。我也很希望放空的時候，行情跌到天荒地老。沒辦法，行情走回原點，走不出去，不是我的盤。

時間 10：04

今天行情很強，在台積電上漲 5 元的帶領之下，大盤指數上漲 119 點，台積電上漲，加權指數應該是真的會上漲。通常主力都是拉抬權值股，保護指數。行情再漲，我會再次加碼。

▲ 圖 3-3-8　台積電日 K，打一個圓弧底

由於價格漲上來，SELL PUT 10600 七月的報價剩下 67，從 149 收斂到 67，剩下的肉不多，我決定再次加碼七月份合約，及次月份合約。八月的 SELL PUT 10600 可以收兩百二十幾點，利潤很豐厚。選擇權賣方加碼代表價格越來越低，當你覺得所剩的肉不多，你可以賣次月份的合約來增加收入，多了一個月的時間，權利金會多一倍。**而現在是除權息旺季，除了時間價值**

以外，又多了空間差，因為除權息預先蒸發的點數，次月期貨價格低一百多點，**此時做多期貨和選擇權有超額報酬。**

時間　10：42

來看大盤日 K 走勢圖，這個時候大盤收一個實體紅 K。前低的位置在 2018 年 5 月份，10480 點。現在行情拉回前低的位置有守，先看整理，再看往上。我認為不會這麼短的時間內，就直接往上爬。今天的 K 線加上上周五的 K 線，兩根 K 線加起來只是止跌。止跌以後，重回盤整區。這裡投資人需要多一點耐心。我選擇用選擇權賣方 SELL PUT 10600 參與這個行情。

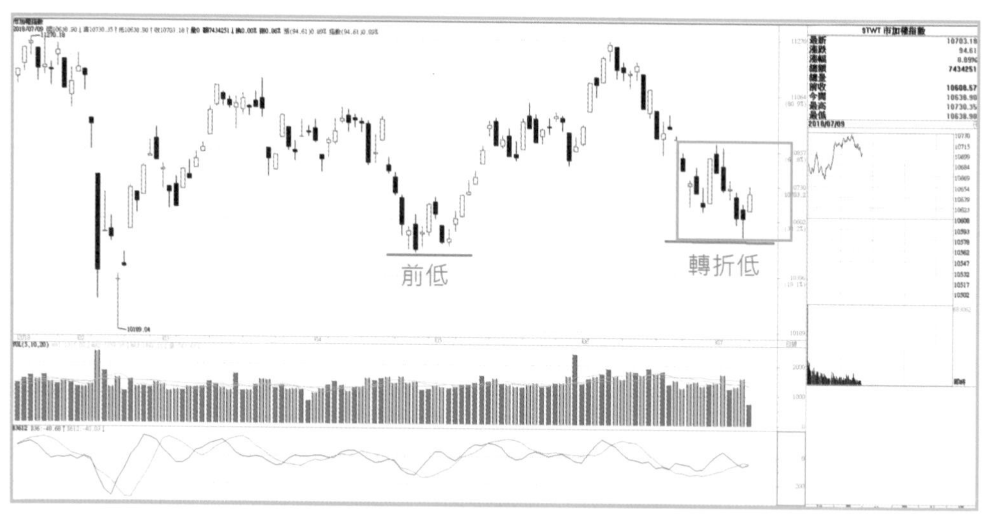

▲ 圖 3-3-9　加權指數日 K，出現轉折低

時間 11：29

台指期日 K 上漲 125 點。漲幅增加，看來，昨天翻多和今天加碼是對的

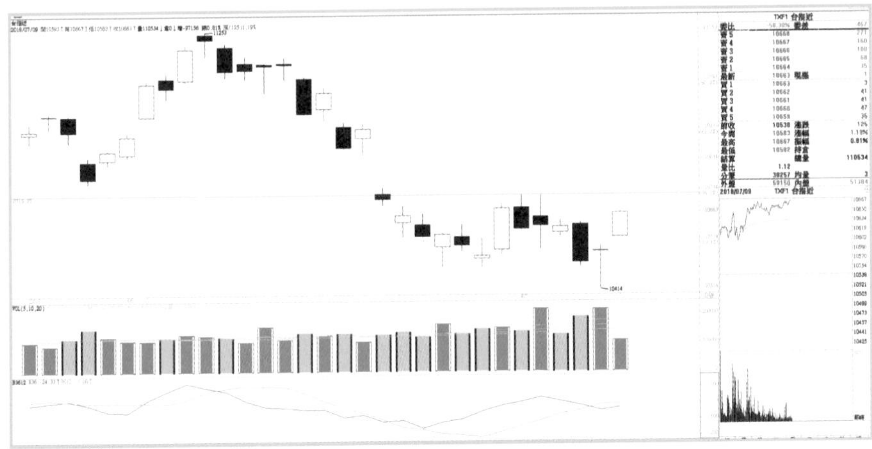

▲ 圖 3-3-10　台指期日 K，今天收長紅

時間 13：25

上漲 133 點，走回盤整區，先看盤整。目前 SELL PUT 10600。

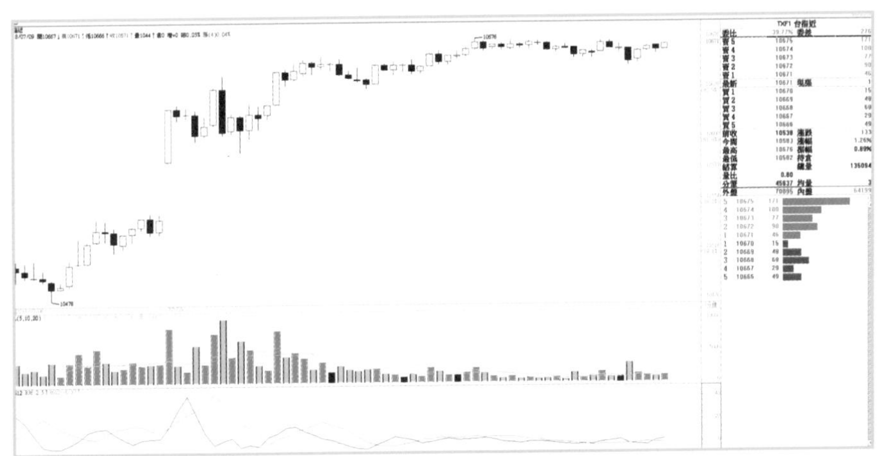

▲ 圖 3-3-11　台指期五分 K

時間 13：28

大盤日 K，今日長紅，前日打樁，上漲 125 點確認止跌。自己開發的轉折訊號還算管用，在昨天出現轉強的買進訊號，今天上漲。

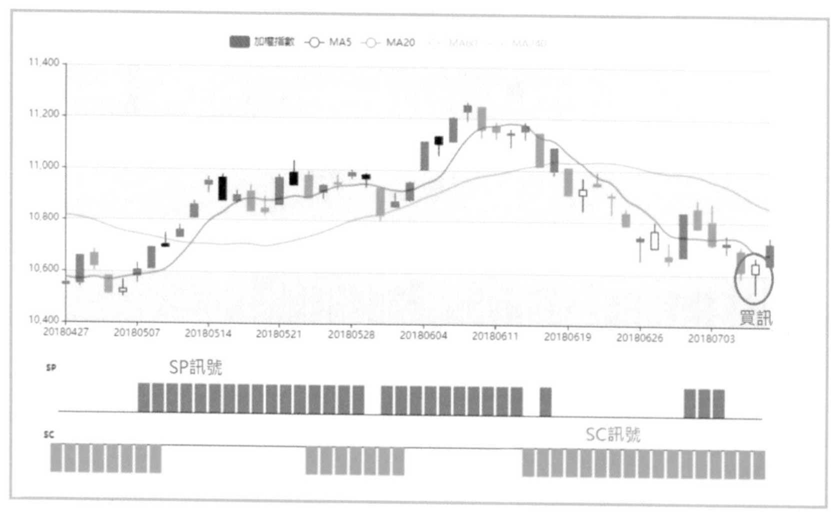

▲ 圖 3-3-12　大盤日 K，昨天出現買訊

盤後檢討

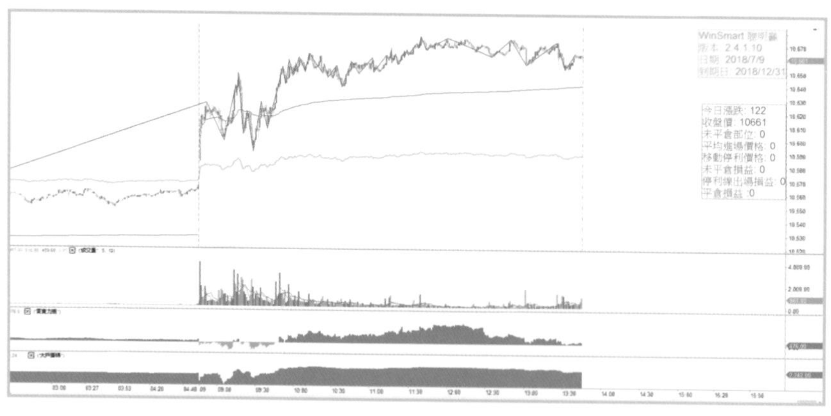

▲ 圖 3-3-13　台指期一分 K，今天的走勢圖

最後，台指上漲 122 點 10661 收相對高，台股上漲 111.71 點，收在 10720，今天如預期上漲，賺錢是應該的。**當困惑的時候，空手能看清楚方向**。不要被手上部位綁架多空看法，假設自己空手，該怎麼做，就怎麼做。

我能做的是控制風險，賺多少由上帝決定

交易日記：2018 年 7 月 10 日　禮拜二

盤前分析

經過上周五的破底翻，原本從長黑變成打樁線，硬生生扭轉了當日下跌的走勢，昨天行情繼續上漲 111 點，價格漲過五日均，短線上有轉強的跡象，價格重新站回年線，這是好消息。

今天 KD 即將黃金交叉，這對多方有利。而技術分析空方的資訊是目前五日均依然往下尚未轉強，二十日均也往下、六十日均也往下，均線有助漲、助跌功能，這幾條重要均線往下會讓接下來的走勢容易遇到賣壓，只剩年線還是往上走。

所以，7 月 10 日的此刻，台股多空情況是頸線尚未跌破，頭部尚未完成，長多還沒破壞。**基於這個理由，我從去年到現在兩年的時間都一直看長多，台股從八千八百點漲到一萬一千點，這一路我大部分時間都做多，交易先看趨勢。**

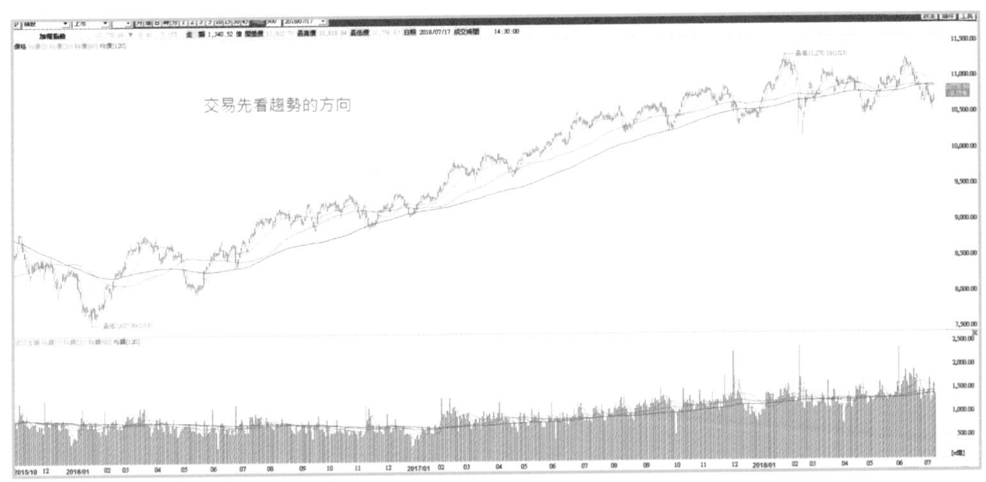

▲ 圖 3-4-1　大盤日 K，交易先看趨勢方向往哪走

長線看多，中期重要均線都往下，走勢往下，20 日均往下，60 日均往下。短線出現反轉向上的組合 K，再更短線的多空，就當看天行情強弱決定。總結來說是長多、中空、短多、極短未知（尚未開盤）。這是判斷，不同週期看有不同的方向，所以要怎麼操作呢？操作是走一步看一步，步步為營。**短線有賺錢，我會留倉變中線、中線有賺錢留倉變長線**。期貨、選擇權槓桿大，短線價格的波動就會有影響，所以操作期貨、選擇權先從「極短線」看起，但是若要考慮留倉，就要看更大的層級，我會看日 K 層級，決定明後天以後可能的方向。過去兩天的行情因為短線翻多，所以我做多，因為賺錢所以留倉，而走勢會不會一步步從空翻多，我也不能說死，只能依據客觀的判斷和帳面上的損益，決定接下來該怎麼做。**我能做的是控制風險，賺多少由上帝決定**。

操作選擇權，除了看加權指數，我也看「權值股」。權值股最重要的是權王台積電，台積電現在正在打底，這是一個重要的訊號，若台積電止跌往上，那麼台股也有機會止跌往上。

▲ 圖 3-4-2　台積電突破平台上漲

籌碼分析

看籌碼面，我也很想知道法人怎做，趕快從期交所查詢法人的留倉資訊。好消息，選擇權 PUT CALL RATIO 翻正 101.64％ ，行情看多。昨天的 PUT CALL RATIO 資訊還是 90％（偏空），今天就上漲超過 100％，昨天市場上的莊家總共留倉 33 萬多口的 SELL PUT，今天一口氣增加到 37 萬多口，多出四萬多口，我也有貢獻。

單位：口

日期	賣權成交量	買權成交量	買賣權成交量比率%	賣權未平倉量	買權未平倉量	買賣權未平倉量比率%
2018/7/9	369,038	363,256	101.59	370,867	364,886	101.64
2018/7/6	400,546	420,036	95.36	333,002	370,008	90.00
2018/7/5	298,062	328,180	90.82	297,705	324,387	91.77
2018/7/4	497,444	491,525	101.20	260,209	250,336	103.94
2018/7/3	571,971	540,391	105.84	370,373	347,960	106.44
2018/7/2	331,847	291,105	114.00	348,289	312,122	111.59
2018/6/29	341,790	327,617	104.33	328,163	286,530	114.53
2018/6/28	324,083	302,436	107.16	276,697	279,534	98.99
2018/6/27	477,014	462,308	103.18	201,472	221,584	90.92

▲ 圖 3-4-3　選擇權 PUT CALL RATIO

另外觀察外資期貨和選擇權籌碼，也是同步偏多調整。外資昨天增加五千多口多單，外資加碼多單，累計期貨淨多單 30409 口。

期貨契約

單位：口數；千元(含鉅額交易，含印度50期貨，標的證券為國外成分證券ETFs或境外指數ETFs之交易量)　日期2018/7/9

			交易口數與契約金額						未平倉餘額					
			多方		空方		多空淨額		多方		空方		多空淨額	
序號	商品名稱	身份別	口數	契約金額	口數	契約金額	口數	契約金額	口數	契約金額	口數	契約金額	口數	契約金額
1	臺股期貨	自營商	17,505	37,148,143	19,004	40,351,696	-1,499	-3,203,553	8,011	16,894,425	10,974	23,165,000	-2,963	-6,270,575
		投信	1,288	2,744,407	70	149,172	1,218	2,595,235	2,409	5,134,625	26,870	57,295,578	-24,461	-52,160,953
		外資	68,172	144,790,244	62,625	133,050,198	5,547	11,740,046	69,185	147,415,779	38,776	82,587,172	30,409	64,828,607

▲ 圖 3-4-4　三大法人期貨籌碼

自營在昨天大幅翻多，BC 增加兩萬七千多口、SP 增加一萬八千多口。自營做多。外資選擇權籌碼昨天也是增加多單，只是最後的選擇權部位還是偏空，目前 SC 一萬八千多口，BP 三萬八千多口。外資做空（空單減碼）。

				交易口數與契約金額						未平倉餘額					
				買方		賣方		買賣差額		買方		賣方		買賣差額	
序號	商品名稱	權別	身份別	口數	契約金額	口數	契約金額	口數	契約金額	口數	契約金額	口數	契約金額	口數	契約金額
1	臺指選擇權	買權	自營商	165,346	339,585	137,588	268,499	27,758	71,087	106,744	309,861	131,302	266,631	-24,558	43,230
			投信	0	0	0	0	0	0	0	0	200	680	-200	-680
			外資	62,789	198,203	50,112	166,226	12,677	31,977	45,655	124,082	64,441	152,986	-18,786	-28,904
		賣權	自營商	148,482	278,272	166,726	329,297	-18,244	-51,025	97,429	227,542	112,157	254,448	-14,728	-26,906
			投信	0	0	0	0	0	0	1,900	2,518	398	532	1,502	1,986
			外資	59,162	144,538	51,216	148,321	7,946	-3,783	103,928	287,393	65,774	293,592	38,154	-6,199

▲ 圖 3-4-5　三大法人選擇權籌碼

基於以上，選擇權莊家、自營、外資，都有將多單部位增加、空單部位減少。剛好我也是。過關。

交易原則：順著走勢調整部位。

對於籌碼的解讀，除了從中判斷法人對於未來走勢的動向之外，我也會拿來和自己的部位做比較。若是我和法人同步增減多空部位，那表示英雄所見略同，若我的部位和他們不一樣，那我就會思考，他們為什麼這樣留倉，自己小心點。這次我比他們提早一步做多。其實，籌碼解讀重點不只在於解讀法人留倉多單或空單，留倉口數多大、金額多大；因為籌碼隨時會改變，可以今天多，明天翻空。重點是從法人留倉知道「法人操作手法」，更重要的是我們自己的部位怎麼留，法人的留倉賺多少是他的事，我的部位關係著我的損益。應該隨著走勢調整部位。

盤前分析完以後，目前技術線型、籌碼都告訴我今天偏多看。短線會怎麼走，就隨機應變。

盤中交易

08：49

行情開高走低，指數 10730 上漲 69 點。開高遇賣壓，而且盤中的籌碼，也告訴我市場追價意願不強，委買、委賣口差和成交筆差，口差是正的，表示市場掛多單的人比較多，現在多單才多出 164 口而已。這不是趨勢盤的數據，是盤整盤的數據。

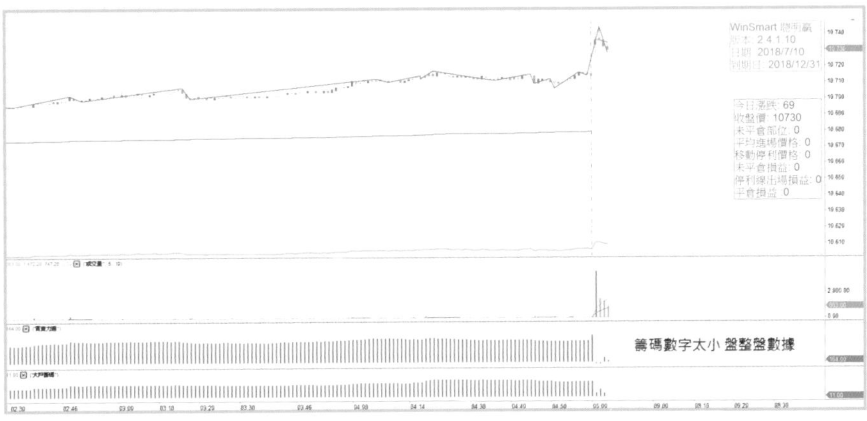

▲ 圖 3-4-6　台指期一分 K

時間 09：08

開高走低漲幅剩下 51 點，獲利正在減少，你會選擇怎麼做呢？先獲利入袋？我選擇不動作，因為我希望行情再往上，我想抱長線，若現在出場就沒有長線單了。短線上，擔心會下跌可買「避險單」，一般我會用 BUY PUT 避險，或者用另外一個帳號做「期貨單」。今天我選擇空手看。

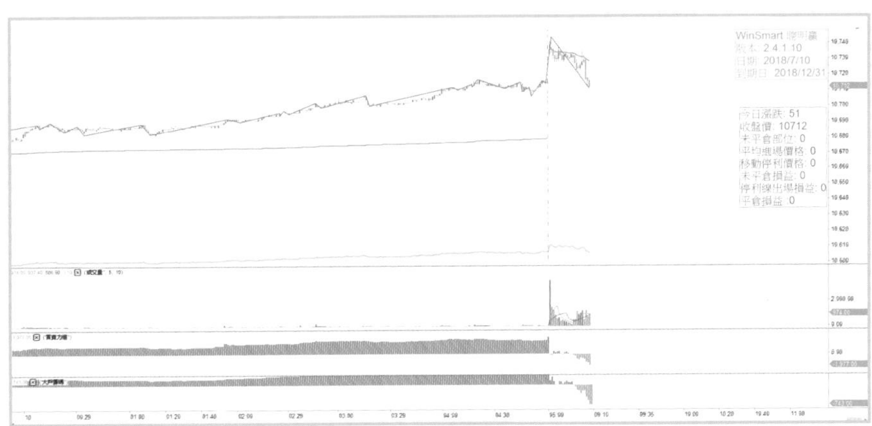

▲ 圖 3-4-7　台指期一分 K

時間　11：48

今天籌碼是負的，表示賣方強。買賣力道 -2729，大戶籌碼 -2049，看來都是空方。K 線被主力成本線（橘色線）壓著打，技術線型也是空方。

今天短線是空方贏，跌深反彈，上漲遇賣壓是正常。開高容易開高走低。今天沒有進場加碼，持有多單任憑行情震動，昨日留倉三碼 SELL PUT 多單（七月和八月），一碼期貨多單（八月）。

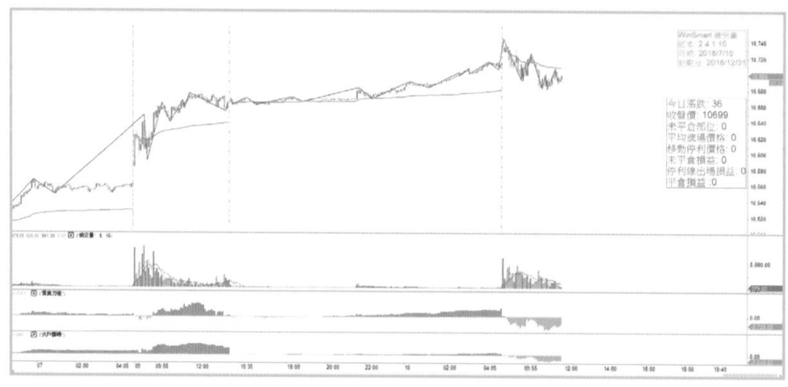

▲ 圖 3-4-8　台指期一分 K

時間　12：15

目前行情開高走低漲幅剩下 25 點，今天看來要收墓碑線，多單留著沒走。靜待觀察，不加碼也不出場。

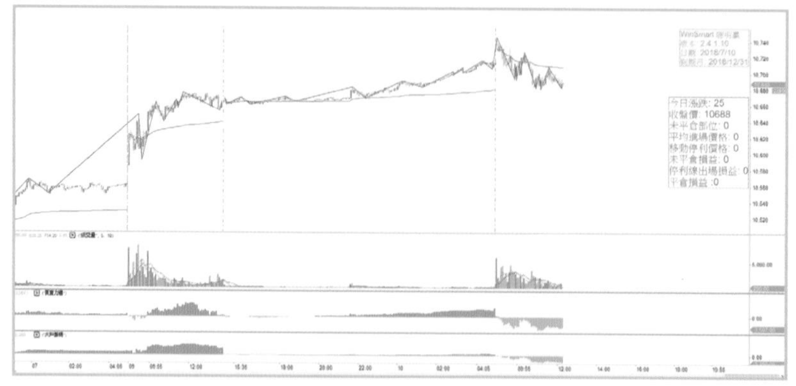

▲ 圖 3-4-9　台指期一分 K

盤後檢討

▲ 圖 3-4-10　台指期五分 K，今天的走勢圖

今日開高走低漲幅縮減，盤中籌碼都為負，是空方數據容易下跌。今天行情果然跟想的一樣，走勢會下跌。知道走勢會下跌還不出「多單」，這是難的。交易就怕獲利回吐，當我判斷行情會下跌，且行情真的下跌了，印證了自己的判斷，看到帳上的獲利正在減少，是很容易將手上部位出場的，害怕獲利縮水，害怕從賺錢做到賠錢。以前，我若持有多單，隔天一開高走低，我會馬上出光我手上的部位，可是現在不這樣做，我願意讓獲利回吐，不再想要聰明的出在最高點。

過去，一跳空開高，發現開高走低就出場，當下覺得很聰明出在最高點附近，但這樣做，讓我抱不住獲利的部位。雖然，我真的有過幾次經驗出在最高點，但是好幾次出場以後，行情只是暫時拉回，又往上衝，就這樣，我失去了巨大的利益。

原本可以買一棟房的獲利，變成一間套房。自作聰明提早出場，讓我把一整段行情，切分成好幾個段落操作，**天真的期望可以每次高檔賣掉，再低檔買回，來回操作，這種事情往往事與願違，短線來回操作的獲利永遠比不**

上長線的獲利，沒有人可以抓住每個小波動。所以我今天選擇忍耐，看得懂行情往下還是選擇持有多單部位不出場，接受獲利回吐。

只要風險控制住，剩下就是耐心等待行情走出去，並且做最壞的打算，就是接受獲利會不見的機率，去換取賺大錢的機會。

5 帳上損益會指明方向，而非預測

交易日記：2018 年 7 月 11 日　禮拜三

盤前分析

台股繼 7 月 9 日破底之後連漲三天。指數從 10414 漲到 10744，上漲三百三十點，幅度很大。空單被軋好軋滿，還好有翻多，不然就被修理了。延續昨日的盤前分析……

原本五日均線往下彎，現在轉成五日均上揚，且發生 KD 低檔黃金交叉，有利走勢。加油了，台股。你要在一萬點之上長長久久。目前台股長線站回年線是個買點，我會買進。其實，在第一天 7 月 6 日就試著翻多了，第二天加碼，昨天沒加碼。目前手上多單 SELL PUT 10600 三碼，期貨多單一碼。不急，慢慢打。

現在大盤 K 線上方的月線和季線有共同的反壓，10835 左右，會不會過關、還是會被打下來？**這我無法做預測，我只能觀察**，看它會漲到哪裡去。漲越多，手上部位越多。

▲ 圖 3-5-1　大盤日 K

籌碼分析

自營目前偏多操作，SELL PUT 一萬兩千多口＋ SELL CALL 兩萬四千多口，但是 BC 也買很多，金額比較大，整體籌碼是看多。外資偏空操作，SELL CALL 一萬七千多口加上 BUY PUT 四萬兩千多口。這兩個不同向，看盤整。

選擇權買賣權分計

單位：口數；千元(含鉅額交易，含標的證券為國外成分證券ETFs或境外指數ETFs之交易量)　　日期2018/7/10

				交易口數與契約金額						未平倉餘額					
				買方		賣方		買賣差額		買方		賣方		買賣差額	
序號	商品名稱	權別	身份別	口數	契約金額	口數	契約金額	口數	契約金額	口數	契約金額	口數	契約金額	口數	契約金額
1	臺指選擇權	買權	自營商	116,121	228,488	116,330	221,204	-209	7,284	108,703	340,906	133,470	281,986	-24,767	58,920
			投信	0	0	0	0	0	0	0	0	200	820	-200	-820
			外資	44,279	151,183	43,024	149,383	1,255	1,800	47,352	136,630	64,883	163,431	-17,531	-26,801
		賣權	自營商	151,771	212,175	149,167	205,733	2,604	6,442	106,121	192,189	118,245	205,533	-12,124	-13,344
			投信	0	0	1,900	919	-1,900	-919	0	0	398	283	-398	-283
			外資	45,085	116,904	40,737	112,792	4,348	4,112	108,414	240,732	65,912	245,576	42,502	-4,844

▲ 圖 3-5-2　三大法人選擇權籌碼

盤中交易

 08：47

這颱風天開盤也太猛了吧，開低一百一十點。難得一天沒有夜盤就這樣突襲，來個大跳空，今天早上 YAHOO 的頭條是「馬：我沒想到檢調會在颱風天下手。」我是沒想到主力會選擇沒有夜盤的時候下手，台指開盤重摔一跤，幸好，昨天沒有加碼。由於昨天颱風就來了，台北宣布四點以後放假，因為這個消息宣布，所以台指期也沒有夜盤（T ＋ 1 盤）了，台北只要休市，股票市場就放假。

自從有夜盤以後，台指的跳空就減少很多，夜盤時間從下午三點到隔天凌晨五點，14 個小時，等於不間斷的有行情報價，可以讓你隨時自由進出。也因為有了夜盤，多了一些夜貓子半夜看盤，但是，長期下來對身體不好，最好可以設定出場條件，讓電腦去照顧投資部位。我開發的 WINSMART 可以協助做到這一點。

由於夜盤的出現，讓原本開盤會跳空的行情，在晚上的連續走勢提前反應，走勢是連續的不太跳空。可是，昨天遇到颱風天放假沒有夜盤，今天就這樣被突襲了。

時間　08：53

台指開盤重摔一跤，下跌百點，還好沒有買太多，也幸好昨天沒有加碼，這次趁著沒有夜盤的時候來個大跳空。

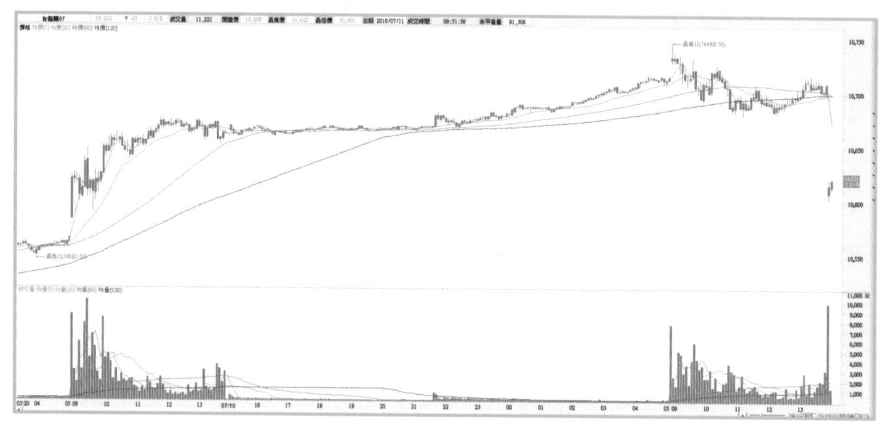

▲ 圖 3-5-3　台指期五分 K

時間　09：14

今天是空方盤，盤中籌碼，是負的空方強，走勢開低走低跌幅擴大，我用期貨七月對鎖八月期貨，今天專心做短單，認為會下跌就放空，上漲就出場。鎖住我的長線多單。我買八月合約的期貨多單，過程中用七月合約空單對鎖。

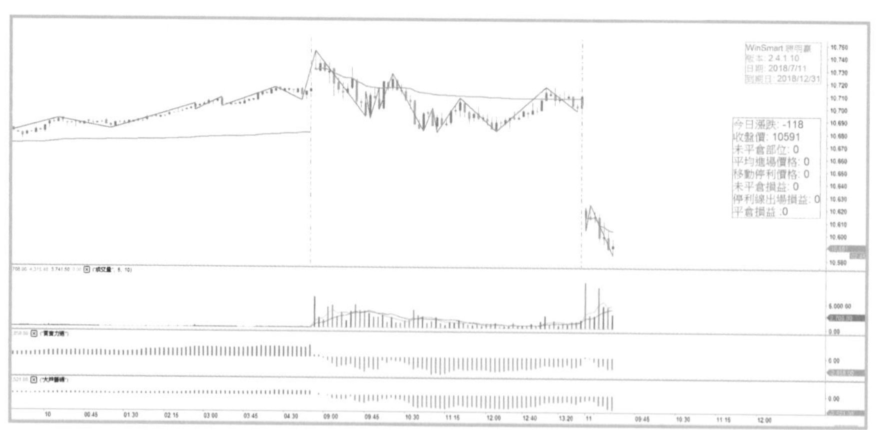

▲ 圖 3-5-4　台指期五分 K，開低走低

時間 9：40

9：36 分的時候，長黑破底來到 10576，下跌 133 點，可是破底以後行情馬上往上拉，剛剛的下殺當誤會。經驗告訴我，這是假的，等一下往上拉。我把短線空單出場。由於我已經有多單部位，且這裡接近最後一次加碼的位置，考量風險，這裡就不加碼做多了。

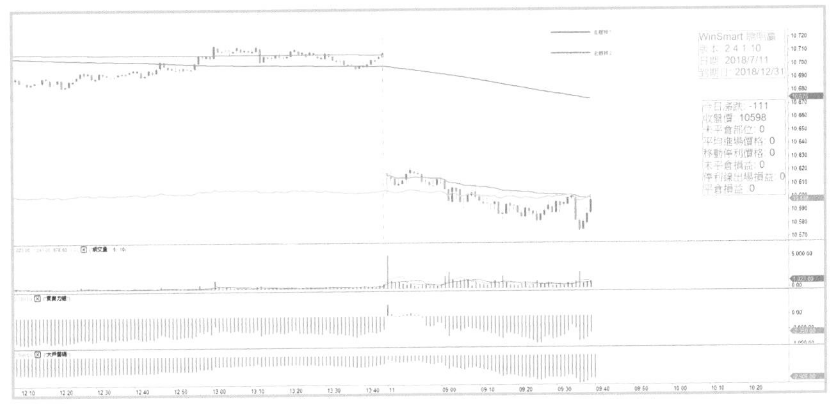

▲ 圖 3-5-5　台指期一分 K，止跌訊號出現

時間 09：56

紅色圈圈的地方是行情的轉折點，行情只要站穩，有機會往上。

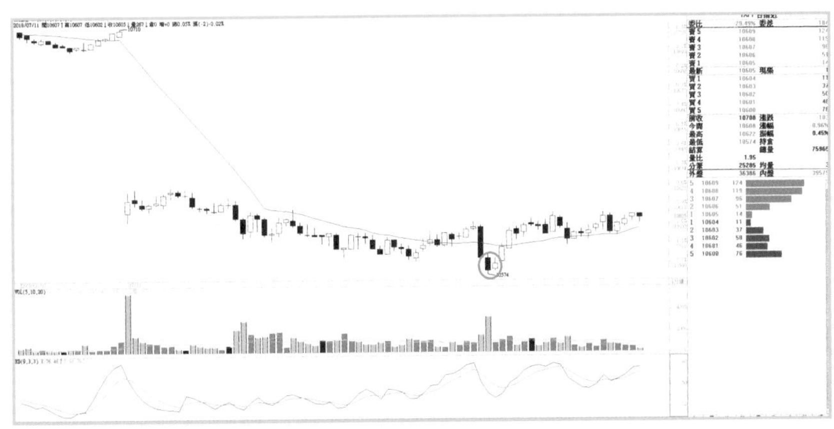

▲ 圖 3-5-6　台指期一分 K

時間　10：41

行情如判斷拉了 50 點，今天我沒加碼多單，因為現在位置和前天 K 線相同位置。還沒證明我的看法是對的之前，不要過度放大部位。

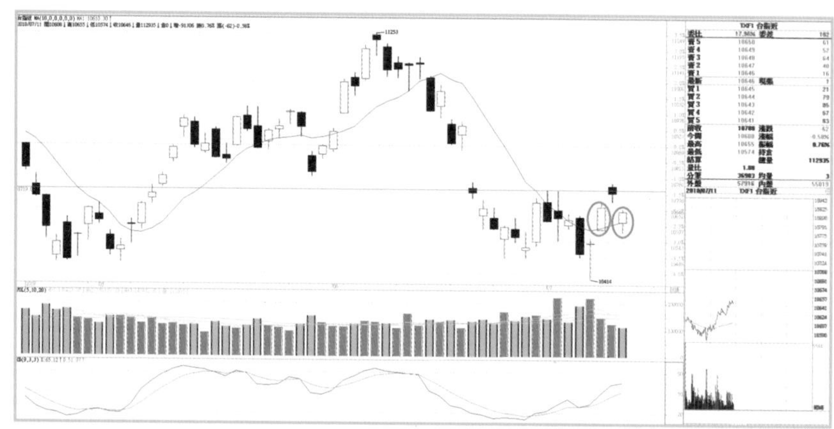

▲ 圖 3-5-7　台指期日 K，行情往上漲

時間　10：45

上周五是 7 月 6 號，買第一碼多單、這周一是 7 月 9 號，加碼。現在位置和七月九號的位置一樣，不再加碼，就算是一個很好的加碼點。若空手我會進場，若已經有部位我就不進了。

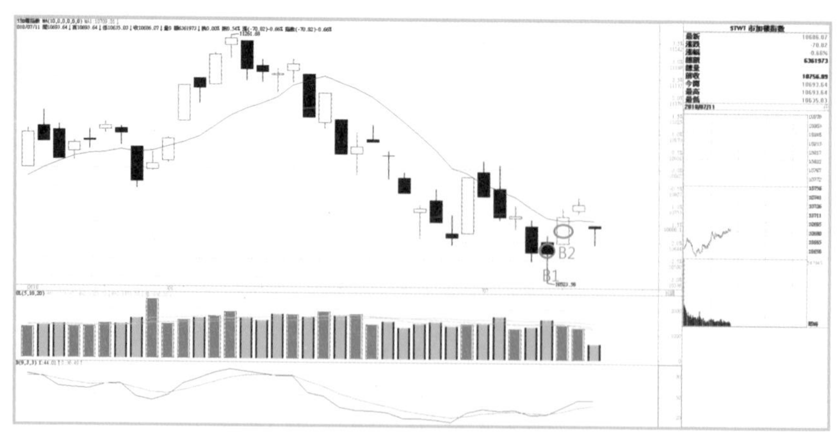

▲ 圖 3-5-8　大盤日 K，沒賺錢不加碼

時間　10：46

走勢漲到 10655，從低點 10574 計算，也漲了 81 點，幅度算大的。09：58 的時候籌碼買賣力道由負轉正，表示市場上原本掛空單的人，全部都抽掉轉成多單，你不覺得奇怪嗎？這是一個走勢由空翻多的訊號。看下圖標示。

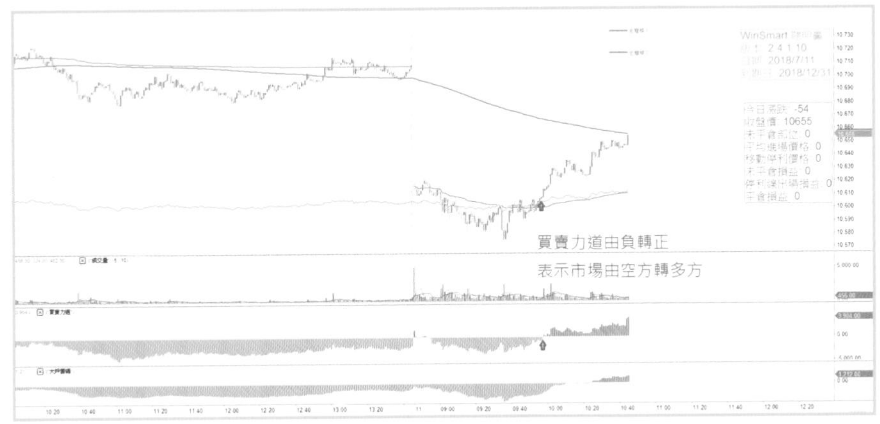

▲ 圖 3-5-9　台指期一分 K

雖然今天有幾個很好的出手點，但為了「風險考量」，不加碼做多。當空手的時候，所有的機會都可以去嘗試，當已經有部位以後就不是了，考量的是整體部位的交易風險，不要持有太多你不確定會不會賺錢的部位，在相同的位置，不必再放大部位。

真的確定會賺錢是看到帳上的實質獲利，而不是去預測未來走勢，幻想未來的獲利。這點滿重要的，因為我看過很多投資者持有大量的部位，堅持行情會往某個方向走，走勢是隨機的，你的判斷正確與否也是機率，有的時候對，有的時候錯。最怕的是，你堅持了也賺到錢，這賺錢隱藏了致命的危機，是外表披著糖的毒藥。你看，我就說行情會上漲嘛，堅持做多是對的，拉回買更多是對的，這不是大賺一票嗎。可是看錯的那次呢？不就蒙受巨大損失，無力回天？

時間　11：15

觀察大盤日 K 線圖，這裡是亂流，進入盤整盤格局。今天週三結算，應該大部分行情已經走完。

▲ 圖 3-5-10　大盤日 K

時間　12：25

10635，跌 75 點，今天像是跌跤，開盤就大跌。夜盤真的很重要啊，比較不會出現「跳空」。

▲ 圖 3-5-11　台指期五分 K

盤後檢討

▲ 圖 3-5-12　台指期五分 K，今天的走勢圖

今天最大的意外就是跳空百點，自從有夜盤以後台指期的跳空就減少很多。大多數的行情都在夜盤的時候發生，有了夜盤走勢是連續的，鮮少跳空。這對於長線交易的投資者來說是利多，你可以在夜盤處理你的部位，減少交易的風險。由於放颱風假的關係，昨天取消下午三點之後的夜盤交易，導致今天開盤呈現大跳空。還好昨天沒有加碼多單，不然今天跳空就損失。以後最好買個保險，用選擇權買方 BUY PUT 避險，尤其是沒有夜盤的時候。

今天跳空開低走低，我用短線當沖做空的方式鎖住下跌風險，由於行情跌不下去，我的空單沒有獲利，所以我將短線的空單出場。當長線部位不想出場的時候，可以用短線的反向單鎖住風險。當下跌的危機過了以後，我也沒有進場加碼多單，理由是現在的價格與上次進場的價格相近，考量風險起見，今天就不加碼。不想同一個價位買太多部位，交易最怕的是買很多，然後看錯。

當空手的時候，任何的進場點都是機會，都可以去嘗試；當有部位以後，就不是每個進場點都可以進場。在技術分析之上的一個層次，是「資金管理」，同時思考風險與機會。當我上次加碼的部位獲利尚未拉開，行情尚未證明我的看法是正確之前，我放棄今天的交易機會，就算我看得懂行情往上，我也不做加碼單。

交易有趣的地方在這裡，有的時候你看得懂行情會往下，但為了抱住多單部位，選擇不出場。有的時候看得懂行情會往上，但是選擇不進場，因為我手上已經有部位，和空手的時候思考的事情不同。經驗告訴我，加碼要算風險，多空歸多空，交易歸交易。

6 七八九月除權息旺季，做多有超額利潤

交易日記：2018 年 7 月 12 日　禮拜四

盤前分析

台股昨日戲劇化的跳空一百多點，真出乎我的意料，目前再收一根打樁線，希望早日打底成功。我的多單還沒出，SP 三碼、期貨多單一碼，加上避險單，忍受跳空。目前看區間盤整，這個盤夠驚險，我該小心應對。

▲ 圖 3-6-1　大盤日 K

籌碼分析

來看法人選擇權籌碼，外資選擇權籌碼 SC 二萬一千多口＋ BP 三萬三千多口 ，口數來看外資做空。金額來看外資選擇權也是在做空。自營選擇權籌碼 SC 三萬三千多口＋ SP 一萬三千多口， 自營雙 SELL 看盤整，以金額來看自營是偏多的部位，我也看偏多盤整。

法人的籌碼代表法人對於行情未來走勢的看法，未來走勢沒有說一定會朝著對他們留倉部位的方向走，但是可以拿來參考，尤其是和自己「部位」的比對。

法人「長期操作」應該要賺錢，不然可以關店，結束營業。所以，就算法人短期會看錯虧錢，但是長期來看是賺的。所以可以在收盤後關心一下法人的留倉部位。今天法人怎麼留倉，自己怎麼留倉，解讀法人部位重點在「部位的調整」，行情上漲，法人怎麼調整部位，我怎麼調整部位，行情下跌法人怎麼調整部位，我怎麼調整部位，知己知彼百戰百勝。交易就是不斷隨著走勢調整部位，調整到對你有利的。一開始方向可能對你的部位不利，但是你可以自我調整，贏在修正。

除權息旺季，做多有超額利潤

其實，這裡我做多有一個重要的原因，因為現在是**「除權息旺季，做多有超額利潤。」**七月、八月、九月這三個月除權息旺季做多期貨、選擇權有超額報酬。為什麼呢？首先要談到台指期的「巨幅逆價差」。七月份一開倉的時候，台指期逆價差就有 245.6 點，為什麼有這麼巨大的逆價差（台指期指數低於現貨指數稱為逆價差），是因為市場看空嗎？不是。是因為七、八、九這三個月份的期貨合約會預先蒸發除權息的點數，在合約一開始的時候就預先蒸發一整個月的除權息點數。例如 6 月 25 日台積電配息 8 元，台積電的股價會往下跳空，台積電價格跳空，就會帶著台股往下跌 69.32 點，快 70 點的點數下跌，是因為台積電除權息被蒸發了。

6 月 26 日富邦金除權息，富邦金配息 2.3 元，6 月 26 日這天富邦金股價會往下跌，因為它也是權值股所以預估影響的台股指數會跟著下跌 8.84 點，6 月 26 日也有國泰金除權息，國泰金配息 2.5 元，預估影響台股指數 11.78 點。每天都有股票除權息，七月一整個月，每天因為除權息會蒸發的點數，全部加起來有 245.6 點。而期貨在一開倉的時候，「一次反映」一整個月的除權息點數，所以產生巨大逆價差。用這方法計算，八月份期貨合約因為除權息點數蒸發，而產生的逆價差有 140 點，九月份期貨合約蒸發，而產生的逆價差有 33 點。

期貨合約	結算日	當月除權息點數	累計除權息點數
七月	2018/7/18	245.6	245.6
八月	2018/8/15	140.5	386.1
九月	2018/9/19	33.3	419.4

▲ 圖 3-6-2　除權息旺季七月、八月、九月影響的點數

股票代碼	證券名稱	現金股利	殖利率	台指影響點數	電子影響點數	金融影響點數	非金電影響點數	摩台影響點數	除息日	稅率預估
1731	美吾華	0.60	4.12%	0.03	0.00	0.00	0.10	0.00	2018/6/25	
2330	台積電	8.00	3.52%	69.32	5.40	0.00	0.00	3.30	2018/6/25	14.69%
1324	地球	0.30	2.36%	0.01	0.00	0.00	0.03	0.00	2018/6/26	24.49%
2881	富邦金	2.30	4.28%	8.84	0.00	7.41	0.00	0.42	2018/6/26	
2882	國泰金	2.50	4.46%	11.78	0.00	9.87	0.00	0.56	2018/6/26	
3040	遠見	9.00	15.28%	0.19	0.01	0.00	0.00	0.00	2018/6/26	
3669	圓展	0.40	1.92%	0.01	0.00	0.00	0.00	0.00	2018/6/26	
5234	達興材料	3.50	3.78%	0.11	0.01	0.00	0.00	0.00	2018/6/26	
8261	富鼎	0.45	0.90%	0.01	0.00	0.00	0.00	0.00	2018/6/26	
8341	日友	6.00	2.85%	0.22	0.00	0.00	0.87	0.00	018/6/26	
2107	厚生	0.65	4.30%	0.08	0.00	0.00	0.31	0.00	018/6/27	12.29%
2483	百容	1.30	5.92%	0.05	0.00	0.00	0.00	0.00	018/6/27	
2739	寒舍	1.00	3.09%	0.04	0.00	0.00	0.14	0.00	018/6/27	
2748	雲品	2.75	4.28%	0.06	0.00	0.00	0.23	0.00	018/6/27	
3031	佰鴻	0.85	4.83%	0.05	0.00	0.00	0.00	0.00	018/6/27	
4557	永新 -KY	5.00	7.04%	0.06	0.00	0.00	0.22	0.00	018/6/27	
5225	東科 -KY	0.70	3.10%	0.01	0.00	0.00	0.00	0.00	018/6/27	

▲ 圖 3-6-3　每天因為股票除權息影響的台股指數

你知道以上資訊代表什麼嗎？代表錢。知識就是金錢。

預先蒸發的期貨點數最後都會向「現貨」靠攏。七月份期貨合約一開始就預先蒸發兩百四十五點，這表示台股若維持在原地不動，從今天起到結算，期貨要必須上漲兩百多點靠攏。最後結算位置期貨要和現貨一樣，期現貨必做收斂。若台股上漲，那期貨必須漲更多，除了台股的漲幅以外，還要再漲回來預先下跌的兩百多點的逆價差。也就是你現在做多，成本低了兩百多點，這也是我做多的主要原因之一，只要不跌，期現貨收斂做多，有超額報酬。**請記住，這樣做會賺錢的前提是：只在台股盤整或上漲的時候有用，若台股走空頭，此招不能用。**

例如 2015 年除權息季節正在走空頭，台股空頭排列，在這個時候，不管你怎麼做多都很難賺錢。包括做期貨、選擇權，權證，股期都一樣。所以操作衍生性金融商品，要先看清楚標的物本身，台股（或股票）本身是否具備上漲的條件。若一股腦地做多，只會吃鱉。2015 年，我不但沒有做多還放空。並不會因為除權息旺季做多有利（買便宜兩百多點）而做多。

價格行進的方向才是最重要的，而非價格高低。買在低價只是讓我有超額報酬，買對方向，才是決定賺錢或者虧損的根本原因。

結論是，我因為技術線型判斷行情會往上，所以做多，因為除權息旺季而讓我買在低價，獲得超額報酬。

盤中交易

時間 08：46

由於昨日晚上道瓊下跌兩百多點，看今天台指期會怎麼走。一開盤，台指期不但沒有下跌，還往上開高上漲二十多點，難道昨天的跳空下跌百點是台股提前反映嗎？聰明錢提早反映。台指期開高以後走低，觀看。等到現貨開盤。現貨九點開盤是個重要的觀察時間點，九點之前期貨會先跑，真正行情可以等現貨開盤確認。

時間 09：06

現貨開盤以後還是繼續往下跌，10614，從開盤價 10640 跌到現在跌了 26 點，這個幅度對於當沖交易者來說已經有價差獲利空間。我現在主力在做長線，不用參與和抓住每個小波段。我看得懂行情往下，還沒動作。

目前籌碼是空方，買賣力道是負的 -372，大戶籌碼是負的 -774。表示到目前為止市場上的氣氛是下跌。只是，空方數據不強，不是趨勢盤的數據，趨勢盤買賣力道（委買委賣口差）最好要大於三千口以上。

▲ 圖 3-6-4　台指期一分 K，下跌力道不強

時間　09：07

大盤日 K，開低 24 點，台指期開高二十多點，兩個反向。沒關係，現貨（加權指數）和期貨正在做收斂。而我就是靠這個價差收斂賺取超額報酬。

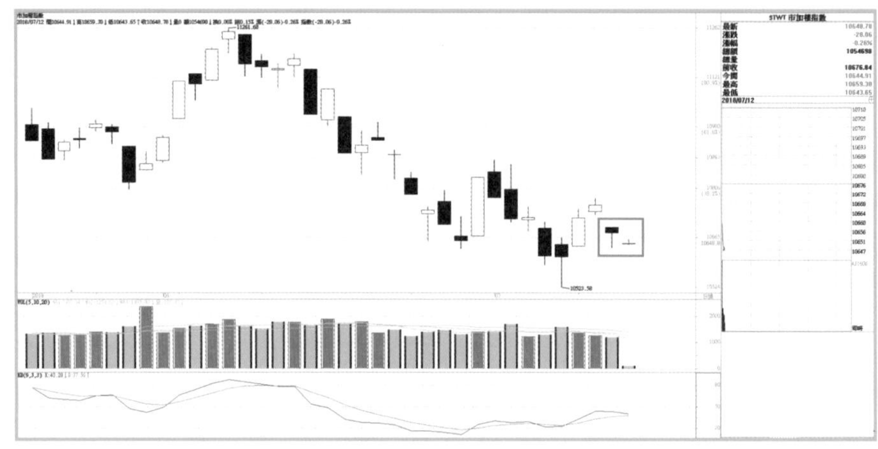

▲ 圖 3-6-5　大盤日 K

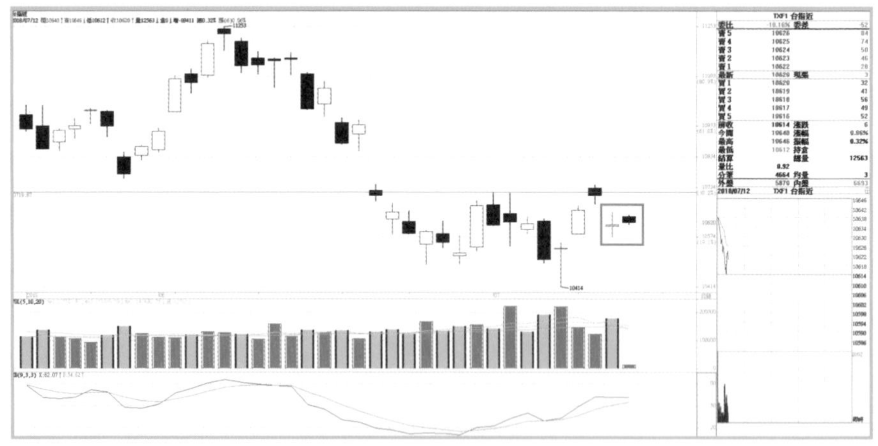

▲ 圖 3-6-6　台指期日 K

時間 09：14

來看美股，小道就在一個區間整理，台股也是。不確定台股會往哪走的時候我會參考一下美股走勢。這兩個走勢有連動關係。

▲ 圖 3-6-7　小道日 K

時間 09：42

一轉眼台指期就噴出去，上漲 53 點來到 10670，原本下跌的走勢，轉成多方，看來做多是對的。

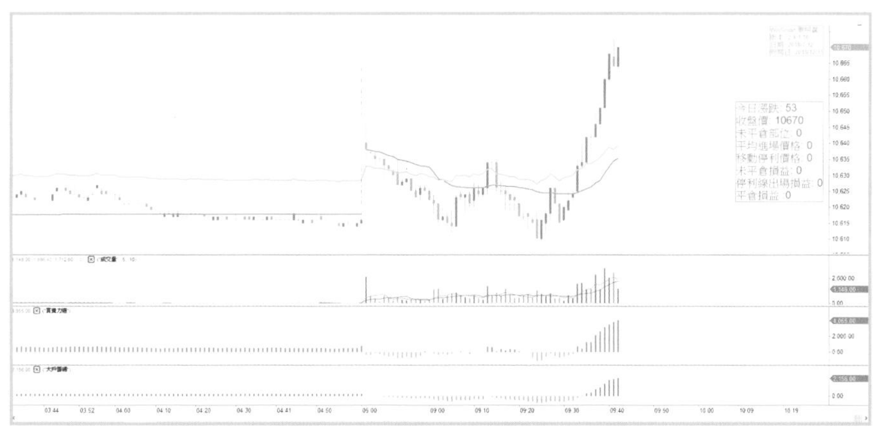

▲ 圖 3-6-8　台指期一分 K

學習接受不同觀點

多空判斷是很主觀的，在還沒開盤前，道瓊下跌兩百多點，朋友問我為何逆勢猜底，外資明明在做空，線圖也是一頭比一頭低。可是現在行情上漲六十多點，看來做多是對的。**多空是很主觀的，當我看法和別人不同的時候，要克制自己不要去「指責」別人，就像我不希望別人「指責」我的操作一樣。**

時間　**09：46**

從盤面表現來看，滿強勢的。

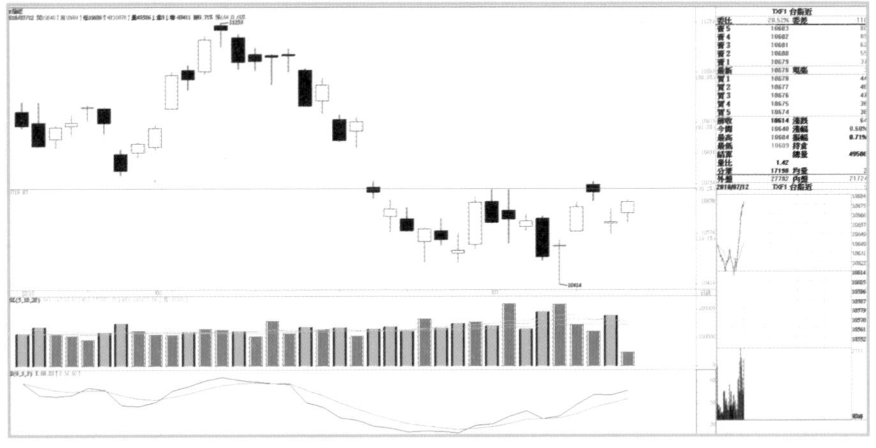

▲ 圖 3-6-9　台指期日 K

時間 09：58

今日上漲紅 K，多了一層止跌的機會。我對未來走勢的幻想，整理止跌再往上，行情跌這麼深，應當整理一段時間才是。

▲ 圖 3-6-10 大盤日 K

時間 10：02

繼續噴，行情上漲 92 點。

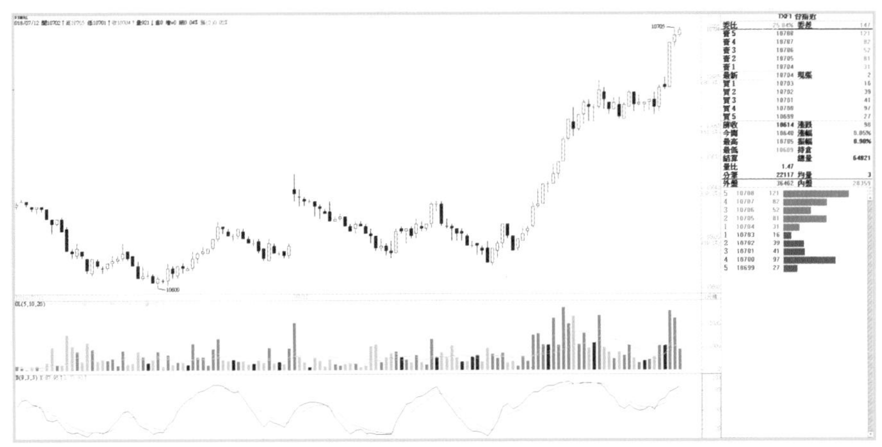

▲ 圖 3-6-11 台指期一分 K

時間　10：28

台指期日 K，打個圓弧底。

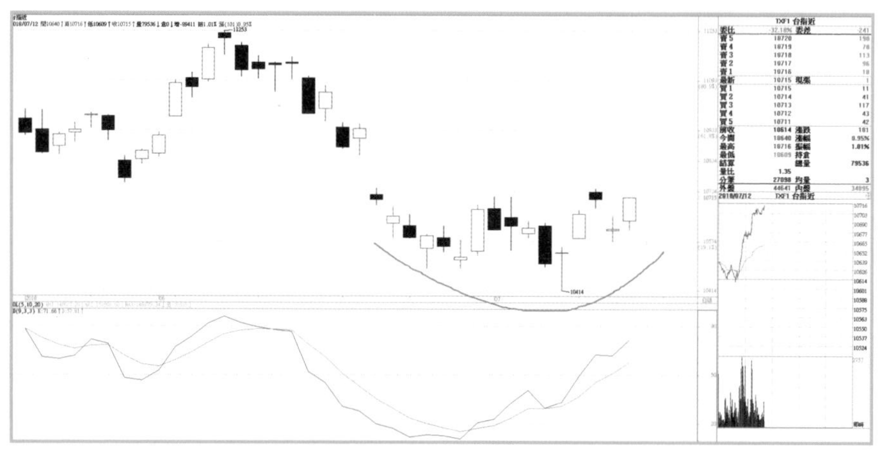

▲ 圖 3-6-12　台指期日 K

滿威的，上漲 117 點，賺錢，今天多單加碼，目前 SELL PUT 4 碼、期貨多單兩碼。期貨我買八月份合約、選擇權買七月份和八月份的合約。理由是，因為看長多我想做長線所以買次月份，且除權息旺季做多有超額報酬，做多七月份合約買低兩百多點，做多八月份合約買低三百多點（累計七八月兩個月的蒸發點數），八月份的 PUT 權利金很貴，很肥美。

10600PUT 八月份合約 在 7 月 9 日第一次進場的時候權利金 229 點，今天加碼權利金也有 176 點。一般賣方權利金只收五六十點，除權息的季節做多有超額報酬，可以收到兩百多點，天上掉下來的禮物為何不收呢？

權利金超高的原因是這個時候履約價變成價內，權利金才超高。選擇權長線交易要看加權指數不看期貨指數，短線交易才看台指期。

時間 13：02

台指期日 K，今日大漲收長紅，上漲 124 點 10738。

▲ 圖 3-6-13　台指期日 K

時間 13：23

快收盤了，大盤上漲 65 點，收 10742，看來 7 月 6 日是個轉折點，自己寫的交易訊號也在那天出現轉折向上的買訊，操作上多了一層安心。

▲ 圖 3-6-14　大盤日線圖 7 月 6 日抓轉折。轉折成功，上漲加碼

盤後檢討

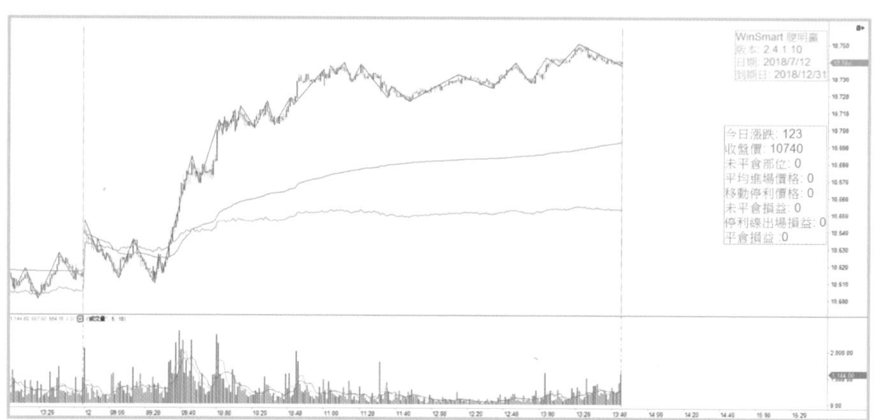

▲ 圖 3-6-15 台指期一分 K，今天的走勢圖

今天行情上漲 **123** 點，往對部位有利的方向前進，有賺錢買更多，打加碼。選擇權賣方利用除權息的知識，賣價內的履約價，取得更高的報酬。在多頭的前提之下，七八九月除權息旺季，做多有超額報酬。

7 拉大停利、錯賣買回，不再被行情甩到分手

交易日記：2018 年 7 月 13 日　禮拜五

盤前分析

台股昨日又大漲，最近行情一天大漲、一天大跌、再一天大漲，行情上上下下甩來甩去，有如坐雲霄飛車激烈。如果不幸被掃到停損，不要氣餒，重新進場就好。最近有位學生對我說了些話。

同學：老師，我交易快沒信心了，多單停損之後，行情又漲上來。

我說：再買回來就好。

同學：不敢啊，怕進場又做錯。

我說：我就是這樣做的，再買回來不要怕。

的確，曾經看對方向，可是停損之後行情才出去，原本可以賺錢的變成賠錢，這多麼打擊信心啊。當我被甩掉以後，唯一讓我重新坐上財富列車的方式是重新買回部位。不敢買回是怕又再一次損失，心理要克服對損失的恐懼，要對自己做心理建設。**每次交易都是拿風險換獲利，可能換到，也可能沒換到，不要太在意**。

投資就像是開店做生意，每天開門都有基本的成本，下雨天人少些，晴天生意好，得失心不要太重。要降低損失的心理壓力最好的方法，是預先規

劃可以賠的金額，每次投資將損失金額，控制在你可以接受的範圍之內，投資應當這樣做，也必須這樣做。大多數的投資者眼中只看到可能的獲利，卻不願去面對虧損。當你將每次的虧損，控制在所能接受的範圍之內，你就比較不會無法接受停損出場的情況。這在你預期之中。你可以繼續交易下去。

另外不被行情上下甩而賠錢的方法，是拉大「停損停利」，我現在就是用這種方式，忍受較大的行情回檔。要拉大停損部位就要縮小，才能控制損失發生時在期望的範圍之內，出場價事先先設定好，讓電腦執行，免得人性作祟不想虧錢出場。怎麼忍住獲利回吐不出場？我盡量不看損益，不要知道剛剛賺多少錢，也不想知道少賺多少，其實最難的是心理這一關。**心理的想法影響做法。主宰自己交易成績的是自己的內心世界。所以盡量不要讓損益影響心情，進而影響交易，但不是每一次都能做到。**

來看台股線圖，目前走出一個笑臉的走勢，7 月 6 日是低點。行情正在打底，直覺是會再整理一陣子，我一直保守看待，所以交易以選擇權賣方為主，看不跌 SELL PUT，以後行情只要盤整或上漲我就贏了。賣方目前四碼部位，兩碼七月結算、兩碼八月結算。SELL PUT 位置 10600，目前表現不錯有超額報酬。還有一碼夜盤進場的 SELL CALL 10800，中和一下多單部位。期貨目前兩碼部位，打慢速加碼。跟我主觀認為行情不會直接上去有關吧。打得慢部位沒有放太大，所以在反向跳空一百點的時候，損失還能接受，抱得住部位。目前交易策略是上漲加碼，下跌看，或停利。

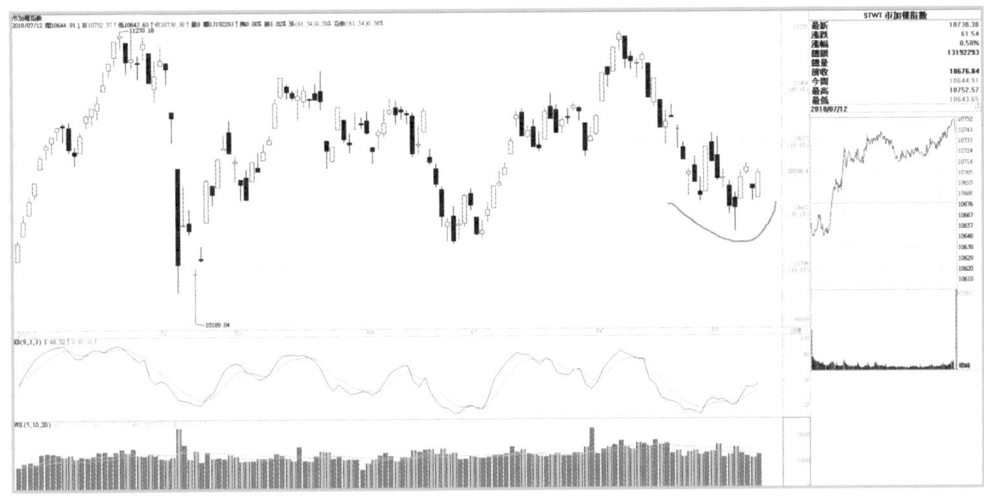

▲ 圖 3-7-1　大盤日 K，產生笑臉

籌碼分析

目前外資一樣是偏空操作，SC 一萬多口＋ BP 五萬多口。自營則是偏多操作，SC 兩萬多口＋ SP 三萬多口，多單較多些。

選擇權買賣權分計

單位：口數；千元(含鉅額交易，含標的證券為國外成分證券ETFs或境外指數ETFs之交易量)　　日期2018/7/12

				交易口數與契約金額						未平倉餘額					
				買方		賣方		買賣差額		買方		賣方		買賣差額	
序號	商品名稱	權別	身份別	口數	契約金額	口數	契約金額	口數	契約金額	口數	契約金額	口數	契約金額	口數	契約金額
1	臺指選擇權	買權	自營商	125,983	278,344	112,956	242,778	13,027	35,566	83,764	267,935	104,184	226,567	-20,420	41,368
			投信	0	0	0	0	0	0	0	0	583	1,090	-583	-1,090
			外資	50,637	153,596	41,139	146,321	9,498	7,275	52,653	133,115	64,442	158,435	-11,789	-25,320
		賣權	自營商	139,640	241,169	157,512	294,984	-17,872	-53,815	79,107	147,823	110,350	205,996	-31,243	-58,173
			投信	168	24	0	0	168	24	168	25	398	225	-230	-200
			外資	60,712	120,575	40,575	131,861	20,137	-11,286	119,098	214,562	65,017	226,186	54,081	-11,624

▲ 圖 3-7-2　三大法人選擇權籌碼

盤中交易

時間 09：13

今天行情往上跳高，台指開高走低。目前上漲 52 點，指數 10792，目前籌碼是負的，偏空。既然偏空就先不做多。

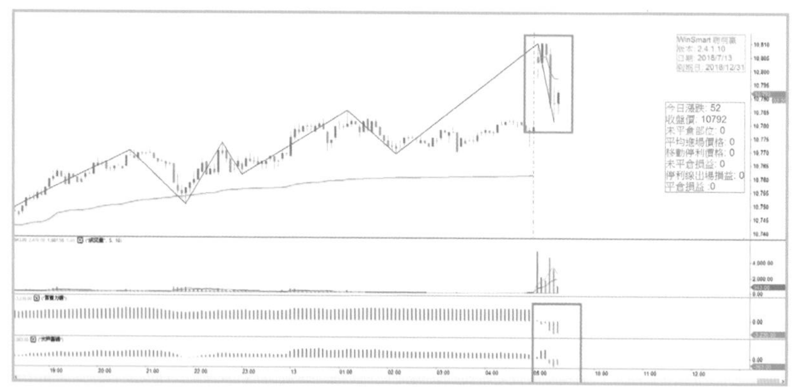

▲ 圖 3-7-3　台指期五分 K

時間 09：15

看一下大盤日 K 現在在什麼位置，我畫了價格通道，上下用虛線表示，下通道附近是地板，上通道附近是天花板。

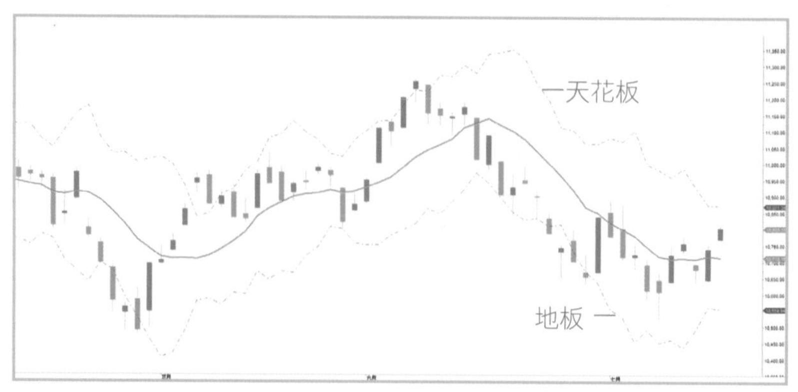

▲ 圖 3-7-4　台股走勢圖日 K

時間 09：33

行情開高走低，從開盤到現在都是籌碼空方，買賣力道（委買委賣口差）都為負值，負兩千多到三千多左右，這表示市場上賣的人比較多。大戶籌碼（累計成交筆差）也是負值，價格開高走低，判斷今天是漲多回檔的盤勢。

▲ 圖 3-7-5　台指期五分 K

時間 10：15

走勢比想像中的強，上漲 72 點，10812，今天再加碼一碼 SP 10600 八月，SC10800 停損。

▲ 圖 3-7-6　台指期五分 K

時間　10：35

神龍甩尾的行情，看到這樣的 K 線是覺得是多，還是空呢？若期貨不確定，我會看「加權指數」來確認。

▲ 圖 3-7-7　台指期一分 K

時間　10：37

大盤日 K，10823，今天實體紅 K 滿強的，多單續抱。

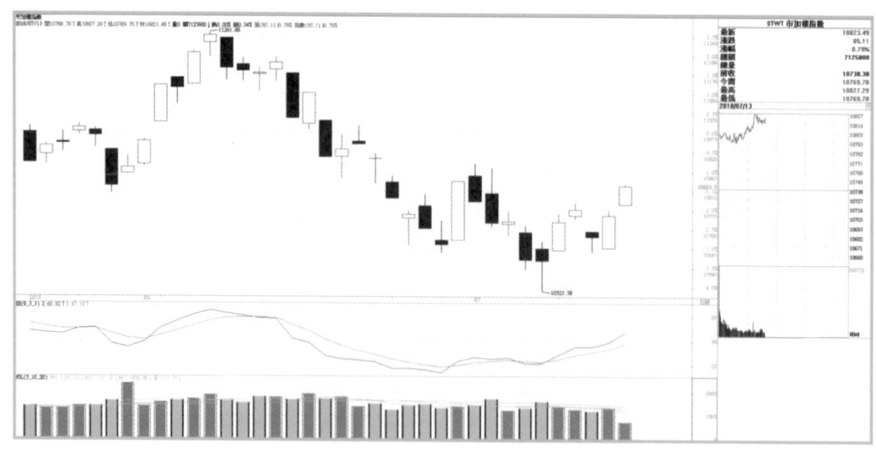

▲ 圖 3-7-8　大盤日 K

時間 10：44

看台指期一分 K 走勢圖，橫盤，看不出方向。再看有繪製主力成本線的台指期五分 K 走勢圖，價格在主力成本線（橘色線）之上，比較偏多。

▲ 圖 3-7-9　台指期一分 K，看不出方向

▲ 圖 3-7-10　台指期五分 K ＋主力成本線，目前偏多

時間　11：05

走勢繼續上漲，10811 上漲 73 點。從低點 10414 算起，漲了快四百點。

▲ 圖 3-7-11　台指期日 K

時間　11：47

行情繼續漲，10829 上漲 88 點，有機會破百，邊走邊調整部位，今日加碼多單，停損避險用的空單。目前籌碼翻正，是偏多的格局。今天比較快的轉強點是站上主力成本線（紅色圈圈處）。

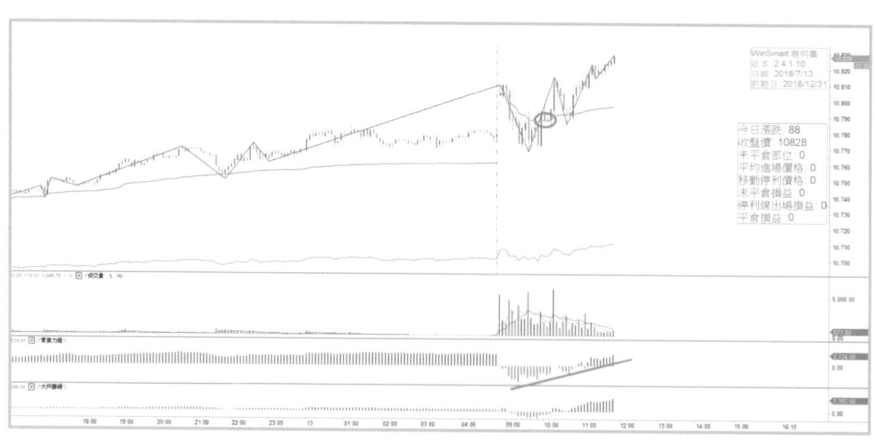

▲ 圖 3-7-12　台指期一分 K

時間 11：57

溫水煮青蛙……慢慢爬，也爬了 100 點，10841 ＋ 103 點。

▲ 圖 3-7-13　台指期日 K

時間 13：30

今天跳空上漲收最高，從 7 月 6 日以來一個反轉向上，扭轉下跌的局勢。

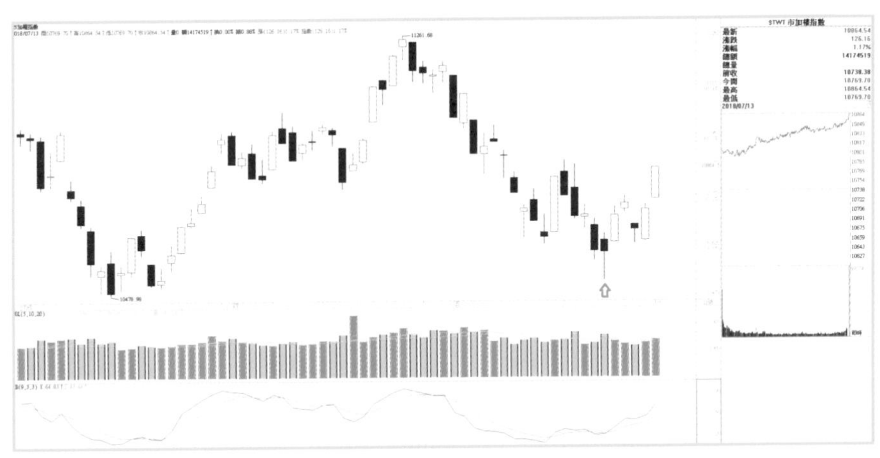

▲ 圖 3-7-14　大盤日 K，7 月 6 日開始做多

盤後檢討

最後行情上漲了 108 點，10848。其實今天操作得並不好，一開始判斷錯誤，以為行情會下跌，但卻是拉回再上。因為預設立場行情是開高走低盤，所以在 10：15 行情往上衝的時候才認輸，停損空單進場多單，這個時候進場有點慢了。

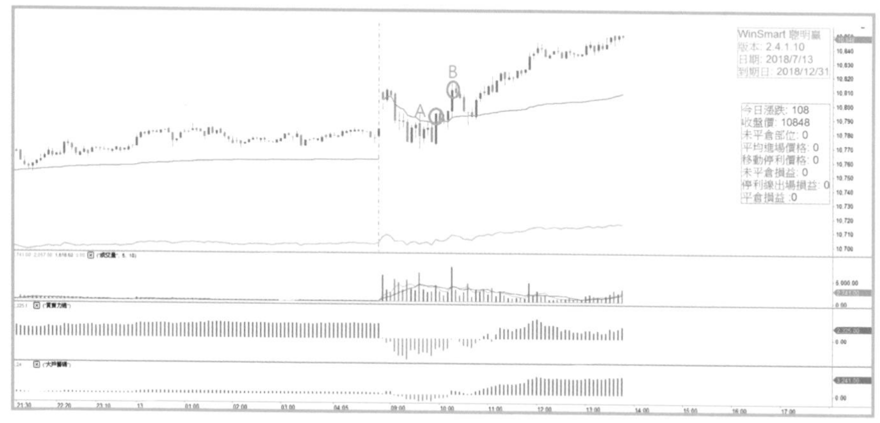

▲ 圖 3-7-15　台指期五分 K，今天的走勢圖

比較好的進場點是 **A** 點，長紅 **K** 往上的時候進場做多，這時候 **K** 線也站上主力成本線，主力成本線代表主力的均價，價格站上代表行情轉強。比較慢的進場點是 **B** 點，往上突破今高的時候才看多，短線空單停損，但是整體部位是獲利創新高，獲利主要來自於長線。

8 不問漲跌原因，只看價格操作

交易日記：2018 年 7 月 16 日　禮拜一

盤前分析

操作要比氣長，一時的獲利和損失不代表什麼，上週行情，除了趁颱風天沒有夜盤，突襲跳空一百點比較難掌握之外，其餘走勢都算是連續的。

做多遇到跳空下跌沒關係，後面再賺回來就好。目前長線看多，還沒跌破頸線 10200 之前都還是看長多。短線五日均往上，KD 也在 7 月 9 日的時候呈現低檔黃金交叉，這是比較好的消息。而美國和中國的貿易戰，一直是台股的隱憂，沒有每天發生，但時不時來一下，說熱錢要流出、亞幣要競貶，外資賣超台股，大盤就下跌。

在陰影之下，台股還是有辦法上漲，外資賣超，熱錢流出的陰影之下，我還敢做多？做多依據是什麼？為什麼這麼大的利空，台股還會上漲？上漲的原因是什麼？有利空的因素，也有上漲的原因，到底哪一個是影響台股漲跌的關鍵原因？投資人到底該怎麼操作？

不管漲跌的理由，只依照價格操作，部位縮放

我不管漲跌理由，最後只看價格操作，因為全部的漲跌因素，最後都

反映在「**價格**」上。當盤中行情開始大漲，先進場做多，再問上漲理由。當行情開始大跌，先進場放空再說。理由，是講給普羅大眾聽的，是事後編織的、用來解釋行情的，交代給群眾的，交易者不需要知道理由。

交易者只管行情上漲手上有無「獲利部位」，行情下跌手上有沒有「虧損部位」，看價格操作最大的原則是「做多」，直到做多不賺錢為止，反之做空也是，空到不賺錢為止。這樣做幫助我很大，讓我從不知所措的輸家，變成知道該怎麼做的贏家。我的前一本著作《獨孤求敗贏在修正的股市操盤絕技》也在提倡這樣的觀念，我不再一直問「為什麼」。為什麼會上漲，為什麼會下跌，而是做該做的事。不再抱怨行情為什麼不繼續漲，要反向大跌，也不再抱怨行情為什麼不繼續下跌而反向大漲，而是懂得調整自己手上的部位，贏在修正。

所以我從 7 月 6 日做多開始，本來放空變成做多，有賺錢拉長線、有賺錢放大部位打加碼，至今多單尚未出場。這段不錯，SELL PUT 有超額報酬。SELL PUT 10600 7 月 6 日進場 149，到現在快歸零，期貨獲利也不錯。

▲ 圖 3-8-1　台股日 K 走勢上漲，所以我做多

籌碼分析

來看期交所的資料，觀看期貨籌碼、選擇權籌碼。外資期貨多單 34736 口、投信期貨空單 22918 口，自營做空 3231 口。

			交易口數與契約金額						未平倉餘額					
			多方		空方		多空淨額		多方		空方		多空淨額	
序號	商品名稱	身份別	口數	契約金額	口數	契約金額	口數	契約金額	口數	契約金額	口數	契約金額	口數	契約金額
1	臺股期貨	自營商	18,294	39,470,541	17,676	38,107,007	618	1,363,533	11,093	23,856,538	14,324	30,766,526	-3,231	-6,909,988
		投信	5,195	11,243,097	4,496	9,633,714	699	1,609,383	2,757	5,954,728	25,675	55,598,138	-22,918	-49,643,410
		外資	60,248	129,958,756	60,474	130,606,617	-226	-647,861	72,660	157,247,119	37,924	82,122,048	34,736	75,125,071

▲ 圖 3-8-2　三大法人期貨籌碼

外資選擇權籌碼，外資 BUY PUT 5 萬 7 千多口，SELL CALL 9 千多口，外資比較偏空。 自營選擇權籌碼，自營 SELL PUT 3 萬 5 千多口，SELL CALL 1 萬 5 千多口，BUY CALL 金額七千多萬，自營比較偏多操作。

一個做多一個做空，我已經不太在意法人的籌碼了，因為我已經獲利，成本也拉開，只要專注在自己的操作即可。法人的籌碼關乎他的賺賠，我的籌碼關乎我的賺賠，管好自己就好。

				交易口數與契約金額						未平倉餘額					
				買方		賣方		買賣差額		買方		賣方		買賣差額	
序號	商品名稱	權別	身份別	口數	契約金額	口數	契約金額	口數	契約金額	口數	契約金額	口數	契約金額	口數	契約金額
1	臺指選擇權	買權	自營商	115,366	269,176	110,115	234,864	5,251	34,312	87,785	385,556	102,954	305,810	-15,169	79,746
			投信	0	0	0	0	0	0	0	0	583	2,165	-583	-2,165
			外資	43,706	157,418	41,146	147,892	2,560	9,526	57,060	203,411	66,289	221,837	-9,229	-18,426
		賣權	自營商	143,981	204,616	148,261	205,252	-4,280	-636	82,778	111,942	118,301	145,405	-35,523	-33,463
			投信	154	17	128	697	26	-680	192	17	396	726	-204	-709
			外資	37,621	104,258	33,981	101,400	3,640	2,858	121,444	158,876	63,723	159,433	57,721	-557

▲ 圖 3-8-3　三大法人選擇權籌碼

盤中交易

08：47

10852，開小高九點然後開高走低。今天開平盤，盤整機率高。

08：52

10854，平盤。買賣力道 -1801，大戶籌碼＋ 536，一個正一個負，籌碼數據呈現反向，這是盤整的數據。若要下跌通常兩個數據都是負，若要大漲兩個籌碼數據都是正。

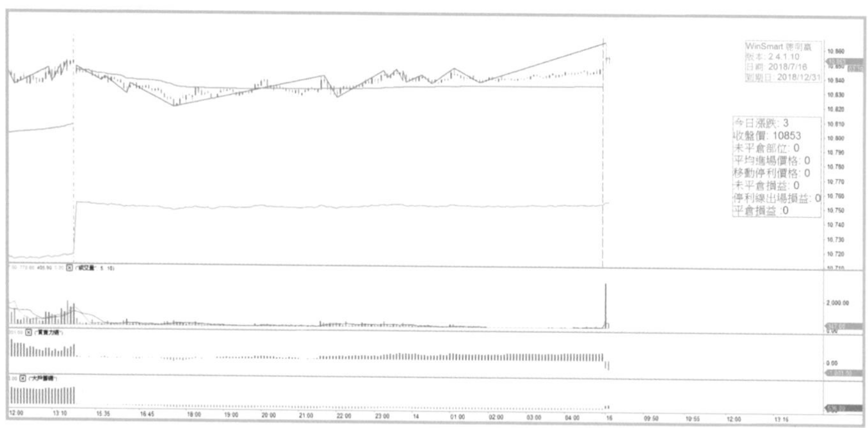

▲ 圖 3-8-4　台指期五分 K，開平盤可能盤整

時間　09：04

台指期一分 K，目前走震盪盤。

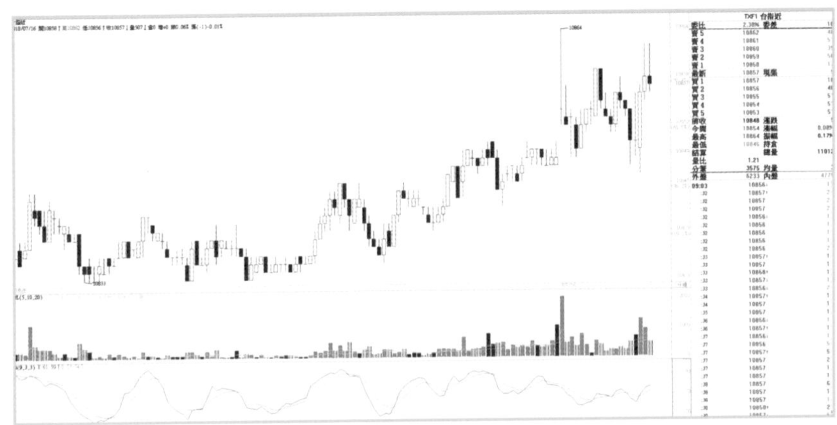

▲ 圖 3-8-5　台指期一分 K

時間　09：10

台指期一分 K，往下殺，先看盤整不追空，盤整盤之下，追空追多都要小心。

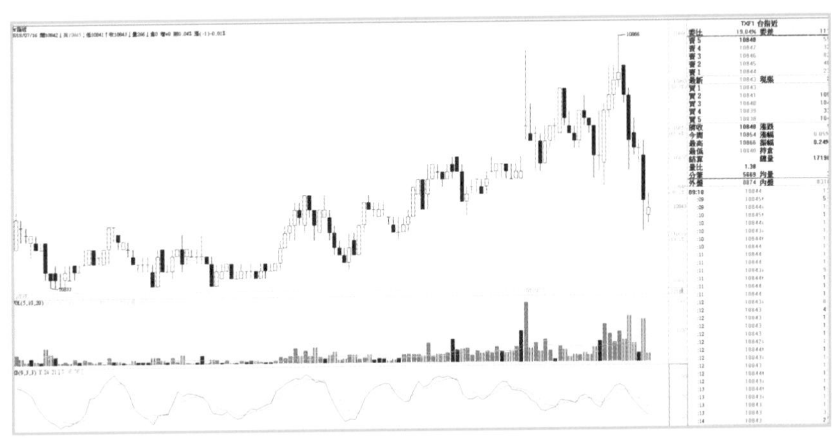

▲ 圖 3-8-6　台指期一分 K

時間　09：22

行情漲上來了，真的是盤整盤。先持有多單，看盤就好，不追買。今天盤型的不像趨勢盤的長相，像是鳥人的長相，看起來鳥鳥的。

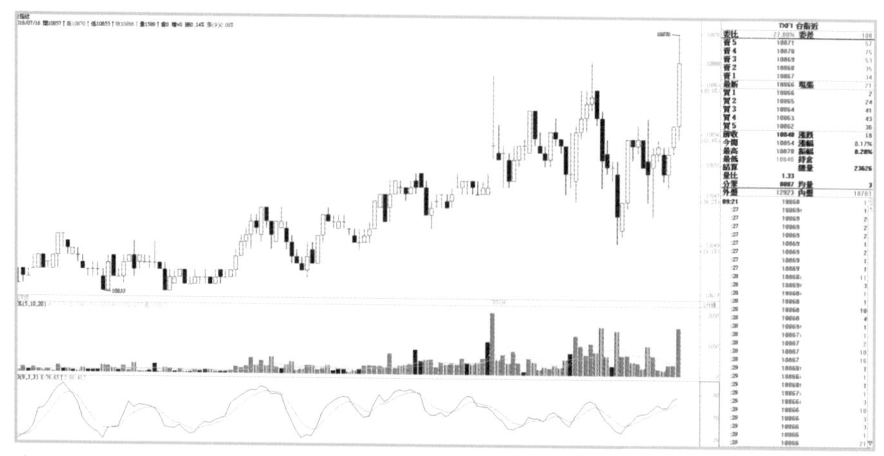

▲ 圖 3-8-7　台指期一分 K

時間　09：26

鳥人無誤，台指 10855，衝兩根就掉下來。短線 SELL CALL 10850，停損設創新高。這種衝一下就掉下來的盤，通常是盤整盤一個很好抓轉折的點。可以做期貨放空或是選擇權做空，我這裡選擇用週選擇權 SELL CALL 操作，因為我想做短線，所以做週選擇權。之前想做長線，所以做月選擇權。交易的節奏不同，看的商品也不同。

現在做短線看期貨走勢圖就可以了，不看大盤。除權息旺季做多，要看大盤操作選擇權，有明顯的不同。會在這裡抓轉折的前提是，先用籌碼判斷今日是盤整盤。趨勢盤是不能猜頭猜底的，盤整盤要猜頭猜底。盤型不同，賺錢的方法也不同。

時間 09：33

長線持有多單 SELL PUT，短線持有空單 SELL CALL

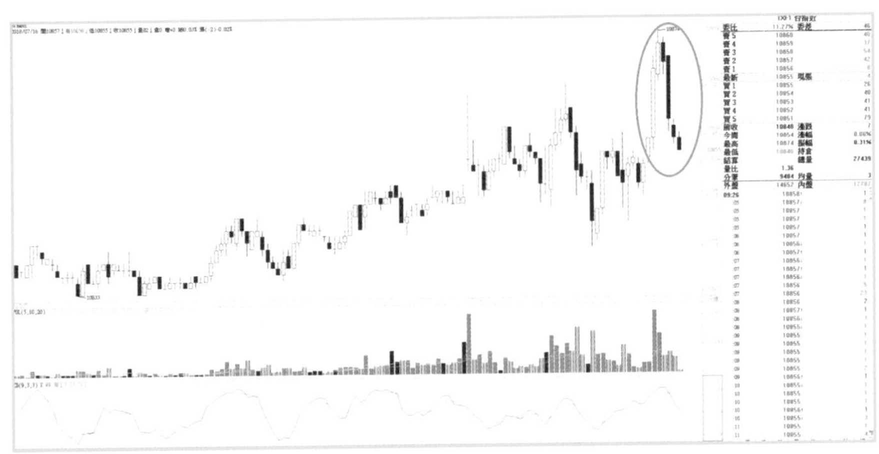

▲ 圖 3-8-8　台指期一分 K，SELL CALL 10850

時間 09：34

進場放空後漲上來，轉來轉去，盤勢很難掌握，但沒關係，尚未打到停損，耐心等待，行情會告訴我對錯。

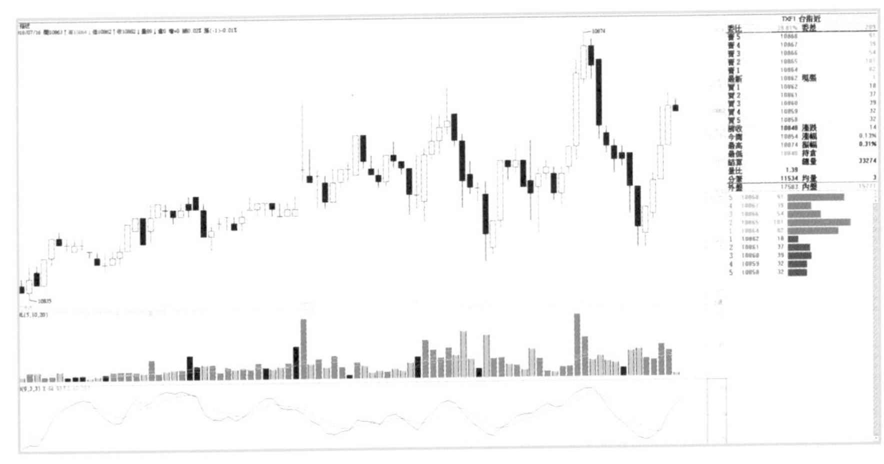

▲ 圖 3-8-9　台指期一分 K

時間　09：44

10844，跌 4 點。甩啊甩，目前這走勢對我有利

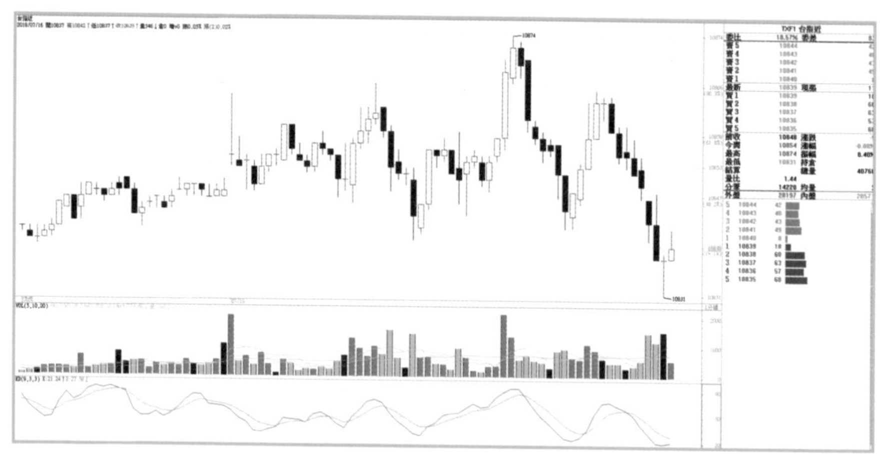

▲ 圖 3-8-10　台指期一分 K

時間　09：57

10829，跌 19 點。走勢漸漸往下，檢視一下手中持有的部位，看看需不需要調整，目前持有部位是雙 SELL。今日進場的 SELL CALL 10850 週選，目前獲利之前留倉的 SELL PUT 10600 月選，還有長線的期貨多單，目前也獲利。交易盡量讓手中部位都獲利，砍掉賠錢的部位。

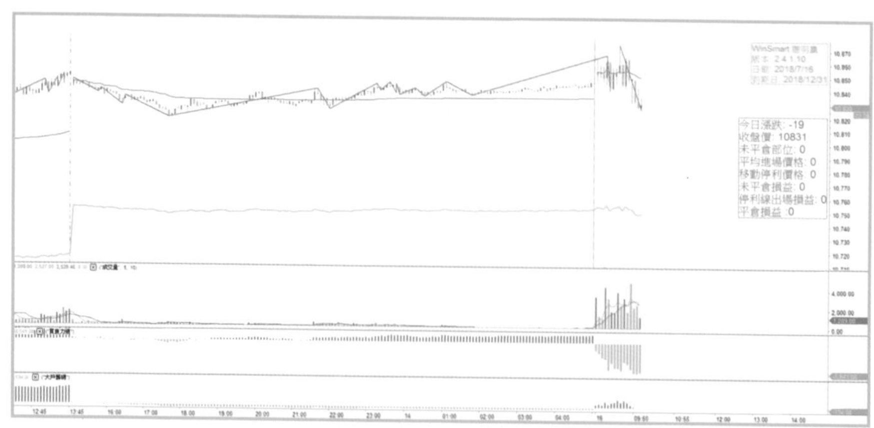

▲ 圖 3-8-11　台指期五分 K 買賣力道、籌碼為空

時間 10：28

台指期一分 K，這行情真是「鳥盤」。

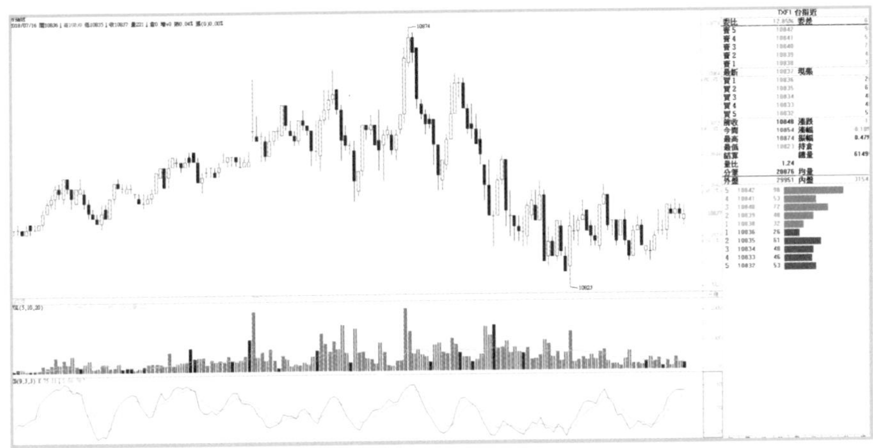

▲ 圖 3-8-12　台指期一分 K

時間 11：19

紅色框框是短線轉折處，這裡空單沒出場，也沒有進場做多。

▲ 圖 3-8-13　台指期一分 K

時間　11：26

今天是盤整盤，盤中的選擇權 CALL 和 PUT 的權利金都雙雙下跌。意思是今天不管做多還是做空，只要是當賣方都賺錢。神奇吧，選擇權就是這樣。賣方勝算比較高，就算稍微看錯方向也能賺錢，因為盤整盤時間價值消耗掉、波動率也下降了，只要記住盤整盤權利金 CALL、PUT 雙雙下降即可。盤整盤適合做賣方，做買方不太容易獲利。

買價	賣價	成交	漲跌	成交量	規格	買價	賣價	成交	漲跌	成交量
0.1	0.2		0.0	0	12200	[illegible]	[illegible]		0.0	0
0.1	0.2	0.1	0.0	4	12100	1240.0	1270.0		0.0	0
0.1	0.2		0.0	0	12000	1130.0	1160.0		0.0	0
0.1	0.2	0.4	▲0.3	1	11900	1040.0	1070.0		0.0	0
0.1	0.2		0.0	0	11800	935.0	965.0	955.0	▲5.0	1
0.1	0.2		0.0	0	11700	840.0	860.0		0.0	0
0.1	0.2	0.2	0.0	200	11600	735.0	755.0		0.0	0
0.1	0.2	0.2	▼0.1	119	11500	640.0	655.0	665.0	▲15.0	2
0.1	0.2	0.2	▼0.3	447	11400	540.0	555.0	540.0	▼10.0	1
0.2	0.3	0.2	▼0.3	642	11300	448.0	454.0		0.0	0
0.2	0.4	0.2	▼0.3	177	11200	347.0	354.0		0.0	0
0.2	0.4	0.3	▼0.7	362	11150	298.0	307.0		0.0	0
0.6	0.7	0.6	▼1.1	2811	11100	251.0	254.0	278.0	▲23.0	7
1.6	1.8	1.8	▼2.1	3340	11050	202.0	205.0	227.0	▲19.0	104
4.2	4.5	4.4	▼3.2	9796	11000	155.0	157.0	154.0	▼6.0	1200
10.5	11.0	11.0	▼4.0	14147	10950	112.0	113.0	113.0	▼4.0	6063
23.0	23.5	23.0	▼6.5	26993	10900	75.0	76.0	76.0	▼5.0	13194
44.5	45.0	45.0	▼7.0	31724	10850	46.5	47.0	47.0	▼6.0	21612
75.0	76.0	76.0	▼5.0	36913	10800	27.0	27.5	27.5	▼5.0	31368
112.0	113.0	111.0	▼7.0	7140	10750	14.0	14.5	14.0	▼5.5	24165
155.0	157.0	156.0	▼4.0	4319	10700	7.7	7.8	7.7	▼3.3	18405
201.0	204.0	204.0	▼1.0	712	10650	4.1	4.3	4.3	▼3.0	7698
249.0	251.0	250.0	▼2.0	419	10600	2.4	2.5	2.3	▼2.4	12199
298.0	301.0	300.0	0.0	76	10550	1.7	1.9	1.8	▼1.6	4581
348.0	351.0	352.0	▲2.0	340	10500	1.6	1.7	1.7	▼1.0	3026
394.0	408.0	418.0	▲18.0	6	10450	1.3	1.5	1.4	▼0.9	1055
448.0	456.0	442.0	▼8.0	17	10400	1.0	1.2	1.1	▼0.9	980
545.0	560.0		0.0	0	10300	0.8	0.9	0.8	▼0.8	535
645.0	660.0		0.0	0	10200	0.7	0.8	0.8	▼0.7	278
735.0	760.0		0.0	0	10100	0.6	0.7	0.7	▼0.4	198
840.0	850.0	830.0	▼20.0	1	10000	0.3	0.6	0.5	▼0.4	196
935.0	965.0		0.0	0	9900	0.2	0.3	0.3	▼0.5	876
1030.0	1060.0		0.0	0	9800	0.2	0.3	0.2	▼0.4	705
1140.0	1160.0		0.0	0	9700	0.1	0.2	0.2	▼0.2	62
1230.0	1260.0		0.0	0	9600	0.1	0.2	0.1	▼0.2	40
1330.0	1370.0		0.0	0	9500	0.1	0.2	0.2	0.0	8
1430.0	1470.0		0.0	0	9400	0.1	0.2		0.0	0
1530.0	1570.0		0.0	0	9300	0.1	0.2		0.0	0
1630.0	1670.0		0.0	0	9200	0.1	0.2		0.0	0

▲ 圖 3-8-14　選擇權 T 字報價表，CALL、PUT 同步下跌

時間 11：45

行情轉折，加碼放空。

今天走勢好黏，打紅色圈圈的地方是今天的轉折點，盤整盤的做法就是抓轉折點，漲不動做空，跌不動做多，今日抓放空點，做多點不做，只做空點。

今天走個震盪盤。這種盤我不太會在裡面沖來沖去，以前在交易當沖的時候會，現在不會。現在比較偏好簡單、不費神、不花體力的操作。例如今天抓頭做空 SC 就想一路做到底。當指數拉上來，我會擔心行情反轉嗎？是有一點，行情還沒走遠之前，都會擔心行情回檔，讓原本賺錢的單子變成賠錢單，但空單賠錢有何不好呢？這表示主要部位多單是賺錢的，上漲時我賺更多，因此這並不會造成心理壓力。**長線的獲利單對交易很有幫助。走勢怎麼走都好。**

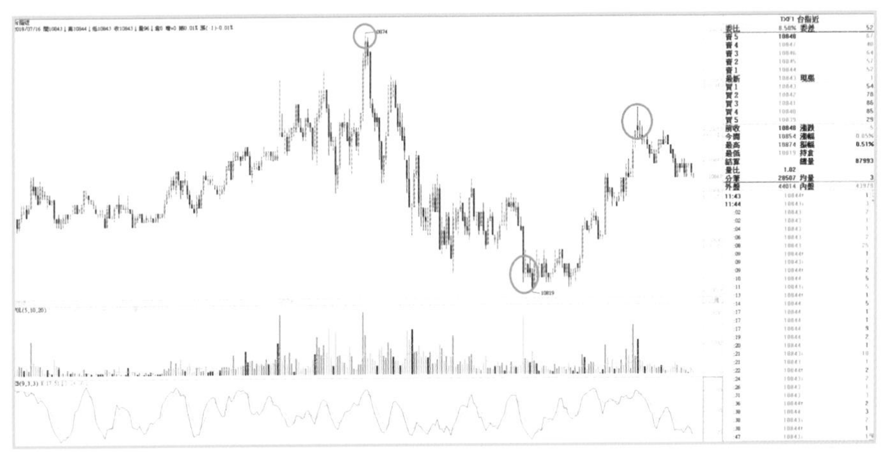

▲ 圖 3-8-15　台指期一分 K

時間　13：21

大盤期日 K，殺尾盤收黑。今天用短線空單 SELL CALL 夾一下。

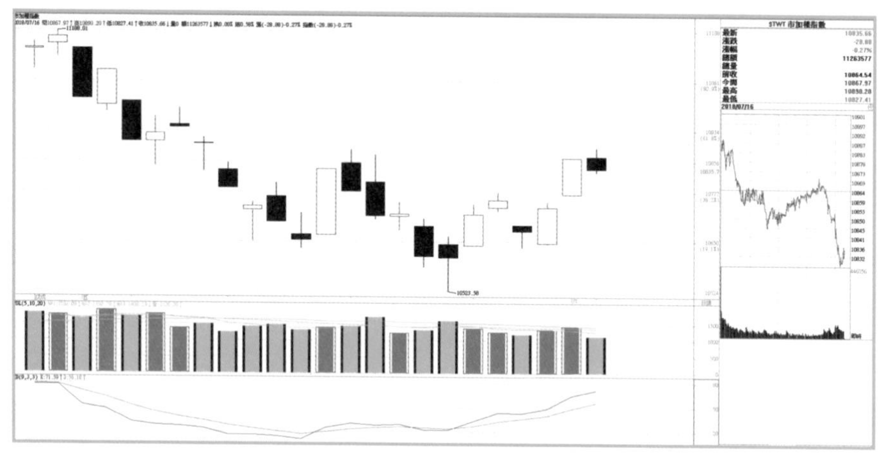

▲ 圖 3-8-16　大盤日 K

台指期五分 K，今天震盪，持有賣方，觀望。

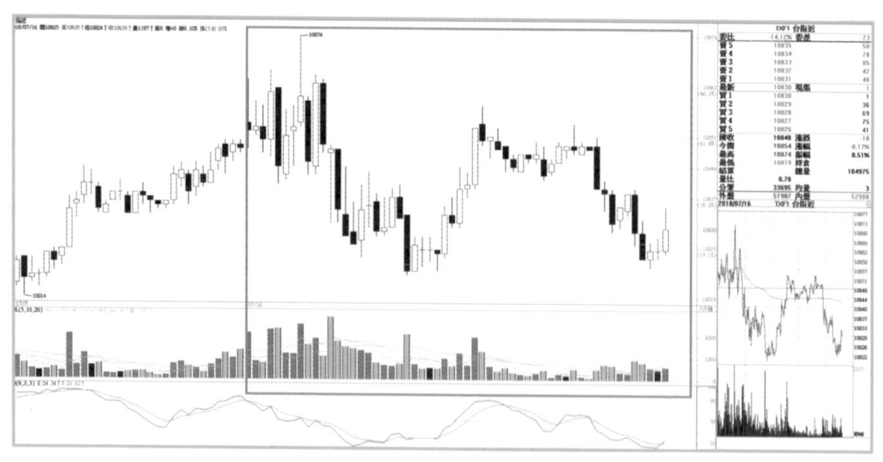

▲ 圖 3-8-17　台指期五分 K

盤後檢討

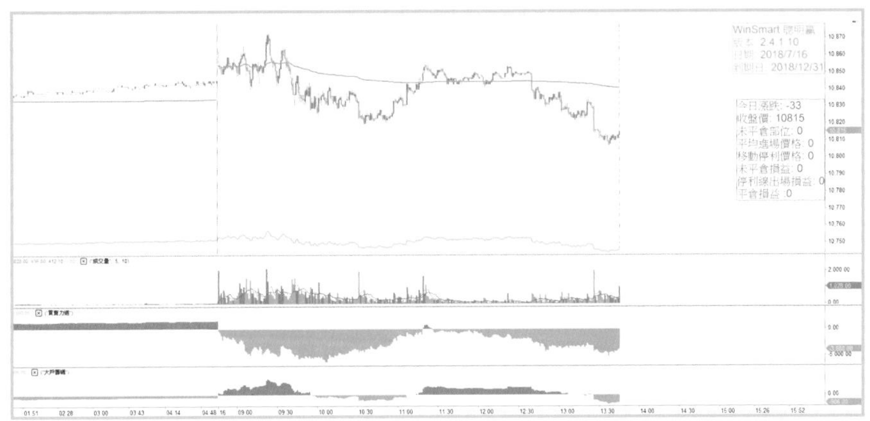

▲ 圖 3-8-18　台指期一分 K，今天的走勢圖

最後行情殺尾盤，下跌 33 點，收 10815。我會知道今天行情殺尾盤嗎？當然無法事先知道。行情在十一點多反彈時，我也怕行情會往上走。但是想一想，往上走也沒關係，短線放空賠錢表示我長線做多賺錢。我應該高興才是。因為抓頭抓在相對好的放空位置進場，我就不急著將空單獲利出場，多觀察、停損也沒關係。

手上留著獲利的部位讓我心裡自在，比較不會有負面情緒。這對交易很重要，在負面情緒下交易不會有好成績。交易盡量讓自己處於有利的狀況，包括正面的情緒、帳上獲利，這源頭來自於單純的看價格操作，拋開自我主觀意識，順著走勢調整部位，砍掉讓你煩惱的賠錢部位，留下讓你開心的賺錢部位。**不問漲跌原因，只管看價格操作。**

我滿意今天的交易，進場點不錯，沒有進進出出，沒有多餘的交易。

多做有用的交易、少做無用的交易，留住手上的王牌

交易日記：2018 年 7 月 17 日　禮拜二

盤前分析

台股昨天開小高然後震盪走低，最終下跌 47 點收在 10817。小小一根黑 K，昨日我也順著走勢進場放空，我選擇 SELL CALL 10850，下跌過程中打加碼，共兩碼部位。底下抱上來的 SELL PUT 10600 七月差不多收乾，SELL PUT 10600 八月也從兩百二十幾收到一百一，收了一半。這幾天做多 SELL PUT 很補。走勢可能回檔，均衡一下買一些空單 SELL CALL 週選。

加權指數從低檔 10523 反彈到昨日高點 10890 上漲了 367 點，從前波高點 11261 到前波低點 10523 點，這段下跌幅度 738 點，現在反彈剛好是跌幅的一半，反彈到二分之一遇賣壓，預期台股會繼續箱型整理，今天可能繼續回檔下跌。不過，這只是我個人推測，等開盤後看怎麼走。

▲ 圖 3-9-1　大盤日 K，預測台股走勢是盤漲

盤中交易

交易時間　09：01

期貨 8：45 分開盤後行情開平震盪，走低下跌 19 點，10796，延續昨天的跌勢，到目前為止走勢和開盤前的推論是一樣的。現在九點現貨開盤了，看看會不會有變化。早盤是個關鍵時刻，有行情、沒行情、多方盤、空方盤大都可以在早盤的時候看出端倪，所以交易台股、台指期、選擇權最好要 8：45 準時看盤，免得錯過黃金時段。8：45 到 9：00，只有期貨走勢在跑，大盤還沒開盤，我通常會以 8：45 到 9：00 的連續走勢提示自己今日的「多空強弱」，再以 9：00 開盤後的幾分鐘的走勢做確認。

例如，今天到目前為止是開「小低盤」，稍微往上拉個 14 點，就往下走，跌幅 24 點。下跌幅度大於上漲幅度，到目前為止為空方勝。且盤中籌碼也是負的，買賣力道 -1039、大戶籌碼 -726。表示市場籌碼也偏空。會不會繼續跌呢？九點鐘就是一個重要的觀察時間點。

要看現貨開出來後是否有繼續下跌的力道，期貨是很敏感的，現貨只要不跌，期貨就會走反向。現貨只要繼續下跌，期貨會繼續殺。所以，目前這現貨開盤後的幾分鐘是個重要的觀察時間點。這段時間最好在螢幕前看報價，觀其變化。一日之計在於晨。

▲ 圖 3-9-2　台指期一分 K，開低走低 + 籌碼為空，空方強

交易時間　09：11

指數 10790，下跌 25 點，現貨九點開盤後往下走，期貨也跟著往下殺，可是現貨走勢從 9：06 開始往上漲，期貨也跟著往上拉，要觀察後續的買盤是否持續，若持續台指就會往上拉，到目前為止反彈的幅度小於下跌的幅度，偏空。我的短線空單空在昨天高點附近，目前成本拉開，先看，不動作。

進場的位置，決定我現在是優雅的觀眾，還是擔心的參與者。若是空在很差的位置，現在價格反彈，我就會擔心賠錢會不會擴大，若是成本拉開，已經獲利一段，根本不太在意短線的波動。所以，若買在比較好的位置，成本拉開後，不要任意出場。因為，你再也買不回那麼好的進場位置了，不要任意失去你的位置優勢。

▲ 圖 3-9-3　台指期一分 K

交易時間 09：17

指數 10814 跌 1 點。行情才稍微往下跌，就立刻急拉，上漲的角度又快又急，若是今天在剛剛低點附近做空，拉上來很可能會停損。現在行情拉到今日高點附近，只要是今天做空的全部都賠錢，待會創新高會有停損單出籠。不過，幸好我的進場位置比較好，昨天就進場，今天的震盪不會把我嚇出場。

▲ 圖 3-9-4　台指期一分 K

時間　09：21

才說完下一根 K 線就往上噴，過高了，有看到停損量出來，但是過高完馬上收上影線且收黑，根據交易經驗，行情漲到這就結束的機率大，接下來會回檔走盤整盤，因為往上的企圖不大，剛剛過高過得有點虛，像是純掃停損用的，繼續觀察。

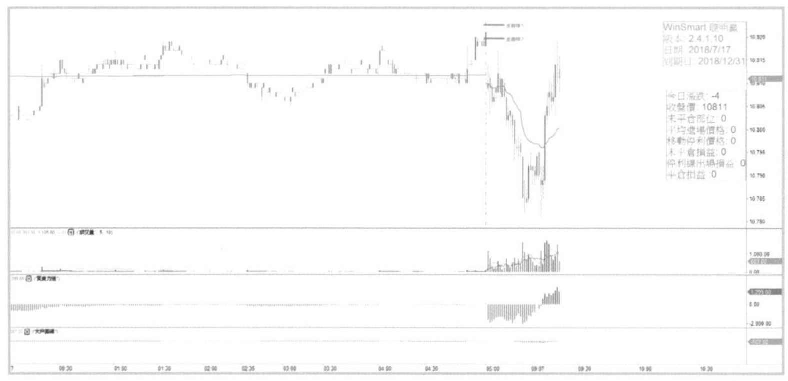

▲ 圖 3-9-5　台指期一分 K

交易時間　09：32

指數 10788，跌 27 點，殺下來了，我剛剛怎麼沒進場空？現在短空 SELL CALL。

▲ 圖 3-9-6　台指期一分 K

交易時間 09：59

指數 10774，跌 44 點，跌幅擴大。

▲ 圖 3-9-7　台指期一分 K

交易時間 10：10

走勢和想的一樣，拉回，今天繼續收黑 K。

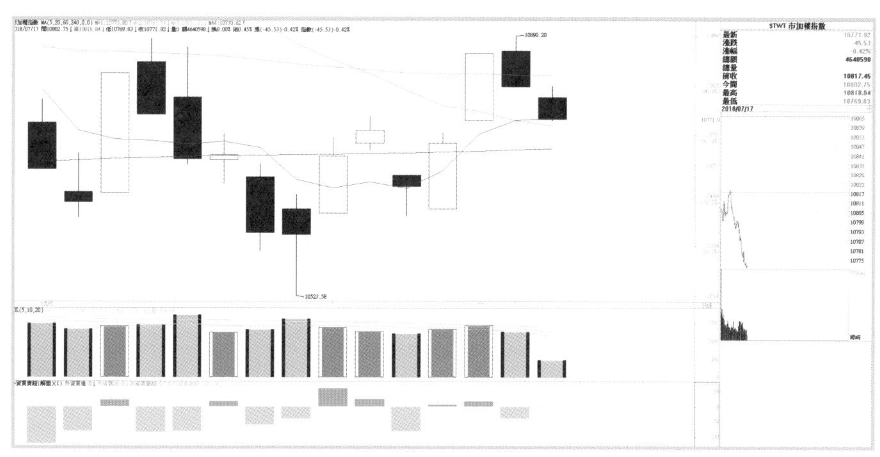

▲ 圖 3-9-8　大盤期日 K

交易時間　10：24

台指期日 K，漲多回檔，下跌 44 點。

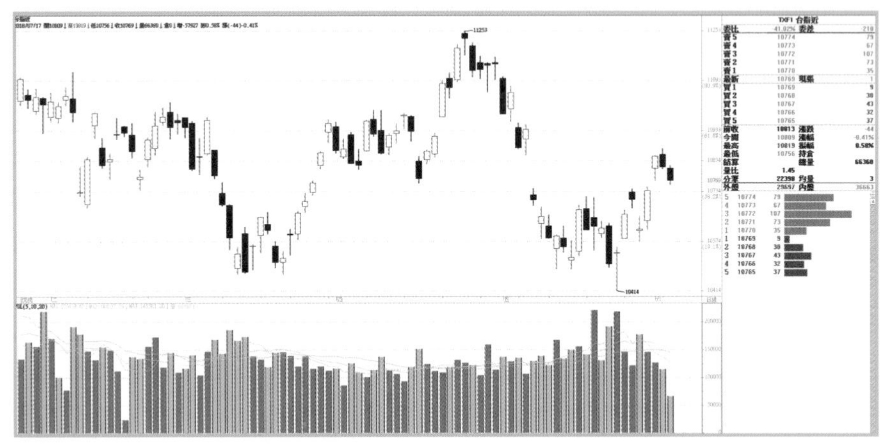

▲ 圖 3-9-9　台指期日 K

交易時間　11：02

台指期在五日均線處有支撐，打了一個 W 底。做短多 SELL PUT。

▲ 圖 3-9-10　台指期一分 K

交易時間 11：51

指數 10788，跌 27 點，指數是有慢慢爬上來。現在日 K 收個有下影線的小打樁線，會不會往上呢？觀察。是漲是跌，最後都要以收盤定輸贏，現在只是過程。

▲ 圖 3-9-11　大盤日 K

交易時間 13：23

價格回跌，剛剛做多真是手癢。今天收黑，但是在五日均之上。弱中透強。

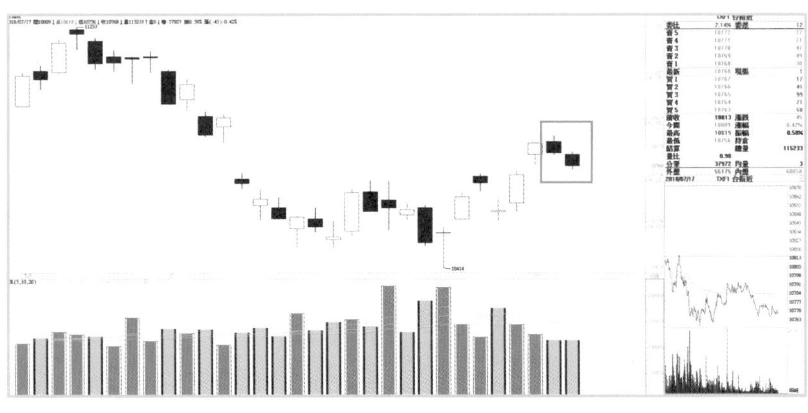

▲ 圖 3-9-12　台指期日 K

盤後檢討

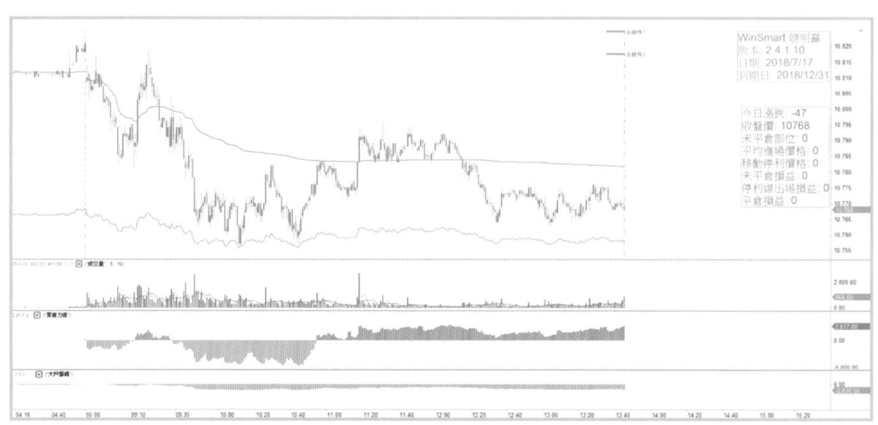

▲ 圖 3-9-13　台指期一分 K，今天的走勢圖

今天開盤整下跌最後收了實體的黑 K，和盤前預期可能會繼續回檔下跌的大方向相同，只是過程中做了筆沒有必要的短單。在裡面小賺小賠。還好部位沒有買太多，也沒有做太多趟。**不要貼著盤面太近，試圖想抓到每個機會，企圖想抓到每個走勢，會讓你過度交易，多做很多沒有必要的單。**

多做有用的交易，少做沒有用的交易。這些多餘的交易往往是虧錢，墊高交易成本的，且侵蝕你的獲利的。以前，剛開始進入市場時，一天的交易很多筆，頻繁地進進出出，帳上不見得有獲利，但是手續費和稅倒是繳不少，就這樣幫券商打工，繳稅給政府。現在不會了，盡量少做無用的交易，我在當老師改同學的交易日記的時候，發現很多投資者有個明顯的共通點，就是交易次數過多。除非勝率很高，那你可以用勝率賺錢。但不是這樣，投資者大多是勝率不高，還一直短線交易，做越多筆交易，輸錢機率越高，光交易成本你就輸了。所以，我建議讀者「**精簡出手，減少交易次數**」。

若做當沖，一天最多做兩趟、三趟就夠了。在有限的出手機會之下慎選進場點，不要每個機會都想抓。若做長線，不見得要天天交易。

若出手位置不好，迅速解決它，並控制出手次數，不要過度交易，過度交易讓你失去交易優勢，若出手位置好，留住這張王牌，保住你的優勢。目前我留著幾張王牌，不管多空都是賺錢的單，留著獲利的部位交易，心情比較沒有壓力，心情好沒壓力，就更容易做出好的交易，這是一個正向循環。**多做有用的交易，少做無用的交易，並且留住你手上的王牌。**

夜盤交易延長賽，週三當沖選擇權

交易日記：2018 年 7 月 18 日　禮拜三

盤前分析

昨天夜盤行情就開始上漲，SELL CALL 10850，從 2.X 漲到 8.X 停利出場，有夜盤可以半夜交易。夜盤就是 T ＋ 1 盤，時間是從下午 3 點到隔天凌晨 5 點，時間很長有 14 個小時，這段時間美股有開盤，國際股市在走。台指期可以提前在夜盤時候反映，不用等到隔天才跳空。

夜盤的出現，大大的減少投資人的交易風險。我們可以很方便的在夜盤時處理手上的部位，不管是提早出場或是進場交易，都可以在晚上吃飽以後，睡覺前坐在電腦前，好整以暇的處理你手上的單。我要大大稱讚我們期交所的決策，延長交易時間與國際接軌是對的。手上原本預計要吃龜苓膏的部位 SELL CALL 10850 從兩塊多漲到八塊多，這是一個不尋常的訊號，我毅然決定提前出場，夜盤先處理部位。

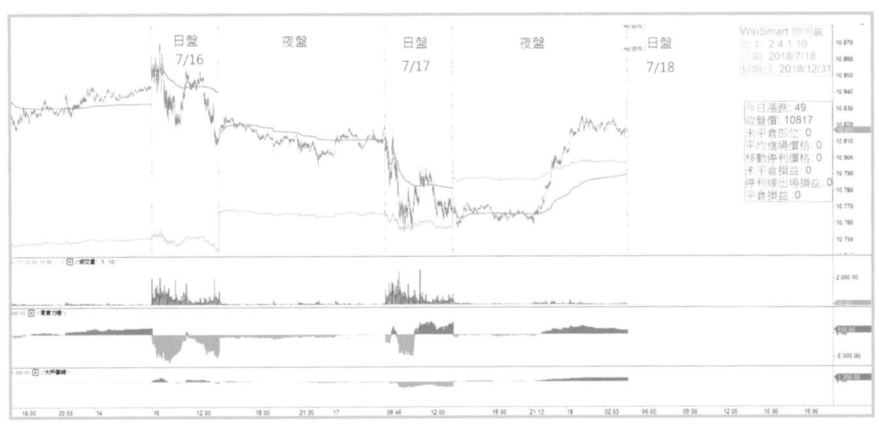

▲ 圖 3-10-1　台指期 日盤＋夜盤

▲ 圖 3-10-2　大盤日 K

盤中交易

時間　08：48

今天是結算日，今天開盤跳空六十點，還好昨天夜盤空單有出場。行情在連續兩天回檔後今天上漲。7 月 6 日開始做多到現在，走一步看一步，步步為營。目前，台股止跌反彈是沒問題的。現在留著賺錢的部位，沒煩惱。交易不要讓自己有煩惱，有煩惱就出場。

時間　09：14

指數 10828，上漲 60 點。指數現在擠成一團，要觀察什麼？除了觀察 K 線圖本身之外，我觀察盤中的籌碼資訊，這在每個券商看盤系統都有提供，只是沒有連續資料的圖表展示，是片段的、當下的、數字的，不容易觀察。**觀察數據不要只觀察當下，還要觀察連續性，才看得懂趨勢和變化。**為了看盤方便，我在我的 WINSMART 看盤系統增加兩個盤中籌碼指標，用以輔助盤中判斷多空。

我用委買委賣口差做一個技術指標放置在成交量的下方，命名為「買賣力道」，目前買賣力道為正，是多方的意思。只是口數不多都只有幾百口，表示多方力道不強。既然是籌碼數據是多方，所以在 K 線圖擠在一起，方向還沒出來時，我先偏多看。

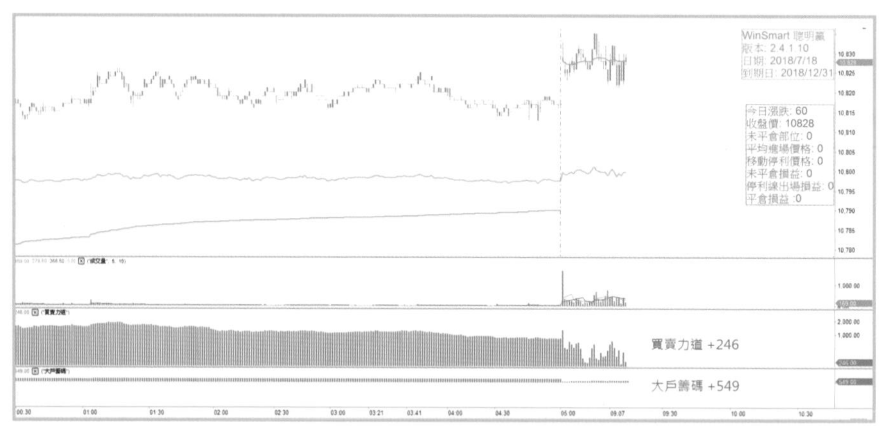

▲ 圖 3-10-3　台指期一分 K，開小高盤整 + 籌碼為多，看盤漲

時間 09：22

指數 10826，上漲 58 點，還在盤整。看一下昨天的走勢，昨天夜盤上漲，今天開盤以後盤整，盤中籌碼是多方，價格重新站回五日均線，我看多。交易不要只看今天的 K 棒，要連昨天的 K 棒一起看。

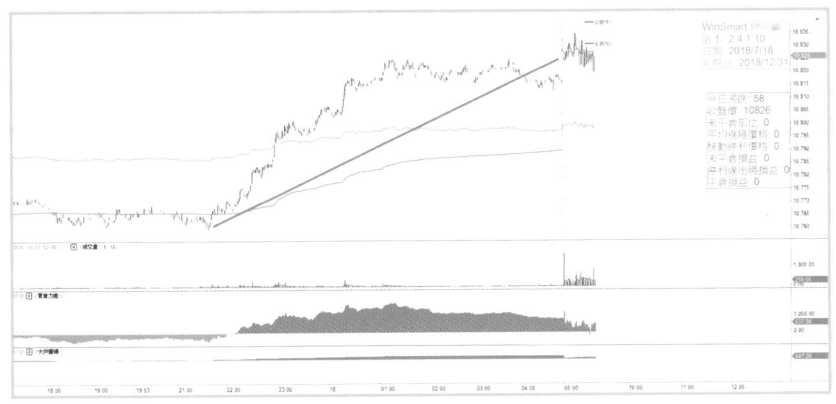

▲ 圖 3-10-4　台指期一分 K

時間 10：13

指數 10851，上漲 83 點。指數攻勢再起，上漲很好，對長線多單有利。由於今天結算，所以我預先佈局下個月的多單。包括期貨和 SELL PUT。

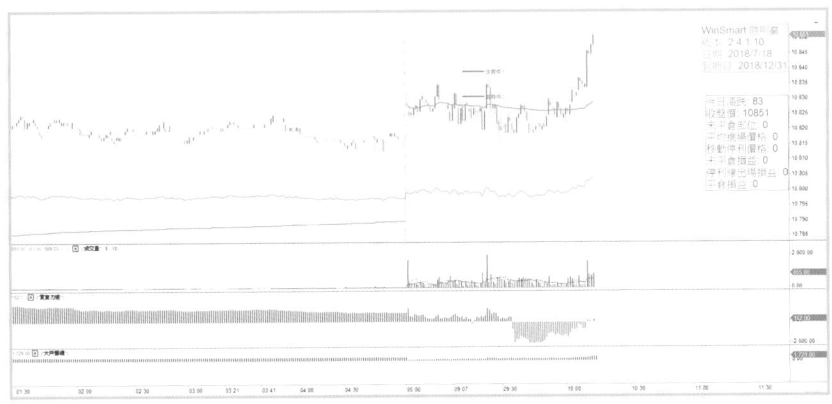

▲ 圖 3-10-5　台指期一分 K

時間　10：34

指數 10853，上漲 85 點，由於今天是結算日，本能的看到漲不動的地方就想做空 SELL CALL。進場 SELL CALL 10850。

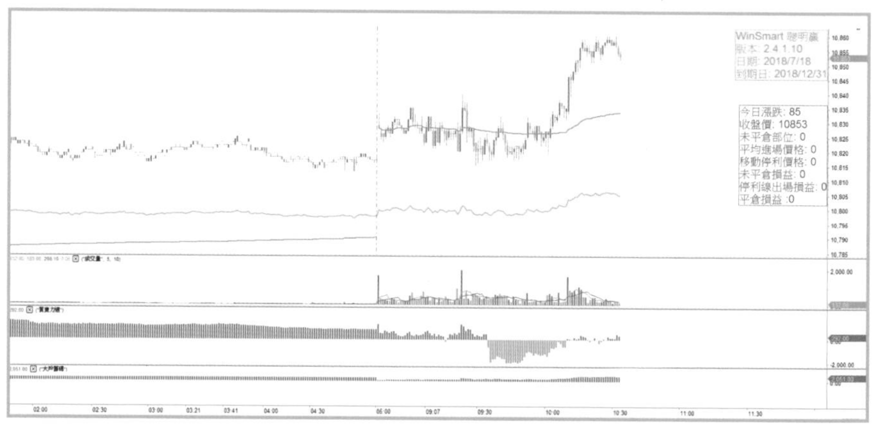

▲ 圖 3-10-6　台指期一分 K

比對期貨走勢圖和選擇權走勢圖，抓反轉。

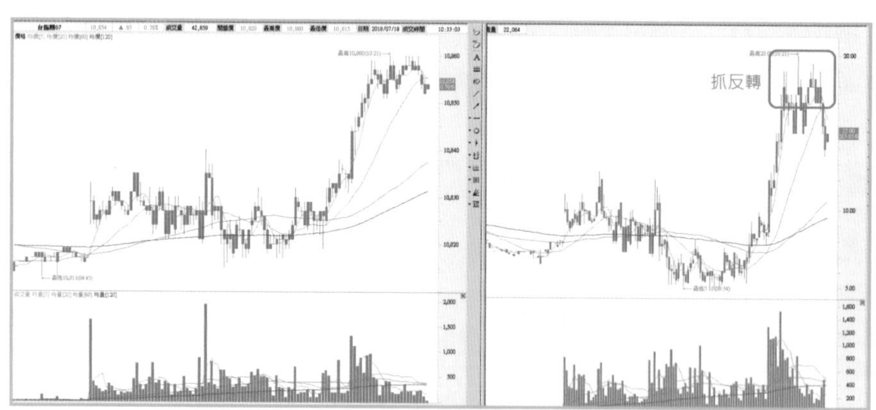

▲ 圖 3-10-7　台指期一分 K VS. 選擇權一分 K

時間 10：36

看大盤日 K，沒有弱象，是實體紅 K，選擇權價格比較敏感，有走弱跡象。

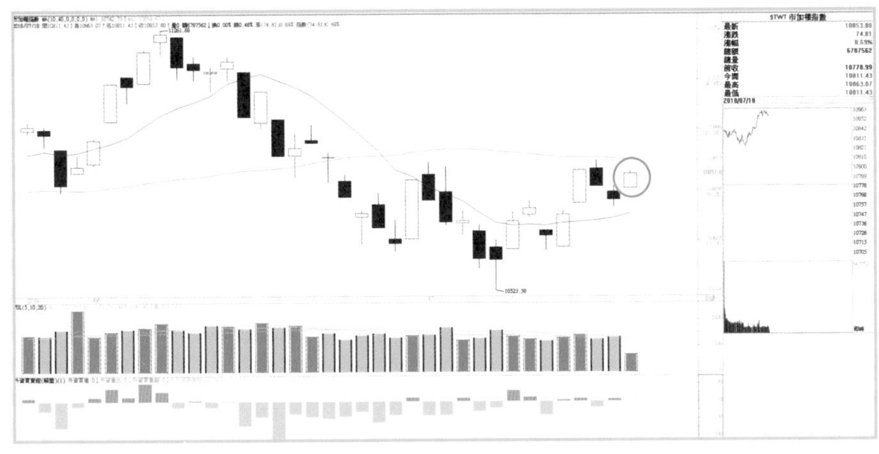

▲ 圖 3-10-8 大盤日 K

時間 10：39

指數 10854，上漲 85 點，剛剛進場做空 SELL CALL，也加碼長線多單 SELL PUT 和期貨多單，看哪個對，今天結算，加碼單都買下個月份的合約。

時間　10：43

指數 10863，上漲 95 點，行情往上噴，做多對，SELL CALL 10850，小賠 2 點出場。反手 BUY CALL 10850。

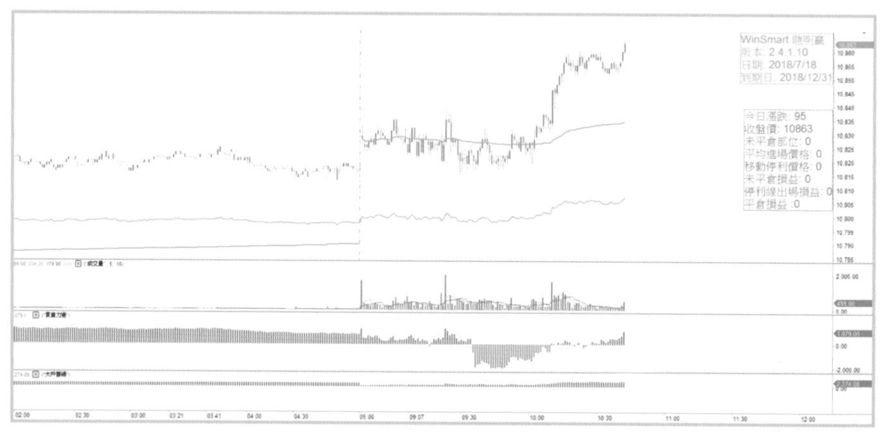

▲ 圖 3-10-9　台指期一分 K

時間　10：55

指數 10861，上漲 93 點，看的週期影響操作的節奏，看得越短做得越短。台指期日 K，目前是一個實體紅 K，加小小上影線，做多沒有疑慮。台指期一分 K，衝高以後小 V 轉，做多有疑慮。今天短線的 BUY CALL 沒有衝出去，所以我現在再反手 SELL CALL。短線很忙，長線續抱。今日結算的選擇權必須做短，不是買方倍數獲利，就是當賣方收乾。

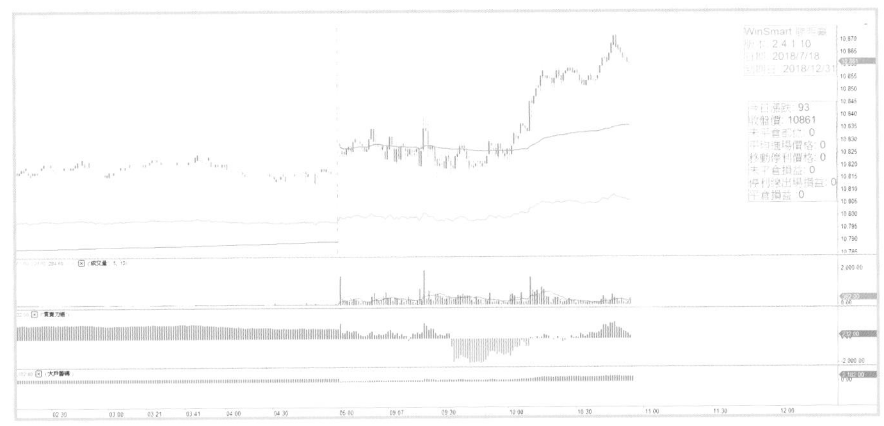

▲ 圖 3-10-10　台指期一分 K，抓頭做空 SELL CALL

時間　11：03

指數 10858，漲 90 點。目前出現小 A 轉，剛剛 SELL CALL 是對的，今天是週三結算，只要沒有履約價值權利金，一定會歸零，權利金很敏感的，結算這天不是買方大賺，就是買方歸零。這裡是我會做賣方的點，理由很簡單，漲不動就 SELL CALL。SELL CALL 選可能會沒有履約價值的，現在指數 10858，往下跌會跌破 10850，所以最肥美的 SELL CALL 位置在 10850，只要往下跌會「收乾」，權利金歸零。

一樣是做賣方 SELL CALL，10850 權利金最高，比 SELL CALL10900、SELL CALL10950 都還要高，若判斷正確，剛剛的 A 轉就是今天的高點，那麼 10850CALL、10900CALL、10950CALL 還有其他更高的 CALL 履約價都沒有結算價值都會歸零，那麼，這一堆合約之中 10850CALL 是權利金最大獲利最大的合約，所以我選擇它。

我將選擇權當期貨操作，選擇價平的位置貼著行情做，選擇權利金最大的地方當賣方。用技術分析提高勝算，用價平的履約價提高報酬率。當然，也有人會選擇「比較遠」的履約價操作，因為勝算較高都可以的，方向看對就會賺錢。

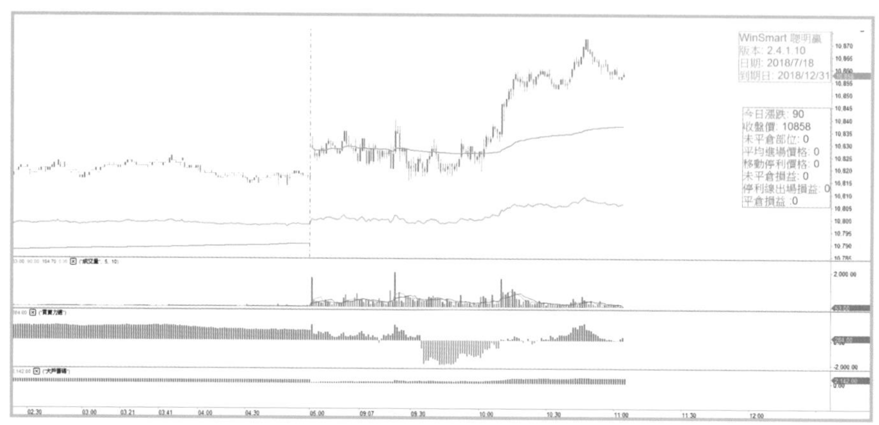

▲ 圖 3-10-11　台指期一分 K

看期貨走勢圖比對選擇權 10850CALL 報價

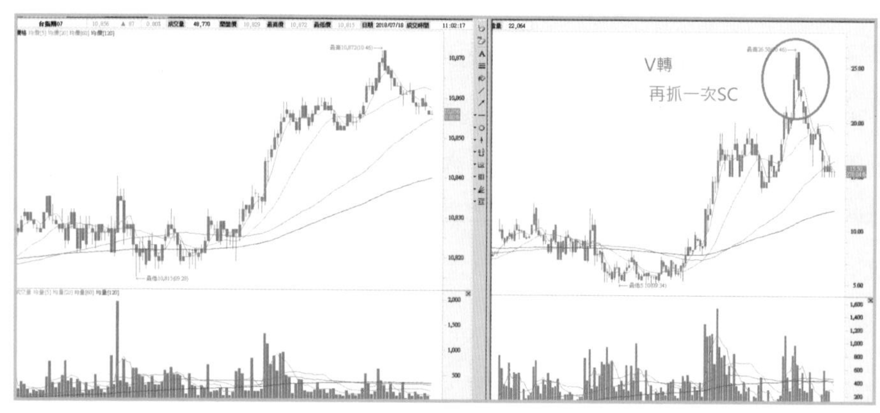

▲ 圖 3-10-12　台指期一分 K VS. 選擇權一分 K

11：08

指數 10855，漲 87 點，選擇權當沖好玩嗎？好玩，也不好玩。必須貼著行情操作，看看自己個性是否適合這樣的節奏，**容易緊張的人不適合當沖，反應太慢的人不適合當沖，不會做資金管理，只想賭一把的人不適合當沖，情緒控制不佳的人不適合當沖**。目前選擇權價格跌落，賣方獲利。

時間 11：13

直線下來，行情從高檔滑落，就像坐雲霄飛車般，先爬坡再墜落。當沖適合有時間看盤的人交易，上班族較吃虧，因為當你在工作，行情卻在亂跑，常常錯過好的進場點、反手點和出場點。當沖是給有時間的人做的。若進場做多了，可是在忙工作沒時間看盤，一下子就風雲變色。特別是做買方的人，一不留神，你的財產就飛走了，被莊家沒收了，被我收走了。請見下方的圖，選擇權價格下回速度極快，比期貨快。

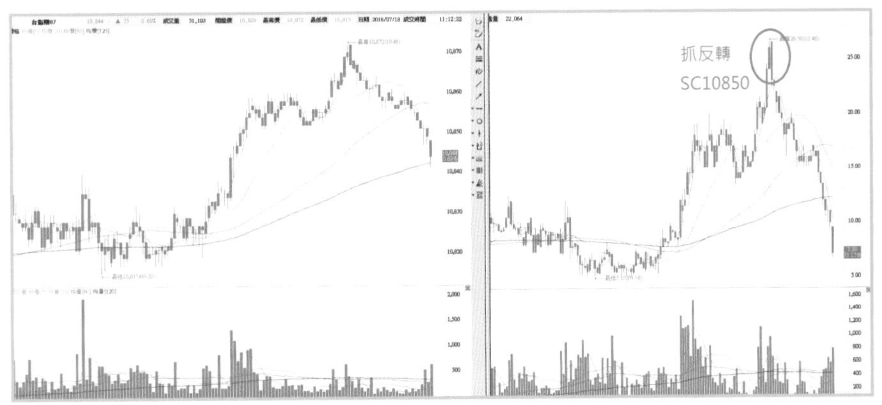

▲ 圖 3-10-13　台指期一分 K VS. 選擇權一分 K

時間 11：15

台指期咻一聲就下來，那剛剛的上漲是引誘做多。今天跌回開盤價，造成今天的 CALL 和 PUT 權利金雙雙下跌，賣方莊家大豐收，買方大虧。尤其是剛剛因為行情上漲，而漲上去的 CALL，現在全部隨著行情下殺，全部要吃土了。今日進場做賣方的 SELL CALL 10850，看來要吸乾抹淨了。

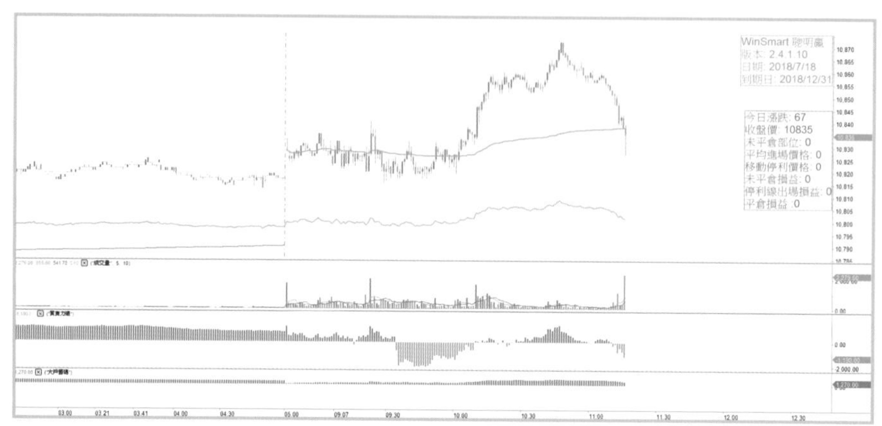

▲ 圖 3-10-14　台指期一分 K

11：38

指數 10817，上漲剩下 49 點。指數繼續下探，CALL 權利金確定會歸零。今天是買方的雲霄飛車日，先往上衝倍數獲利，再往下衝歸於塵土，結束短暫而精采的一生。如果你做買方不會做資金管理，不懂得停損停利，那麼你的交易生涯也是短暫的一生。交易選擇權買方重點不在哪裡買進、哪裡賣出。重點不在技術的層次，重點是資金管理，沒有任何人能夠下重注，而承受這麼大的波動。

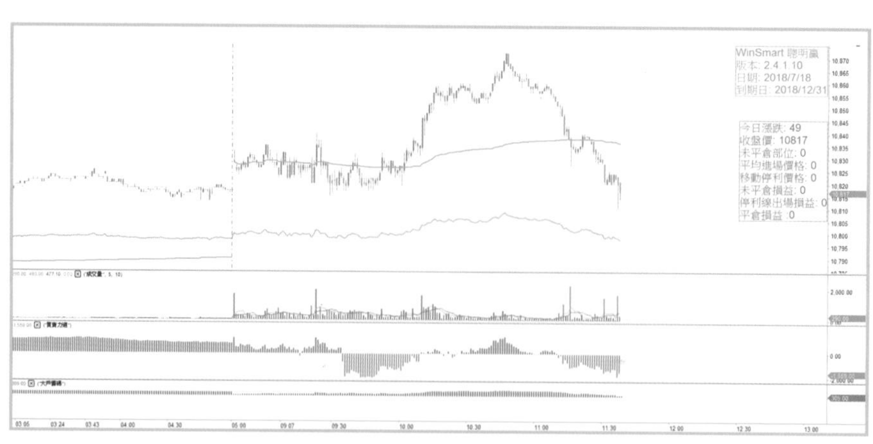

▲ 圖 3-10-15　台指期一分 K

時間 12：19

指數 10801，上漲剩下 33 點。行情再探底。籌碼買賣力道從 11：11 開始由**多翻空**（下圖十字游標的地方），至少在那個地方開始要知道行情會往下，**因為跌破重要的頸線位置，市場的籌碼多單都抽掉了，空單勝出**。

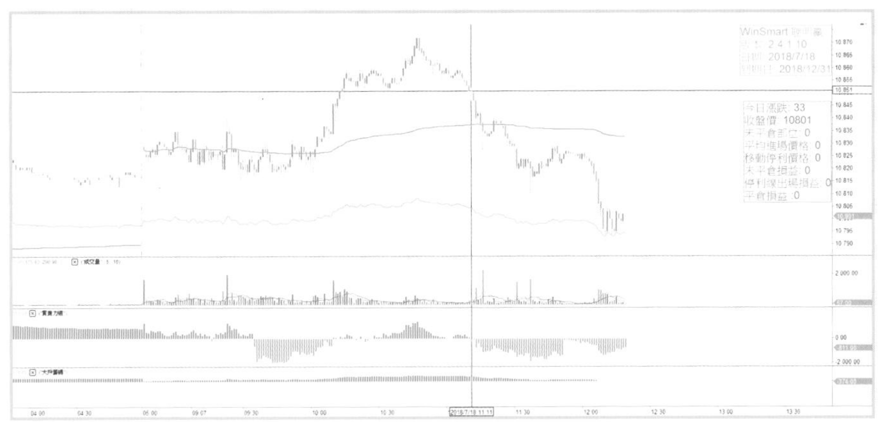

▲ 圖 3-10-16　台指期一分 K，籌碼多翻空處，行情走弱

反之，買賣力道從 10：10 開始由空翻多（下圖十字游標的地方），這裡也是一根長紅往上突破重要的型態，箱型整理區的高點，市場上的空單都抽掉了，剩下比較多的多單。行情容易上漲。

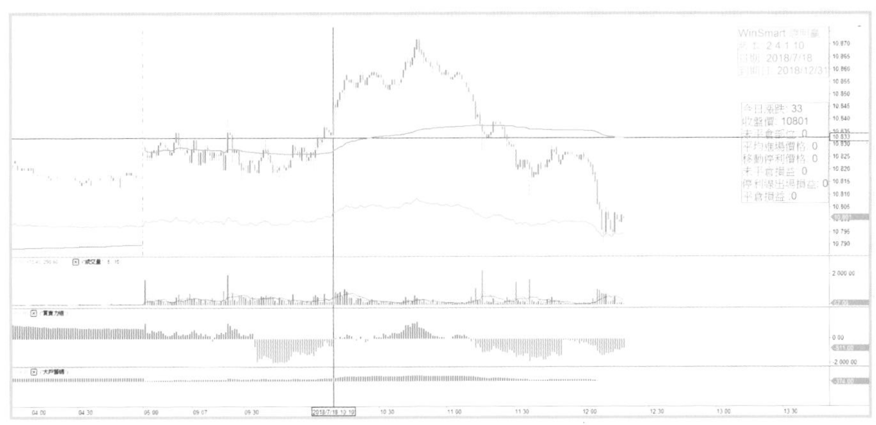

▲ 圖 3-10-17　台指期一分 K，籌碼空翻多處，行情走強

盤後檢討

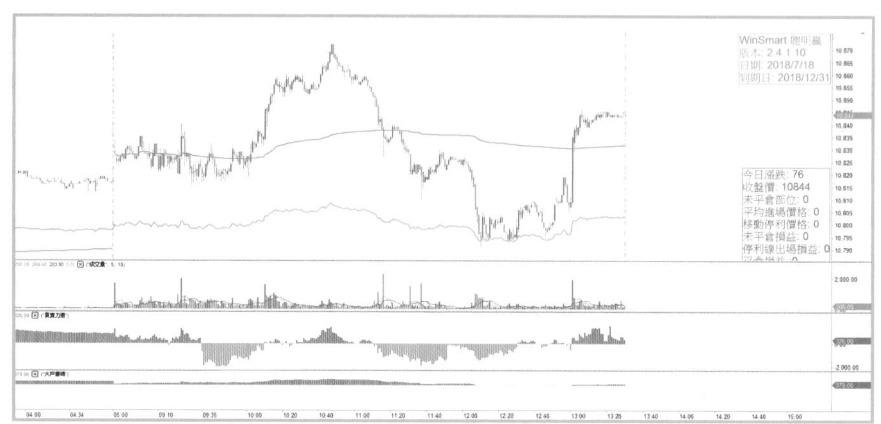

▲ 圖 3-10-18　台指期一分 K，今天的走勢圖

最後行情拉尾盤，將指數重新拉到 10844，上漲 76 點。今天是個很人工的人工盤。走勢是隨機的嗎？不是，走勢是故意的。你的對手是可以控制走勢的大戶、法人。要跟這樣的對手過招，獲勝並不是易事。今天的上下刷洗絕非偶然，而是精心安排。尾盤的拉抬對於選擇權的結算並不影響，它只影響台指期的價格，不影響選擇權的結算價格，不影響選擇權莊家的利益。10850 CALL 還是沒有履約價值，0。

今天交易有即時修正，還可以。短線轉來轉去，長線繼續看多。

這兩天操作的 10850 CALL，昨天的夜盤報價在 2，今天的高點報價在 26.5，翻了十多倍，最後歸零。做買方賺錢的速度很快，用小錢滾大錢很快就可以大賺一筆財富自由，你應該聽過很多類似這樣的論調。你有看過捕蠅燈嗎？夜晚在那邊閃閃發光亮啊亮的，蚊蟲就往那個光衝，然後被電得吱吱叫。

投資人不要看到有利可圖就一股腦地衝進去，人為財死鳥為食亡，面對槓桿高的商品你要「去槓桿」，也就是資金管理。我看過很多人急著賺錢，容易買的比較多，不要只看著可能的獲利流口水而忘記風險。你要知道，選擇權的波動是快速的，賺得快賠得也快，只能把它當樂透買，買你可以賠的錢。不要只注重在進出場技巧，資金管理才是交易的關鍵。

若短線會下跌，為何要留著多單？

交易日記：2018 年 7 月 19 日　禮拜四

盤前分析

台股昨天結算，結算也不好好結，衝高殺低 CALL PUT 雙殺，賣方大勝。

昨日選擇權 T 字報價表（下頁）10850 以上的 CALL 全部陣亡，10800 以下的 PUT 全部歸零。超過一半以上的履約價都沒有價值，你想想賣方勝算是不是很高。所以有一群人默默的在做結算賣方，勝算最高。昨日我也做了賣方 SC10850。收乾。好賺嗎？還可以，利潤不高但是勝率極高。我抓一口保證金兩萬，賺 20 點一千元，投報 5%。結算賣方看情況操作，看得出方向就「單邊」，看不出方向，做雙 SELL 收時間價值。

自選 | 庫存 | 排行 | 分類 | 權證 | 股票 | 期貨 | ◉ 選擇權 | ETF | 基金 | [

TXO 台指權 ▾ 月份 ▾ 2018/07 ▾ 註記 設定 ☑ 對照 ☑

買價	賣價	成交	漲跌	成交量	規格	買價	賣價	成交	漲跌	成交量
	0.1		0.0	0	12400	1550.0	1570.0		0.0	0
	0.1		0.0	0	12300	1450.0	1470.0		0.0	0
	0.1	0.1	0.0	15	12200	1350.0	1370.0		0.0	0
	0.1		0.0	0	12100	1250.0	1270.0		0.0	0
	0.1		0.0	0	12000	1140.0	1170.0		0.0	0
	0.1		0.0	0	11900	1050.0	1070.0		0.0	0
	0.1		0.0	0	11800	940.0	965.0		0.0	0
	0.1		0.0	0	11700	850.0	865.0		0.0	0
	0.1		0.0	0	11600	750.0	760.0		0.0	0
	0.1		0.0	200	11500	645.0	675.0		0.0	2
	0.1	0.1	0.0	124	11400	550.0	560.0		0.0	0
	0.1	0.1	0.0	198	11300	452.0	458.0		0.0	0
	0.1	0.1	▼0.1	45	11200	352.0	371.0	375.0	▼55.0	2
	0.1	0.1	▼0.1	64	11150	293.0	321.0	343.0	▼37.0	1
	0.1	0.1	▼0.1	1539	11100	255.0	261.0	255.0	▼75.0	187
	0.1	0.1	▼0.1	838	11050	201.0	207.0	209.0	▼72.0	171
	0.1	0.1	▼0.2	3727	11000	153.0	157.0	156.0	▼75.0	848
	0.1	0.1	▼0.3	9115	10950	105.0	106.0	105.0	▼76.0	5289
	0.1	0.1	▼0.9	37075	10900	55.0	56.0	56.0	▼75.0	42090
	0.1	0.1	▼4.0	120381	10850	5.9	6.0	5.9	▼79.1	136058
44.0	44.5	44.0	▲29.0	175930	10800		0.1	0.1	▼45.9	165715
93.0	94.0	94.0	▲54.0	52588	10750		0.1	0.1	▼20.4	67251
143.0	144.0	143.0	▲66.0	19027	10700		0.1	0.1	▼8.1	23687
193.0	194.0	194.0	▲72.0	2880	10650		0.1	0.1	▼3.1	13292
243.0	244.0	244.0	▲73.0	1729	10600		0.1	0.1	▼1.3	6981
293.0	299.0	294.0	▲73.0	93	10550		0.1	0.1	▼0.9	2326
343.0	344.0	345.0	▲74.0	296	10500		0.1	0.1	▼0.6	1910
392.0	408.0	360.0	▲39.0	5	10450		0.1	0.1	▼0.4	632
442.0	449.0	449.0	▲79.0	356	10400		0.1	0.1	▼0.3	686
540.0	550.0	510.0	▲40.0	84	10300		0.1	0.1	▼0.2	1199
640.0	660.0	655.0	▲85.0	4	10200		0.1	0.1	▼0.2	970
730.0	755.0	740.0	▲70.0	1	10100		0.1	0.1	▼0.1	901
835.0	855.0	795.0	▲25.0	20	10000		0.1	0.1	▼0.1	372
930.0	955.0		0.0	0	9900		0.1	0.1	▼0.1	433
1030.0	1050.0		0.0	0	9800		0.1	0.1	0.0	370
1130.0	1150.0		0.0	0	9700		0.1		0.0	10
1230.0	1260.0	1220.0	▲50.0	5	9600		0.1	0.1	0.0	2
1330.0	1360.0		0.0	0	9500		0.1	0.1	0.0	151
1430.0	1460.0		0.0	0	9400		0.1	0.1	0.0	258

▲ 圖 3-11-1　選擇權 T 字報價表

你看，昨日台指期走勢圖，上下刷洗，神龍擺尾。台股日 K 走勢圖則是打一個圓弧底，希望新的開始會展開新的行情！

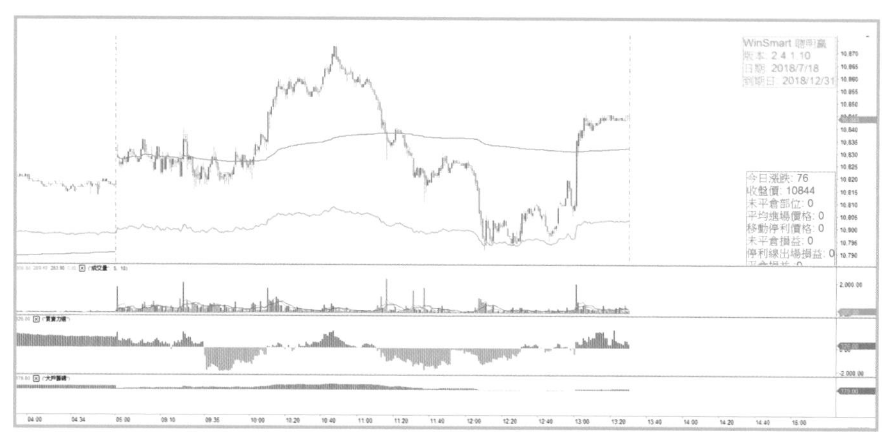

▲ 圖 3-11-2　昨天的台指期一分 K 走勢圖

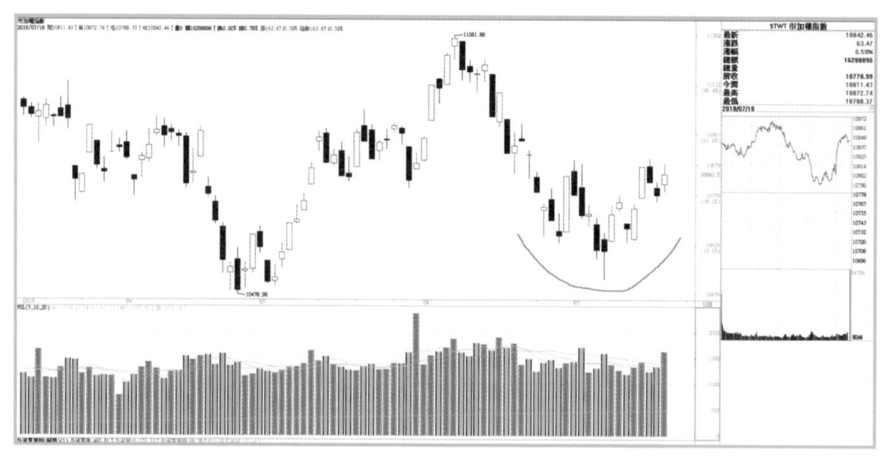

▲ 圖 3-11-3　大盤日 K，打了一個圓弧底

籌碼分析

期貨籌碼部分，昨天外資期貨多單加碼 8044 口，累積到 37039 口淨多單留倉，外資期貨多單加碼。我昨天也加碼多單，看到這樣的數據比較安心。

選擇權籌碼部分，自營昨天留倉 BUY CALL 5 千多口＋ SELL PUT 2 萬多口，自營做多留倉。

外資，已經不是我認識的外資，我認識的外資喜歡做雙 BUY，現在外資常常做賣方。所以，重新認識是必要的。外資 SELL CALL 有一萬多口，外資偏空看。由於我自己的籌碼是偏多，SELL PUT 比較多。觀察法人的籌碼，主要可以比對自己的部位和法人的部位，判斷方向倒是其次。

選擇權買賣權分計

單位：口數；千元(含鉅額交易，含標的證券為國外成分證券ETFs或境外指數ETFs之交易量)　日期2018/7/18

				交易口數與契約金額						未平倉餘額					
				買方		賣方		買賣差額		買方		賣方		買賣差額	
序號	商品名稱	權別	身份別	口數	契約金額	口數	契約金額	口數	契約金額	口數	契約金額	口數	契約金額	口數	契約金額
1	臺指選擇權	買權	自營商	190,577	337,264	193,645	287,096	-3,068	50,168	53,629	155,786	48,511	136,964	5,118	18,822
			投信	583	1,548	578	3,779	5	-2,231	0	0	578	3,672	-578	-3,672
			外資	59,824	176,589	59,523	184,811	301	-8,221	32,090	92,950	42,286	158,138	-10,196	-65,188
		賣權	自營商	196,369	241,119	248,233	301,640	-51,864	-60,521	37,576	96,145	57,996	181,651	-20,420	-85,506
			投信	388	20	268	236	120	-216	120	17	396	904	-276	-887
			外資	61,426	132,614	58,314	144,507	3,112	-11,893	50,036	141,724	51,249	153,880	-1,213	-12,156

▲ 圖 3-11-4　三大法人選擇權籌碼

盤中交易

09：07

八月期貨合約除權息點數蒸發一百多點，指數 10755 跌 89 點。今天是八月份合約開倉第一天，昨天是七月分合約最後一天，因為除權息關係，八月合約比七月合約比起來有跳空一百多點左右，所以觀看期貨連續月的走勢圖是跳空下跌的。

但是較八月合約和前一日相比是上漲的，今天上漲四十多點。看台指期一分 K，今天開盤震盪，就沒什麼好做的，長多單持有就好。

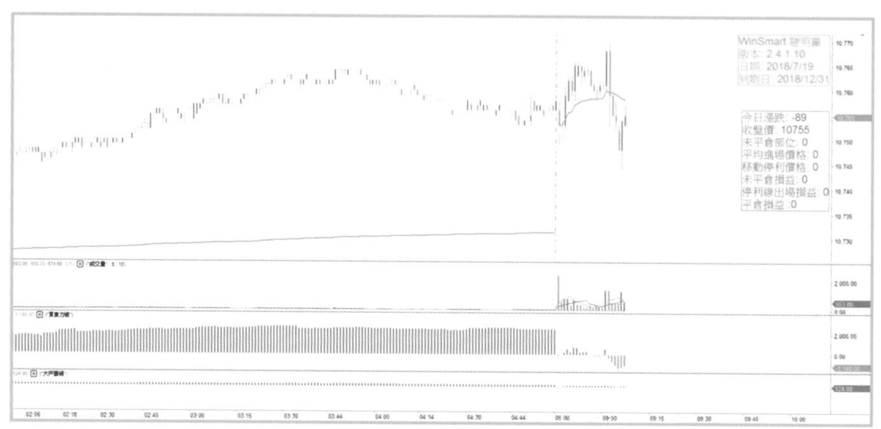

▲ 圖 3-11-5　台指期一分 K，研判今天盤整盤

時間　10：32

指數 10774，走勢很明顯是盤整盤，盤中籌碼也是小正小負的數據，昨天有加碼，今天加碼一點點。走勢不強，買一些就好。

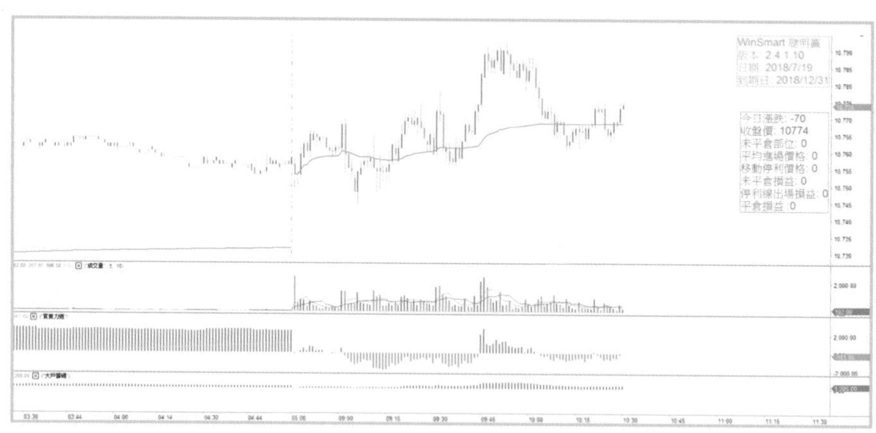

▲ 圖 3-11-6　台指期一分 K

時間 11：08

指數 10765，跌 79 點（其實是上漲）[*]。今天盤整震盪。持有長線多單看，由於今天比昨天還上漲了，部位賺錢，所以做了加碼，只是走勢不強，買的不多。

▲ 圖 3-11-7　台指期一分 K

時間 11：11

指數 10754，高不過高，行情走弱，做空 SELL CALL 10900。在長線多單的保護之下短線做空。

▲ 圖 3-11-8　台指期一分 K，做短空 SELL CALL

[*] 除權息季節合約換月會有巨大逆價差，若看連續月，是下跌 79 點。

▲ 圖 3-11-9　大盤日 K，收墓碑線，做空

時間　11：14

▲ 圖 3-11-10　台指期一分 K

指數 10733，往下殺，殺出巨量，停損單出籠。我的長多單因為出場位置設定的比較遠，所以沒有被這下殺的行情掃掉，當走勢有疑慮我會「短線放空」，以保護長線。這樣比較不會使長線部位出場。

我覺得做長線最困難的部分，在於若能看出短線會下跌，為何多單要留著？短線空單進場幫助我抱住長線多單，解決害怕價格下跌的心理需求，因為持有空單，不怕下跌。這招大部分時候能幫助我抱住長線的獲利部位。

我們都讀過很多投資大師的書，共通點都是「讓虧損馬上停止，獲利持續奔馳」，讓獲利奔馳這觀念簡單，可是要怎麼做呢？我的做法是「移動停利」，還沒到達停利價格之前抱著部位，忍受價格回檔的壓力。

詳細的做法可以參照下圖，我將價格走勢以黑色線條表示，移動停利軌跡以紅色線條表示。還沒看到後面 K 線之前先決定「撤退點」，也就是出場位置。價格往上時移動停利跟進，價格沒有跌破停利位置，就不出場，直到價格跌破停利位置的時才出場，結束這趟交易。這樣做的好處是：

1. 沒看到損益之前，先決定出場位置，這樣做比較客觀，不會被一時的損益左右，被情緒帶著走。

2. 幫助我抱住獲利，不預設立場行情會走多遠，只能亦步亦趨，被行情左右。

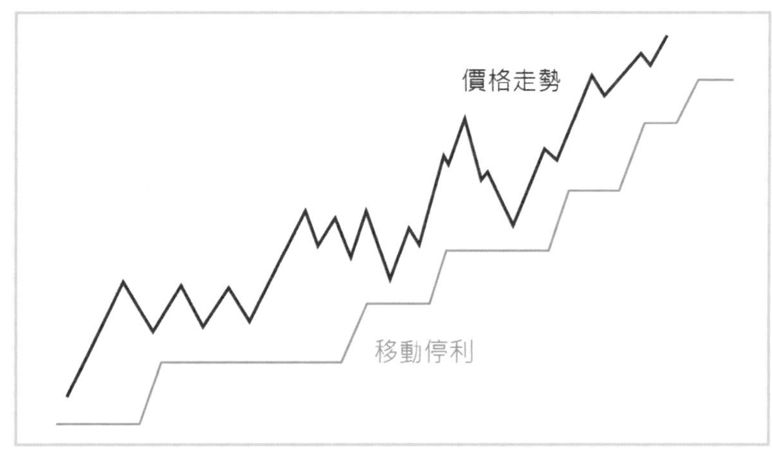

▲ 圖 3-11-11　移動停利

剛剛是理性的思考，實際交易時的心理狀態是明明知道價格會下跌，而且正在下跌，我的獲利正在減少，怎麼抱得住多單部位？能不能先出場，再用更低價買回嗎？我這樣做過，但這種做法讓我本來想做長線，卻變成做「短線」，把一整段行情切成好幾個小段，常常聰明反被聰明誤，想用更低價格買回，但有一半的機率會事與願違。沒有人可以成功預測每個小波段，也不該試圖去抓到每個小波段。所以我最後的做法是，盡量依照「移動停利」計畫抱住長線部位，若真的很想出場，或是真的在短線上看到行情下跌的徵兆，手很癢，就用短線單來補償「長線單還不能出場的心理」。

這個做法讓我的績效至少有效提升 200%，因為在相同的資金規模下，長線單絕對比短線單讓我賺更多，勝算也較大。就像剛剛所提到的交易策略，長線單沒有出場的情況下，覺得行情會走回檔會反向，就做短線的反向單。情況有以下兩種可能：

一、行情再走出去，短線單停損，長線單獲利，而且長線單因為加碼機制，部位比短線單還大。雖然短單虧損，但整體部位是賺更多。

二、行情真的回檔，短線單獲利，這個時候長線單、短線單都獲利，心理狀態很好。只要心理狀態好就容易做出正確的決定。短線的反向單找個機會獲利出場，長線的單抱住不放，等待獲利創新高。

時間 **13：03**

指數 10720，跌幅再次擴大。十一點過後行情就是空方控盤，到現在為止都是空方壓制多方。今天有加碼一次空單，若今天收相對低，短線空單會留倉。

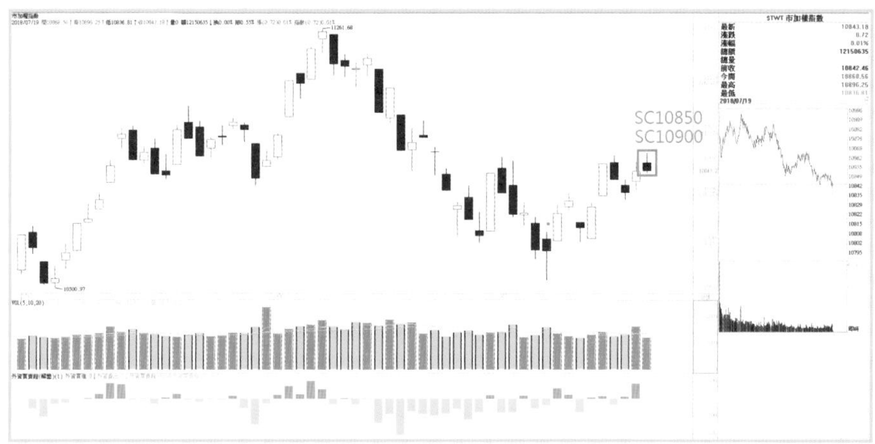

▲ 圖 3-11-12　大盤日 K，開高走低收黑，今天 SELL CALL

盤後檢討

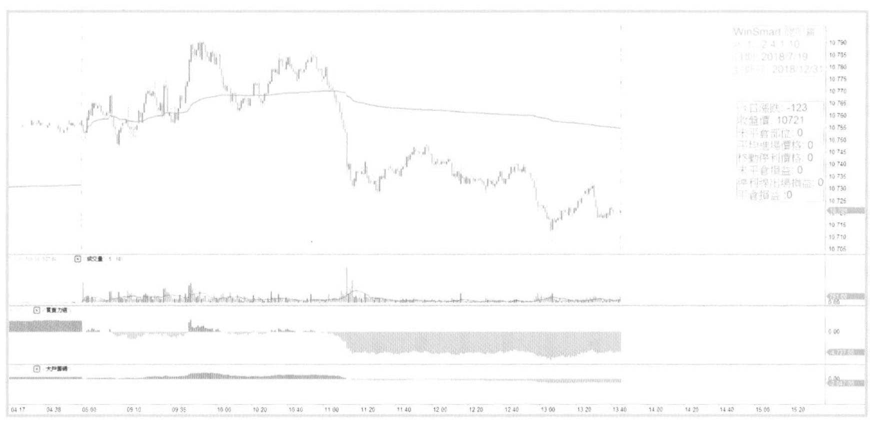

▲ 圖 3-11-13　台指一分 K，日盤走勢圖

今天最後行情收相對低，指數 10721，早上研判行情轉弱而進場做空，到收盤時，因為收相對低所以留倉。明天若續跌，我會加碼空單。

▲ 圖 3-11-14　台指一分 K，日盤 + 夜盤走勢圖

這天晚上「夜盤行情」反轉向上，指數從低點 10693 漲到高點 10775，大漲 82 點。當晚上發現價格漲回我的放空成本價時，將我白天放空的空單 SELL CALL 都出場。這天放空出場的位置稍差，出得慢，從賺錢到小賠，短線空單出場後順便加碼長線多單，長線多單已經累積到快滿倉了。我會不會對短線空單的獲利不見感到可惜？不會，因為整體部位是賺錢的，短線空單雖虧損，但是整體部位獲利創新高。

走勢若與預期有所不同，立刻出場才是上上策

交易日記：2018 年 7 月 20 日　禮拜五

盤前分析

你的努力是為了什麼呢，是為自己還是為了家人呢？我們都很努力，努力工作，努力投資。有些東西是努力就有結果，例如工作，有工作就有收入。有些東西是努力不見得有結果，例如投資，努力半天可能賠錢。**每次賠錢我都對自己講：這只是過程，終究會賺錢。人生的成功不過是在緊要處多一份堅持，人生的失敗往往是在關鍵時刻少了堅持。**

昨天夜盤上漲 40 點，最近都流行夜盤上漲、白天雙巴，昨天晚上我將新進的 SELL CALL 空單停損小賠出場。趨勢看多，主要部位做多。隨著行情調整部位。多單目前都沒有減少，買更多。主要部位是 SELL PUT 10600，八月、九月滿倉，期貨多單三碼，再加上 BUY PUT 保險單。

做多從一開始半信半疑，到後來越來越明確，多單部位也越買越多。水清無大魚。**我總是獨立思考，不管他人怎說，不管漲跌原因，只在意自己手上擁有多少獲利部位和虧損部位。**目前手上部位最大獲利還是從 7 月 6 日、7 月 9 日、7 月 12 日那時候進場的多單。進場都順便做次月份，因為想抱長線。希望走出行情，做交易的有價差才有飯吃。希望老天賞臉，我一邊等待開盤。

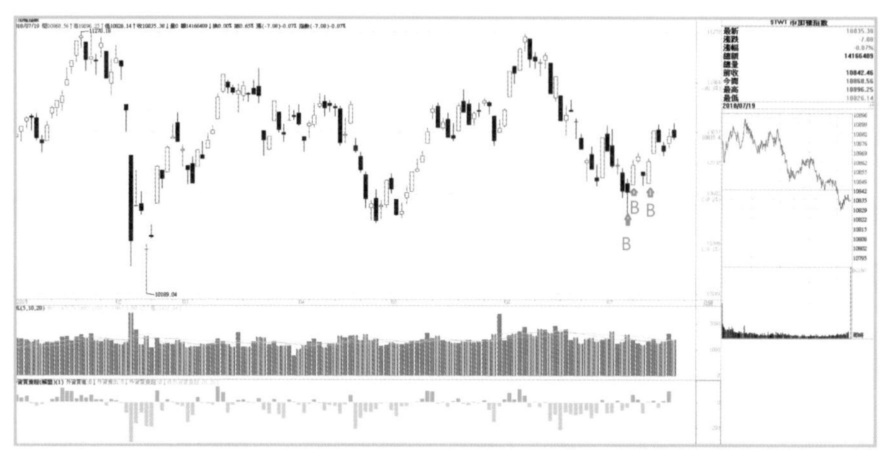

▲ 圖 3-12-1　大盤日 K，7/6 日、7 月 9 日、7 月 12 日進場做多，獲利最大

盤中交易

08：50

一開盤就往上衝，上漲 79 點，收 10794，今天行情不錯，幸好昨天我在夜盤有停損空單和加碼多單。

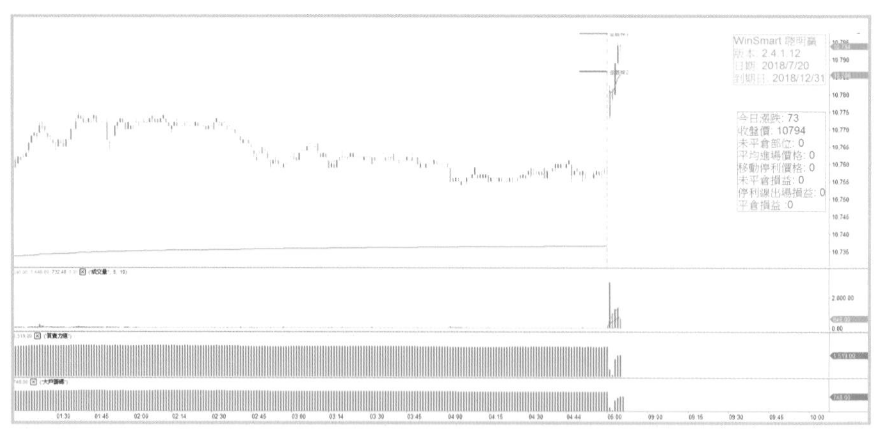

▲ 圖 3-12-2　台指期一分 K，強勢開盤 + 強漲

時間 09：00

指數 10827，上漲 106 點。九點大盤開盤，台指期往上衝，明顯是趨勢盤的走法，籌碼也紅通通一片，買賣力道＋ 3199，大戶籌碼＋ 2145 。

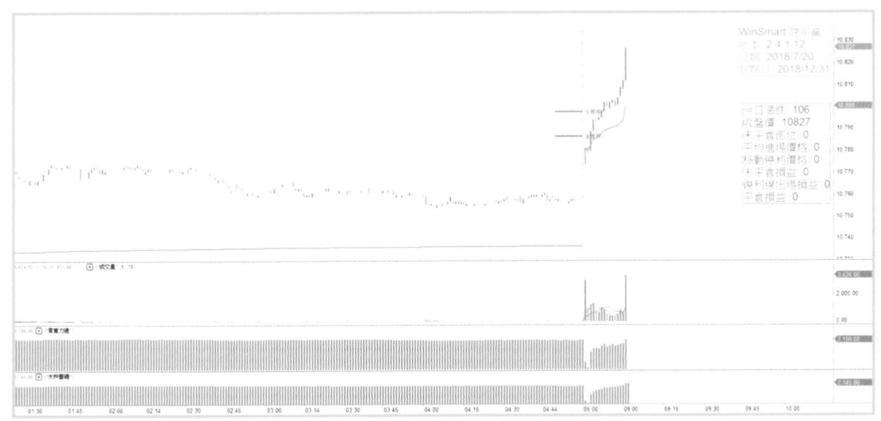

▲ 圖 3-12-3　台指期一分 K，比較好的進場點

時間 09：11

指數 10831，上漲 111 點，很好，看行情會走去哪。

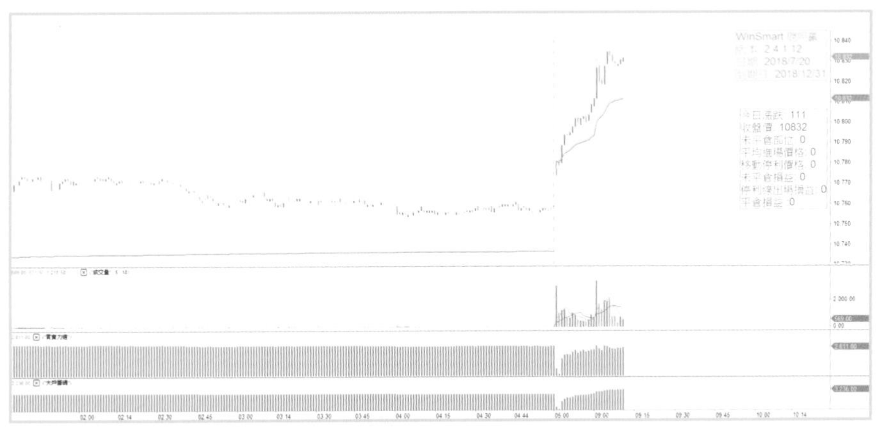

▲ 圖 3-12-4　台指期一分 K 今天的走勢圖

時間　09：25

加權指數往上跳空跳很高，上漲 121 點。以跳空的方式突破平台，是很激進的做法。

▲ 圖 3-12-5　大盤日 K

時間　09：47

看著台指期一分 K 走勢圖，走了一座山，行情跌回原點，多單還沒走。

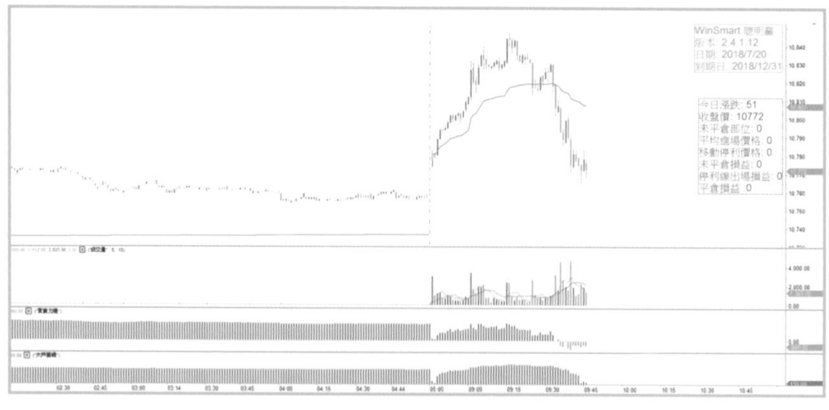

▲ 圖 3-12-6　台指期一分 K

時間 10：06

看著大盤日 K，問自己，看到這種 K 線會怎麼做？高檔墓碑收黑，目前來看是不好的 K 線，而且有出量，先買一些空單 SELL CALL，等收盤再確認。交易的過程我會不斷和自己對話，多問自己幾次，我還是看多嗎？我要看空了嗎？試圖找出冷靜、客觀的想法，這個高檔墓碑線真的不漂亮。

▲ 圖 3-12-7　大盤日 K，收墓碑線

時間 10：20

指數 10807 上漲 86 點，台股還是維持甩來甩去的慣性，稍早將避險的空單 SELL CALL 平倉。出場理由很簡單，**剛剛空在地板，空了就不再下跌，那通常是我自己錯了，先出場再說。**

根本不在意進場、出場價格多少，只在意「行情跟想的不一樣，就出場」。這次停損不大，也沒多少點。行情跟想的不一樣先出場，這種做法幫助我屢次趨吉避凶，避開大損失。**我願意付一些手續費、交易成本，短線價差，先離開等待疑慮解除，再重新進場。否則，錯誤的部位在市場越久風險越大。**

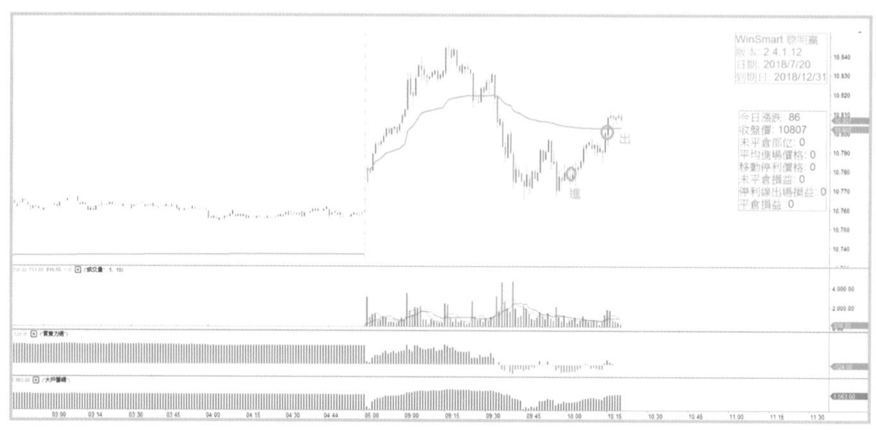

▲ 圖 3-12-8　台指期一分 K，空在地板，先出場

時間　10：32

大盤日 K 墓碑變十字，價格走勢總是一直在變化，不然交易就太簡單了。你以為是紅 K 結果是墓碑，你以為是墓碑結果變十字、你以為要上漲了，買進以後它下跌，你以為要下跌了，放空以後它上漲。行情總是在捉弄人，好像有人在偷看我交易，買進就跌，放空就漲，屢試不爽。

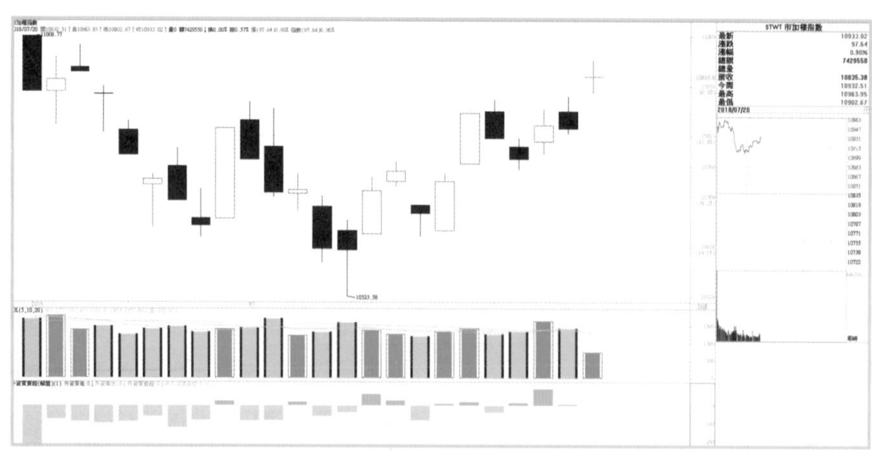

▲ 圖 3-12-9　台指期一分 K

時間 11：12

今天高檔甩來甩去，原本以為是大漲長紅，現在是大漲雙巴，震盪加劇。目前就「長線多單」參與，觀看就好，不跟它在裡面鬼混。

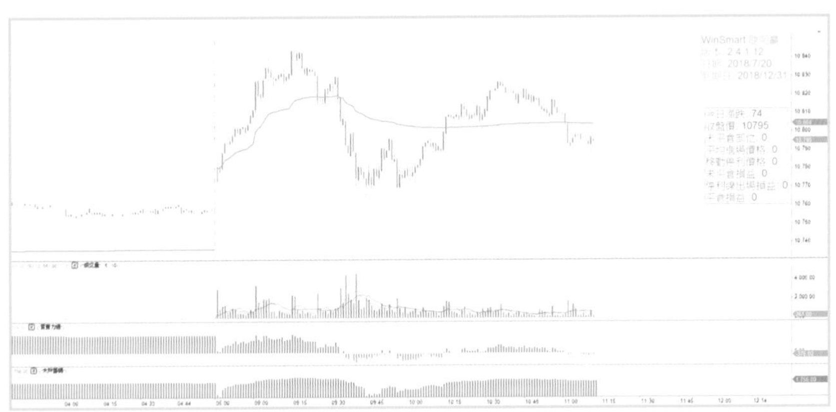

▲ 圖 3-12-10　台指期一分 K

時間 11：30

指數 10804，漲 83 點。了不起，大漲也可以雙巴，今天進場也沒做好，停損一次空單 SELL CALL，重新整理節奏。

▲ 圖 3-12-11　台指期一分 K

時間　13：33

指數 10818，上漲 97 點。無敵巴的盤，今天盤整，長線看多。

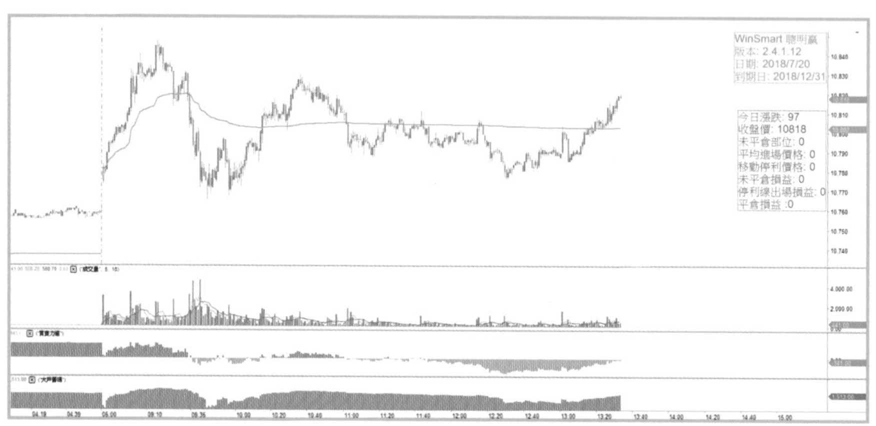

▲ 圖 3-12-12　台指期一分 K，震盪收長紅

盤後檢討

今天開高震盪，上沖下洗，最後上漲 103 點，指數收 10824。高點 10847、低點 10765，上下震盪 82 點。最後台指期日 K 收了紅 K。這紅 K 不是直線上去的，是上上下下，轉來轉去最後才上去的。腦中浮現一位一樣是做專職的朋友說的話 ：「你以為交易這麼簡單，做多就好嗎？行情不是走直線。」他說這句話的時候是對著場外人士說的，場外人士說：「大漲做多就好了。」

是的，行情不會走直線，你要親身參與才知其中的難，事後看走勢圖都很簡單，參與其中就會暈頭轉向，過去很清晰，未來永遠是個謎。

今天操作要檢討的地方是，交易節奏不對。一心想要做多，**想做長線**，以至於放空的腳步和速度太慢，等待日 K 轉弱才去放空，空在今天的地板，跌完才進場。我空單應該是做短線，用短線的節奏來交易才對。理想的進場點是 A 或 B，用藍色圈圈圈起來的地方，差的進場點是 C 或 D，橘色圈起來的地方。

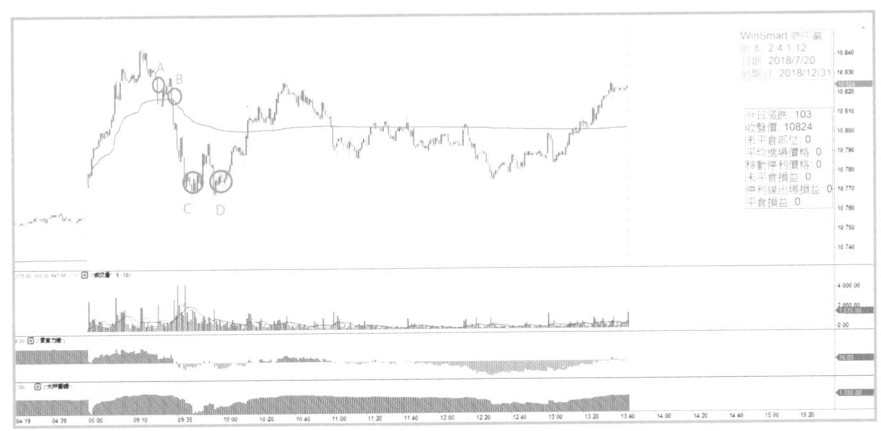

▲ 圖 3-12-13　台指期一分 K，比較好的進場點

A 進場的理由是長黑摜破最後一個轉折低點，**B** 進場的理由是高不過高，進場放空。**C** 和 **D** 進場的理由是看日 K，覺得轉弱才放空。以為是墓碑，結果收紅 K。我建議投資朋友們在寫交易日記時，可以在圖形上面標示自己的進場點、出場點，和理想中較好的進場點、出場點。思考怎麼做會更好，檢討起來才會進步，下一次可以做得更好。

今天做得不好的地方，是用長線的節奏來放空，應該用短線的思考模式來交易空單；今天做得好的地方，是行情跟想的不一樣就出場，快速認輸。

成功的投資來自於經驗，而經驗來自於失敗的交易

交易日記：2018 年 7 月 23 日　禮拜一

盤前分析

又是新的一週新的開始，人生總是充滿了希望。上週五因為台積電奮力跳空大漲，台股也跟著上漲；好消息是外資歸隊，已經連續買超四天了。外資歸隊，且大買台積電，對台股絕對有利，台積電是控盤工具、外資是控盤主力。雖然台積電大漲 13 元，5.7%，但台指期卻是開高，走勢則用力上下甩，這種盤令人受不了，週五若做多，一不小心還會被掃停損呢，操作最冤枉的，就是看對了方向還停損。

▲ 圖 3-13-1　台指期一分 K，20180720 走勢圖，用力甩

週五台積電大漲完，接下來呢？台積電用跳空的方式突破整理區，接下來繼續往上漲的機率高，進而帶著台股向上漲，所以我樂觀看待。就像是 7 月 9 日，台積電第一次突破整理平台，看多，至今台股上漲 212 點，台積電上漲 7.2%，未來走勢也是偏多。上週五大漲也是外資買上來的，外資買超台積電 3 萬 7402 張，買超台股 78.43 億。上週五，外資期貨增加 5503 口多單，淨多單累積到 44452 口，在期貨、現貨同步做多。

▲ 圖 3-13-2　台積電日 K，跳空大漲 5.79%

▲ 圖 3-13-3　大盤日 K，上漲 96 點

籌碼分析

我們來看一下「**三大法人選擇權籌碼**」，自營和外資都是偏多調整，尤其是自營淨部位是 BUY CALL 兩萬六千多口＋ SELL PUT 兩萬一千多口，用力做多。外資在選擇權屬於中性偏空的部位，但因為金額和口數比自營少，所以先不管它，看資金比較大的自營怎麼操作。

選擇權買賣權分計

單位：口數；千元(含鉅額交易，含標的證券為國外成分證券ETFs或境外指數ETFs之交易量)　　日期2018/7/20

				交易口數與契約金額						未平倉餘額					
				買方		賣方		買賣差額		買方		賣方		買賣差額	
序號	商品名稱	權別	身份別	口數	契約金額	口數	契約金額	口數	契約金額	口數	契約金額	口數	契約金額	口數	契約金額
1	臺指選擇權	買權	自營商	145,261	374,623	129,146	322,553	16,115	52,071	81,323	270,552	54,640	197,643	26,683	72,909
			投信	0	0	0	0	0	0	0	0	578	4,710	-578	-4,710
			外資	53,574	193,272	50,185	178,219	3,389	15,053	40,299	156,138	44,357	223,896	-4,058	-67,758
		賣權	自營商	176,268	373,776	181,466	400,951	-5,198	-27,176	63,139	101,987	84,653	165,664	-21,514	-63,677
			投信	72	5	0	0	72	5	1,340	3,423	396	453	944	2,970
			外資	54,967	153,670	56,676	171,948	-1,709	-18,277	62,165	117,972	59,552	144,681	2,613	-26,709
2	電子選擇權	買權	自營商	492	1,982	491	1,975	1	7	593	5,091	581	5,017	12	74
			投信	0	0	0	0	0	0	0	0	0	0	0	0
			外資	0	0	0	0	0	0	0	0	0	0	0	0
		賣權	自營商	409	2,230	409	2,261	0	-31	630	2,203	621	2,225	9	-22
			投信	0	0	0	0	0	0	0	0	0	0	0	0

▲ 圖 3-13-4　三大法人選擇權籌碼

選擇權 PUT CALL RATIO 131.99 %，代表市場上 SELL PUT 的留倉口數除以 SELL CALL 的留倉口數的數字。當 PUT CALL RATIO 比例大於 100%，表示市場上選擇權賣方莊家做多留倉的部位比較多，通常在多頭的時候 SELL PUT 的留倉口數都會大於 SELL CALL 的留倉口數。

比較籌碼的變化，選擇權莊家的 SELL PUT 部位從 23 萬多口增加到 28 萬多口留倉，同時間 SELL CALL 部位只從 19 萬口增加到 21 萬口，SELL PUT 增加口數比較多，選擇權莊家偏多調整。

單位：口

日期	賣權成交量	買權成交量	買賣權成交量比率%	賣權未平倉量	買權未平倉量	買賣權未平倉量比率%
2018/7/20	428,538	348,327	123.03	284,838	215,809	131.99
2018/7/19	243,706	216,787	112.42	231,545	192,116	120.52
2018/7/18	595,314	537,019	110.86	168,877	149,970	112.61
2018/7/17	288,474	318,167	90.67	411,698	365,847	112.53
2018/7/16	260,741	251,266	103.77	402,868	350,903	114.81
2018/7/13	348,801	298,867	116.71	383,357	322,873	118.73
2018/7/12	352,691	294,975	119.57	351,984	318,308	110.58
2018/7/11	491,915	504,339	97.54	275,587	283,958	97.05

▲ 圖 3-13-5　選擇權 PUT CALL RATIO

看下方圖示，**選擇權最大未平倉量**上方在 SELL CALL 11100 有 1 萬 2747 口，下方 SELL PUT 在 10500 有 1 萬 2211 口，表示市場上公認的壓力在 11100，公認的支撐在 10500。若想要做選擇權，必須熟悉這些數據，可以透過最大未平倉量知道市場公認的壓力和支撐在哪裡。

透過 PUT CALL RATIO，則可以知道市場賣方莊家是偏多操作或是偏空操作。自營和外資的選擇權籌碼知道他們對未來走勢的看法。而外資的期貨籌碼，則宣告了外資對於未來走勢的多空態度。

臺指選擇權(TXO)(行情簡表)　日期:2018/07/20

買權								
到期月份(週別)	履約價	最高	最低	最後成交價	結算價	漲跌	成交量	未平倉
201808	10900	105	74	96	96	▲+35	10431	10364
201808	11000	64	40	57	57	▲+22.5	12276	11962
201808	11100	35.5	23	31.5	31.5	▲+13.5	8256	12747
201808	11200	19	12	17	17	▲+7.3	5709	12249
201808	11300	9.6	6.3	8.6	8.6	▲+3.7	3306	4735
201808	11400	4.8	3.1	4.3	4.3	▲+1.7	1204	2967
201808	11500	2.5	1.9	2.2	2.2	▲+0.8	519	1570

▲ 圖 3-13-6　選擇權 CALL 最大未平倉量 在 11100

賣權								
到期月份（週期）	履約價	最高	最低	最後成交價	結算價	漲跌	成交量	未平倉
201808	10000	15	11	11	11	▼-5	1580	8110
201808	10100	18.5	13	13	13	▼-6.5	2002	5764
201808	10200	23.5	16.5	17	17	▼-9	5865	11581
201808	10300	32.5	22.5	22.5	22.5	▼-13	6272	7074
201808	10400	44	30.5	31.5	31.5	▼-17.5	5352	7401
201808	10500	60	42	44	44	▼-26	7932	12211
201808	10600	84	59	62	62	▼-34	9656	9448
201808	10700	114	82	88	88	▼-41	8931	6311

▲ 圖 3-13-7　選擇權 PUT 最大未平倉量在 10500

盤中交易

時間　08：47

開高走低，上漲 15 點，指數來到 10839。今天開盤比昨天收盤高，比昨天夜盤低。尚未確認是否會繼續盤整。

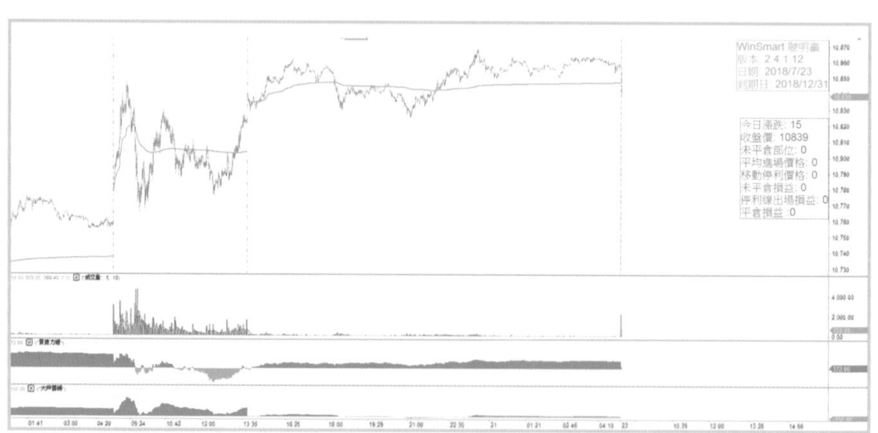

▲ 圖 3-13-8　台指期一分 K

時間 08：58

今天開高走低，目前當沖週選擇權 BUY PUT。指數 10829，漲 5 點。

▲ 圖 3-13-9　台指期一分 K，走出空方盤，做空 BUY PUT

時間 09：16

指數 10796，跌 26 點，目前走勢開高走低，而且盤中籌碼買賣力道和大戶籌碼皆為負，是空方盤。開盤前才說看多，開盤後做空，交易者只能順著走勢做。長線多單沒出場，短線選擇放空。

▲ 圖 3-13-10　台指期一分 K

09：18

短線 BUY PUT 改 SELL PUT，我看到了某些訊號，將空單出場，改成多單。

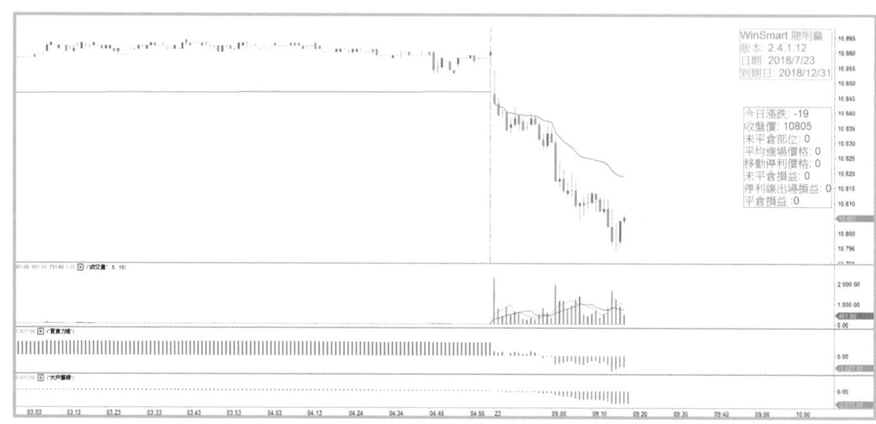

▲ 圖 3-13-11　台指期一分 K，止跌反轉，BP 出場改做多 SP

09：26

指數 10801，跌 23 點。短單 BUY CALL 10900，價格 45.5，SELL PUT 10900，價格 53，這兩筆單停損點數都不大，只有個位數。要則出去，要則停損。我覺得這裡是個很好的交易機會。將五日均線叫出來看，發現目前五日均在下方。

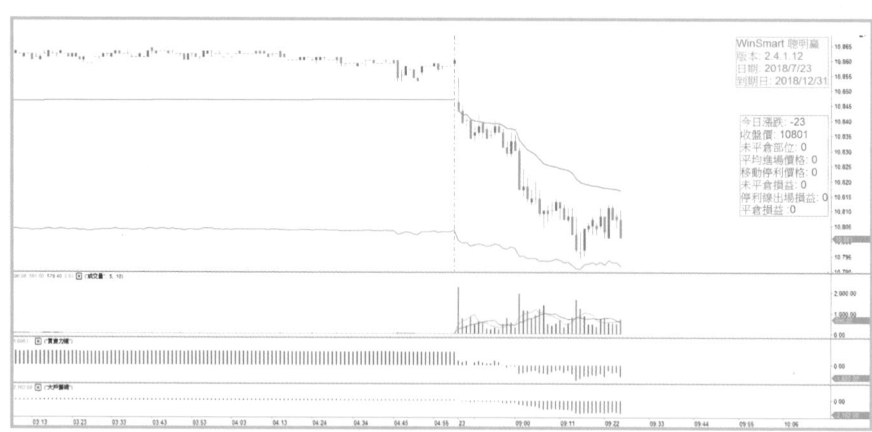

▲ 圖 3-13-12　台指期一分 K，做多 BUY CALL

時間 09：29

指數 10815，跌 12 點，指數有往上漲。

▲ 圖 3-13-13　台指期一分 K

時間 09：40

打了個圓弧底，看看行情有沒有機會往上跑。目前小賺，要出場嗎？不出，現在賺太少。

▲ 圖 3-13-14　台指期一分 K

時間　09：48

指數 10800，跌 24 點，再度往下掉，剛剛賺錢沒出變成賠錢，沒關係。當作賺錢從沒發生過。投資有一大部分都是在原地打轉，賺錢單沒出會變成賠錢單，早知道早點出場，充滿了懊悔的情緒。但我知道，若我有這樣的想法，我就會早早將部位出光。老是害怕獲利不見，怎麼賺到大錢呢？看到獲利回吐趕快跑，永遠只能短進短出。

投資常被兩大情緒左右，一個是貪，想賺很多錢；一個是怕，怕獲利不見。這兩個情緒是矛盾的。投資不只要面對千變萬化的走勢，更要面對自己。我面對自己的方式是寫交易日記，寫惡魔卡和天使卡，協助我了解自己，改變自己，這幫助我擺脫賠錢散戶的命運。

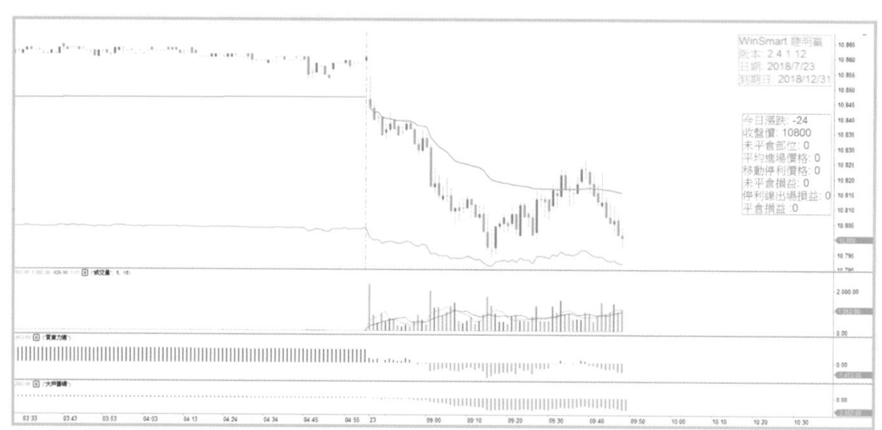

▲ 圖 3-13-15　台指期一分 K

時間 10：06

還在盤整，籌碼買賣力道目前為負，在籌碼翻正的狀況下，比較有機會上漲。

▲ 圖 3-13-16　台指期一分 K

時間 10：08

指數 10827，漲 3 點。籌碼翻正，難道我的心聲被主力聽見了嗎？

▲ 圖 3-13-17　台指期一分 K

10：13

指數 10861，漲 37 點。行情往上噴，感謝上帝。將短線 BUY CALL 多單出場，留 SELL PUT。短線交易口訣：買在行情噴出前，出在行情噴出時。我今天就是這樣做的。

▲ 圖 3-13-18　多單 BUY CALL 停利出場

10：17

當沖下課，等到我要的行情。買方出場以後，價格連跌幾根 K 棒，將短線交易的 SELL PUT 出場。

▲ 圖 3-13-19　台指期一分 K

時間 10：21

掉下來，跌破最後上升的長紅 K，主力也獲利出場了，這只是一場精心設計的局，走勢非偶然，而是有跡可循。可以試著假設自己是主力時，進而觀察會怎麼操作情勢。期貨、選擇權是個零和遊戲，從對方口袋掏錢放進自己口袋。主力會掌握人性，誘使對方做那個方向，然後走反向。試著假設自己是主力會如何控盤來思考，很有幫助。

▲ 圖 3-13-20　台指期一分 K 指數 10839 漲 15 點

時間 10：26

指數 10819，跌 5 點。掉下來了，沒有要上去的企圖，今天的走勢好詭譎，是個標準雙巴盤。我的長線部位都還在，短線部位出場，今天打短單。今天是盤整盤，接下來應該沒行情。

▲ 圖 3-13-21　台指期一分 K

時間　11：03

指數 10813，跌 11 點。走勢繼續往下掉，跌回起漲的位置，剛剛的上漲停損的人真的很冤枉。看大盤日 K，現在的價格跟昨天的 K 線在同一個位置，長線並沒有走弱，繼續看多，繼續抱著多單。**交易不要看太短，看太短會失去方向。**

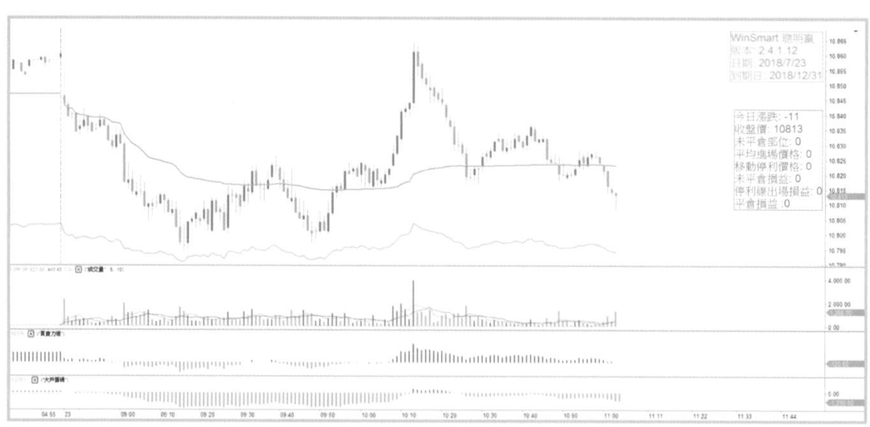

▲ 圖 3-13-22　台指期一分 K

時間 11：59

指數 10842，漲 18 點。走勢又漲上來。其實今天的日 K 完全沒有跌破昨日的 K 線，不要太緊張，被短線的 K 線牽著鼻子走，短線的價格上上下下，很容易讓人迷惑，讓人失去方向感。長線的走勢提供我方向，就像路上的燈指引著我們前進。

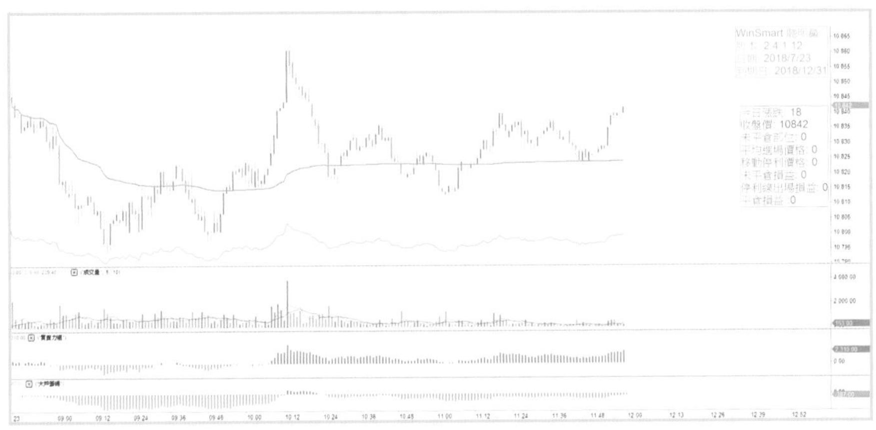

▲ 圖 3-13-23　台指期一分 K

盤後檢討

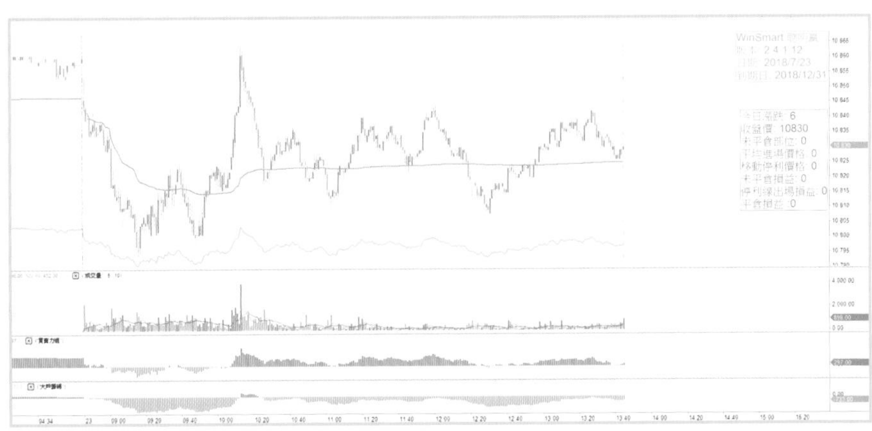

▲ 圖 3-13-24　台指期一分 K，今天的走勢圖

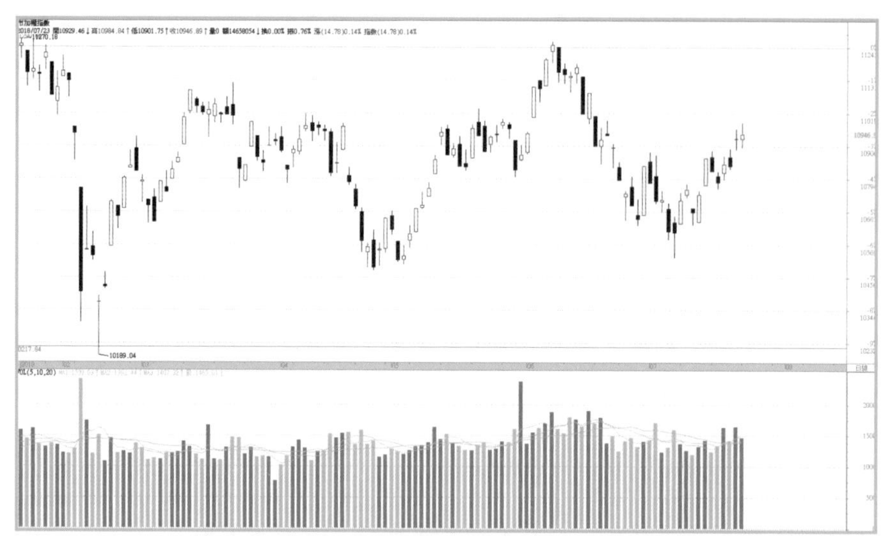

▲ 圖 3-13-25　大盤日 K 今天收十字

指數最後收 10830 漲 6 點。大盤收紡錘線和昨天的十字線並列，今天交易掌握得還不錯，買在低點，出在高點。這一點都不神奇，我只是用經驗賺錢而已。投資就像是在黑暗的地下室工作，已經處在地下室許久的人，就能看清楚裡面的桌椅擺設，走路不會跌倒，對於剛剛進入漆黑地下室的人來說，則是一片漆黑，看不見任何東西。**成功的投資來自於經驗，而經驗來自於失敗的交易。**

其實今天的操作是和之前的我反著作，以前順著本性操作，很容易空在地板，追在天花板，現在反著作就賺錢。**交易真的要寫交易日記，才能從一次次的交易中累積經驗，不做事後檢討的人不會進步**，你無法一方面想要健身，另方面卻把健身交給教練做吧。

學習的路程是緩慢的，首先必須花很多時間去弄明白哪裡做錯了，哪裡做對了，再花更多時間思考如何修改，然後再花很長的時間去實際修正自己的交易行為、思考邏輯和進出場方式，並且不斷重複做正確交易行為，並將它養成「交易習慣」，如此一來，你可以不經思考，就做出正確的事。

這對交易絕對大有益處，但並不容易，因為這種做法並非原本的我，而是經過後天努力改變之後的我。成功的投資人都是不斷重複做正確的事，包括管好自己的情緒，做好風險管理，戒貪，做好部位規模控制，戒怕，忍受獲利回吐，戒賭，克制賭博心態，有耐心等待好的進場點，預測錯誤時果斷停損，預測正確時有耐心等待行情走出去，並且接受失敗，多正面思考。

當你用自己想出的方法賺到錢，你會感到無比的快樂，這快樂不是來自於賺了多少錢，而是來自於看對行情，採取正確行動的成就感，而賺錢只是附屬品。有點像是登山攻頂，過程辛苦，但是登頂那一刻，一切的辛苦都值得了。

如何做到看對方向，且手上一定會有獲利部位

交易日記：2018 年 7 月 24 日　禮拜二

盤前分析

台股走一步看一步，原本 7 月 6 日早盤還看空，結果不跌反漲，拉下引線，進場試著做多，很幸運抓到低點，一路加碼至今，做多方向沒變。中間過程震盪幅度大，並非直線向上去，還會上下跳，上下甩，幅度足以掃掉大部分投資人的單。這段時間短線交易也有賠錢的時候，不過無妨，重點是主要獲利來自於長線，短線就當作避險、練功、防無聊。

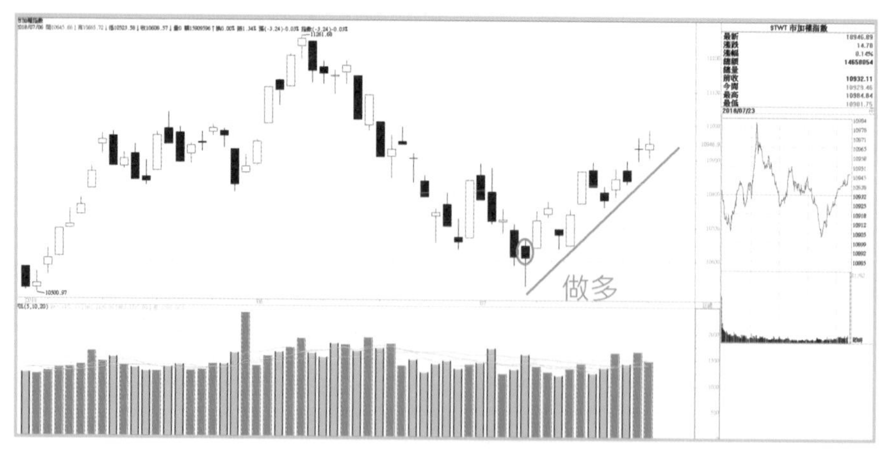

▲ 圖 3-14-1　大盤日 K

前面已經盤整兩天，今天有機會再盤整，好消息是並沒有轉弱只是原地踏步，屬於盤漲。今天看券商的分析報告，台股震盪偏多看。這樣說是沒錯台股正在震盪上漲，可是震盪偏多就等於賺錢嗎？未必，看對也可能賠錢，重點是要怎麼把看法轉化成現金呢？

交易是這樣，看錯賠錢是正常，但看對也未必能賺錢。原因可能是看得懂卻沒有動作，或者看得懂也動作了，但還是停損，停損完行情又往你期待的方向出去。針對第一種看得懂行情往哪走，但是不敢進場，你需要的是勇氣。針對後面這種情況，則必須思考怎麼做到**「看對方向後讓手上持有獲利部位。」**各位心中有答案了嗎？

盤中交易

時間 08：47

台指期開小高下跌，目前 10831，漲 1 點。由於現在還是大盤日 K 線排排站，距離最後一次進場的位置並沒有拉開距離，所以長線單就先保持觀察，短線單看走勢決定。

▲ 圖 3-14-2　台指期一分 K，開盤弱勢

08：56

指數 10819，跌 11 點，跌幅擴大，今天開盤以後就往下跌，目前走勢看起來會繼續下跌。但是盤中籌碼買賣力道數據並不大，只有幾百口，並非趨勢盤的數據。目前買賣力道數據 -310，表示市場上委託掛空單的口數，比掛多單的口數多出 310 口。

▲ 圖 3-14-3　台指期一分 K

09：23

指數 10808，跌 12 點，價格跌到五日均線（藍色線條）的位置，破底以後馬上出現小紅 K，這裡是翻多的關鍵點嗎？過去幾次都在五日均線出現止跌反彈。為了方便起見，我將長週期的均線加入短週期的一分 K 線系統裡，讓我知道長線重要的「均線位置」在哪。打造屬於自己的看盤系統很重要，決定抓底做多。

▲ 圖 3-14-4　台指期一分 K，抓底做多

時間　09：29

指數 10819，跌 11 點，看起來有機會。今天又會是盤整盤嗎？跟昨天一樣。

▲ 圖 3-14-5　台指期一分 K

時間　09：38

指數 10838，漲 8 點，看來今天底部又抓對了。主力很偷懶，連續兩天都用相同的方法。

▲ 圖 3-14-6　台指期一分 K

時間　09：48

指數 10851，漲 21 點。今天出場得太早，拉回的時候出場。

▲ 圖 3-14-7　台指期一分 K

時間 09：51

今天長線單不加碼，因為還在原地踏步，做短線單就好。

時間 09：55

最近三天 **K** 線排排站，圖上標示 **1**、**2**、**3**。

1. **7/20**：最後一次長線單加碼位置。
2. **7/23**：做當沖，不加碼。
3. **7/24**：做當沖，不加碼。

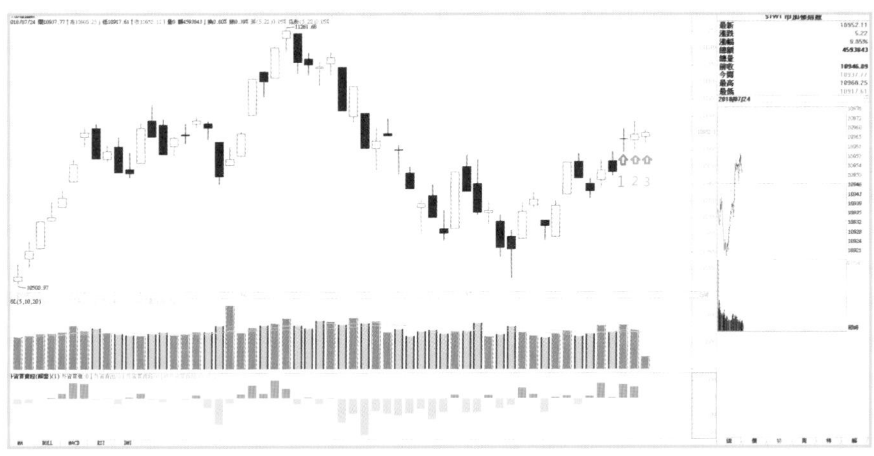

▲ 圖 3-14-8　大盤日 K

10：10

指數 10833，漲 3 點。走勢跌回來，繼續盤整。

▲ 圖 3-14-9　台指期一分 K

11：02

指數 10855，漲 25 點。今天看來要收紅 K 喔，行情又漲上來。忍不住為剛剛的太早出場感到可惜。剛剛行情拉回的時候覺得還好多單有出場，現在漲上去覺得怎麼沒留著。心中的小聲音跑出來，想辦法關掉他，開關呢？

▲ 圖 3-14-10　台指期一分 K

11：39

今天行情有點慢，就讓它慢慢爬吧。台積電跳空大漲後繼續漲，但是台股沒有，表示其他股票下跌，台積電獨自撐盤。長線繼續看多，多單續抱。

盤後檢討

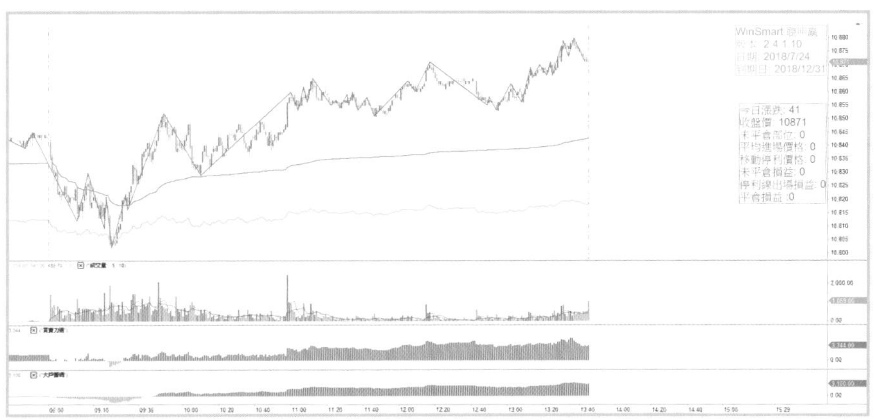

▲ 圖 3-14-11　台指期一分 K，今天的走勢圖

▲ 圖 3-14-12　大盤日 K

最後指數上漲 41 點，收 10871，收相對高。今天收了實體紅 K，以為它會繼續盤整收十字。今天的進場點還不錯，出場有待加強，因為出得太快。對於今天的短線交易只給 50 分，做一半。

「移動停利」與「錯賣買回」

今天是個可以當沖加碼的盤型，我只當作盤整盤來做，獲利差很多。唯一欣慰的是長線多單還在，隨著走勢創新高，手上獲利也創新高。這一路行情漲上來，上上下下亂跳，行情亂甩，在這種情況下，要抱住獲利的部位並不容易。今天一開始有問，如何看對方向，抱住獲利部位，我的想法是：

1. 將移動停利拉遠
2. 重新進場錯賣買回

若總是用短線的交易想法來操作，獲利就快速出場，那麼不可能做到看對方向，且抱住獲利部位。因為你已經出場。就算買在起漲點，也早早獲利了結，賺不到後面的大行情，與財富擦身而過。**相同部位規模，做短線和做長線獲利差很多。讓獲利最大化當然是拉長線，別妄想抓住每個小波段，沒有人可以抓到每個小波段。想要天天做短線賺錢的難度很高。**

在短線操作上，你的對手是誰？是能夠短線左右行情的大戶、主力。你要打敗難纏的對手才能賺錢，你必須觀察它的行為，掌握進出場方式、抓到它的交易節奏才能從中獲利賺錢。

主力發現獲利減少，它就會改變交易手法，修理那些過去吃它豆腐的專業投機客。短線獲利很難，難在你要不斷的進化，因為主力也在進化。因此，我推薦拉長線交易，因為趨勢難以撼動，與趨勢為伍比較能夠占優勢。

與短線為鄰，注定疲於奔命。短線適合手腳快、反應快的年輕人，年輕就是短線交易的優勢，但一個人會有多少的年輕歲月？我現在的交易獲利約有七八成以上是來自於長線交易。那要如何拉長線呢？若停利線跟得太近，一定無法抱住部位。若獲利回吐 20 點就想出場，永遠只能做短線，你若行情拉回 50 點就想出場，也不可能抱波段。

那要用多大的移動停利呢？海龜派的移動停利是用 2 倍的 ATR 當作移動停利條件。這是一天最大振福「乘以二」的意思，能夠忍受行情的大回檔才抱得住部位。雖然不是用 2 倍 ATR，但在這一波我也是用比較寬鬆的「移動停利條件」才能抱住獲利部位。

除了拉大停利盡量做長線以外，第二個看對方向，抱住獲利部位的方法是：「不小心出場，重新買回來就好。」原因是，不管移動停利怎麼設，都會被掃出場。所以，只要發現自己的出場是錯的，只要不厭其煩的買回錯賣的部位。這麼做足以彌補技術分析的不足。

相信我，主力在行情要上漲之前，通常會走反方向，把散戶請下車，在拉抬過程中，也會不斷把散戶請下車。不管你用什麼樣的技術分析當出場條件，或是什麼樣的移動停利條件，都有很高的機會被主力請下車，出場以後行情又繼續。只有透過「錯賣買回」這個機制，才能讓我們穩穩坐在獲利的列車上。

精彩影片：不再被行情「甩到分手」

http://optree.com.tw/book3/2-6.html

盤整的時候，沒有交易就是最好的交易

交易日記：2018 年 7 月 25 日　禮拜三

盤前分析

台股昨日開平低震盪走高最後拉尾盤收最高，這走勢對上漲有利，K 線連續三天排排站，昨日突破前兩日的高點。目前持有多單，走一步看一步，7 月 6 日到今天 7 月 25 日，也算是持有很多天了，也好，之前下跌時間 20 天，現在反彈進入第 12 天，跌得深，漲得遠。

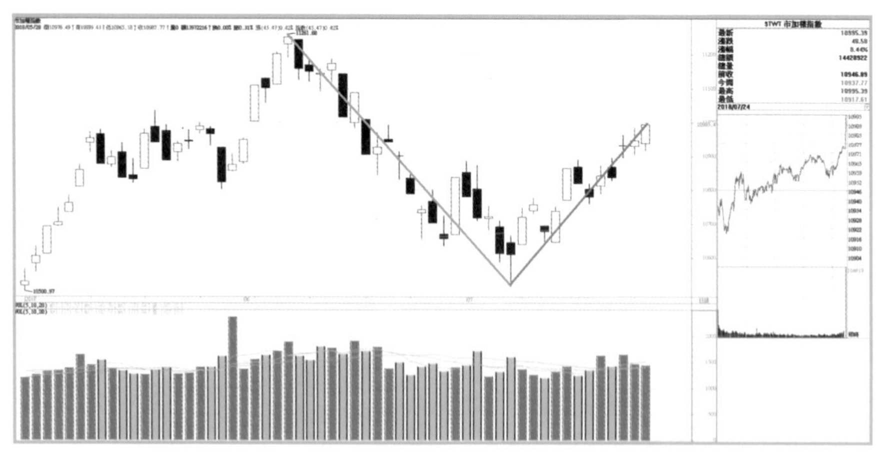

▲ 圖 3-15-1　大盤日 K，跌得深、漲得遠

來看另外一張帶著均線的走勢圖，現在台股五日均線往上，二十日均線往上，六十日均線往上，兩百四十日均線往上，週線、月線、季線、年線通通往上，明顯是好彩頭。當初在七月初的時候有提到，大盤跌到年線位置後，只要站上年線，就會是好買點。代表現在買進的價格，是買在過去一年的最低點，沒有買貴。買進以後長期持有，賺錢的機會大。這也是我這一段做多的主要理由之一。

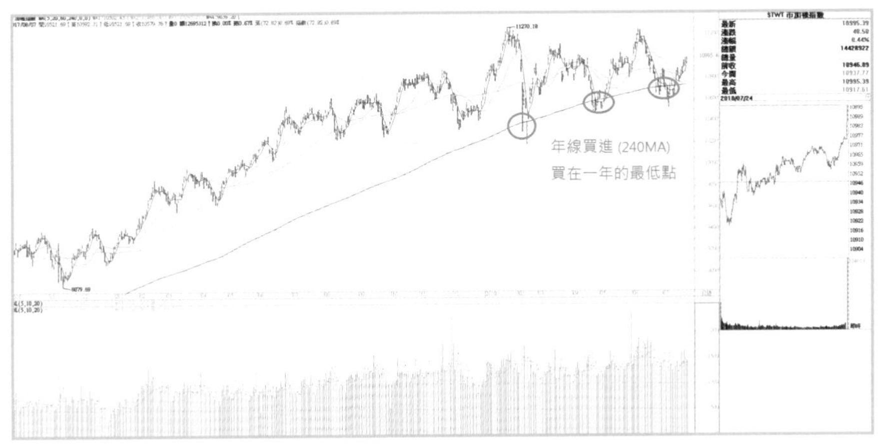

▲ 圖 3-15-2　大盤日 K，年線是買點

看完長線的走勢後，現在來看短線。長線趨勢向上沒問題，那短線呢？交易我都不只看今日的 K 線，我也會看昨天的 K 線、前天的 K 線。我要看連續的價格走勢對我訴說什麼。

因為現在有夜盤報價（T ＋ 1 盤），我看走勢圖一定會連同夜盤的走勢一起看。日盤是一般交易時段，時間從早上 8：45 到下午 13：45。夜盤（T ＋ 1 盤）時間從下午 3：00 開始，一直到凌晨 05：00 結束。休息三個半小時繼續今天的日盤交易。

夜盤的好處是減少跳空，晚上會預先反映行情，例如晚上美股大跌，隔天台股開盤跳空大跌，有了夜盤以後走勢是連續的，可以在夜盤時間處理部位，對於投資人大有幫助。昨天日盤行情開低走高是個多方盤，夜盤繼續上漲，但是十點半過後，反轉下跌跌破日盤的收盤價，這一跌也跌掉了昨天日盤的上漲氣勢，因此我預測今日行情應該不強。

券商的看盤軟體都將日盤、夜盤連在一起。為了清楚判斷日夜盤的區間，我將自己開發的 WINSMART 聰明贏下單軟體用藍色虛線區分日夜盤，方便看盤。

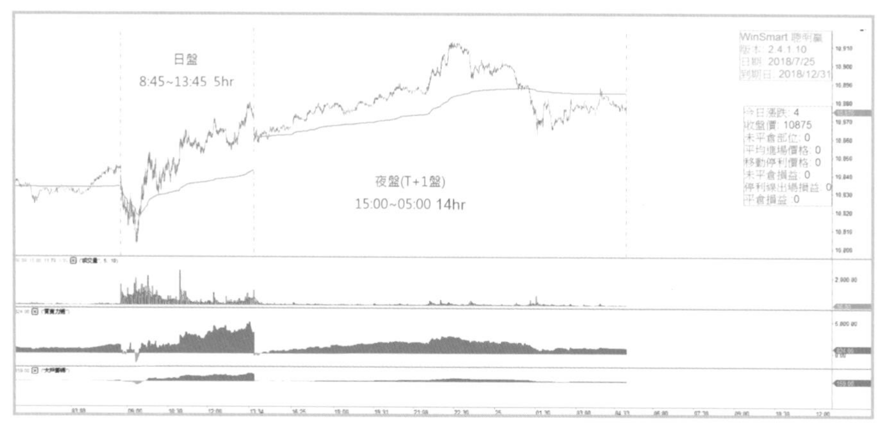

▲ 圖 3-15-3　日夜盤走勢圖，夜盤先漲後跌

來看籌碼，選擇權籌碼自營做多外資做空。這波自營大獲利，從底下開始做多上來。外資一直站在空方。沒關係，它本大皮厚不怕漲。而且外資在期貨多單持有四萬兩千多口，期貨多單會獲利。

				交易口數與契約金額						未平倉餘額					
				買方		賣方		買賣差額		買方		賣方		買賣差額	
序號	商品名稱	權別	身份別	口數	契約金額	口數	契約金額	口數	契約金額	口數	契約金額	口數	契約金額	口數	契約金額
1	臺指選擇權	買權	自營商	89,534	196,623	98,435	164,558	-8,901	32,065	81,391	329,798	69,956	241,593	11,435	88,205
			投信	0	0	0	0	0	0	0	0	578	5,222	-578	-5,222
			外資	29,861	87,264	29,457	91,386	404	-4,122	44,525	180,505	45,358	257,401	-833	-76,896
		賣權	自營商	135,472	161,995	132,248	157,092	3,224	4,903	79,531	95,251	93,447	135,426	-13,916	-40,175
			投信	24	1	0	0	24	1	2,464	4,899	396	298	2,068	4,601
			外資	35,260	83,719	31,339	80,941	3,921	2,778	69,779	112,352	61,281	124,198	8,498	-11,846

▲ 圖 3-15-4　三大法人選擇權籌碼

盤中交易

09：25

今天行情開盤跳空下跌，跟盤前規劃的想法一樣，昨日的夜盤跌掉了昨天日盤的漲勢，可是行情開低，小跌一段以後就拉高，化解下跌疑慮。這裡的交易要注意，過去的走勢都是有意義的，會影響今日的價格走勢。昨天的夜盤高點將會是今日日盤的壓力，昨天的日盤低點，也將會是今日日盤的支撐。今天的開盤位置開在昨天日盤＋夜盤走勢的中間，下有低點代表買盤，上有高點代表賣壓，那表示今日的走勢走盤整盤的機率大，會偏向「往上遇賣壓，往下遇支撐」。如下圖，我將日盤、夜盤高低點用紅色線畫出來，代表區間的支撐壓力。今日行情走到目前為止，我研判今日低點已經出現，理由有二：

一、若是要走空頭下殺那麼反彈不該過今天高點，不過前高再殺比較像是空方走勢，過高就代表不想跌，不敢說接下來會大漲，盤整不跌是有機會的。

二、籌碼由空翻多代表市場買盤出現，這也是對多方有利。

那我要做多嗎？先不做，因為行情還沒走遠，此時還不想為長線的多單部位加碼。

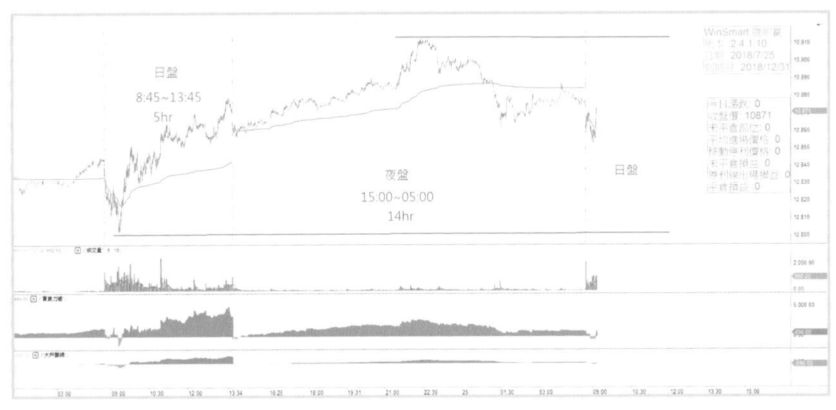

▲ 圖 3-15-5　台指期一分 K，預測低點出現

10：00

指數 10882，上漲 11 點。行情跟想的一樣，處於盤整、不跌的狀況。這裡也不用動作，盤整盤毛利不高，主要獲利來自於長線單。不必每天都要下單。

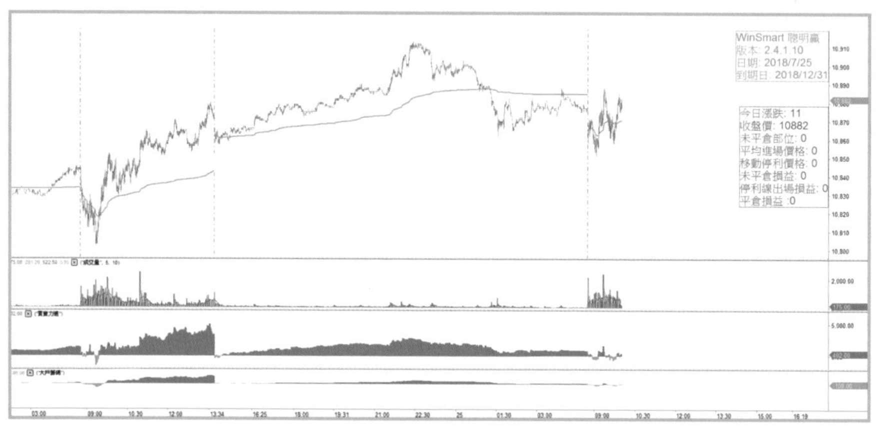

▲ 圖 3-15-6　台指期一分 K，盤整盤不做

11：03

指數 10878，上漲 7 點。現在看的是台指期一分 K，故意把圖縮得很小，小到看不太清楚 K 線是紅是綠是大是小，是什麼樣類型的 K 線，**是因為我把重點放在觀察走勢的型態，而非於單一 K 線**。投資人常常陷於短線的迷霧之中，看到一根大根一點的長紅 K，就興奮的不得了，想要去追價，一根大一點長黑！就想要去追空。這樣常常追在高點，空在低點，請先看清楚今天的盤像是什麼盤？有明確方向嗎？還是在一個區間內上下跑來跑去？拉遠看「型態」，就能看出今天的盤在玩什麼把戲了。

站在高處由上往下看可以看清全貌，投資盡量讓自己站在高處。一分 K 對很多人來說會太短，容易短進短出，一分 K 很容易出現長紅、長黑，這種容易讓投資人衝動的 K 線，會讓人進進出出。但你可以不必這樣，可以用一分 K 做波段。用一分 K 看型態，定義操作策略，看價、量搭配型態來找細節的進出點。用週期太大的 K 線完全看不到型態，例如三十分 K，三十分鐘的走勢合併成一根，看不到短線的型態。若要觀察走勢型態，建議最大的 K 棒週期不要超過五分 K。

請你看以下的走勢圖，如果今天是盤整盤，你覺得接下來走勢會怎麼走？

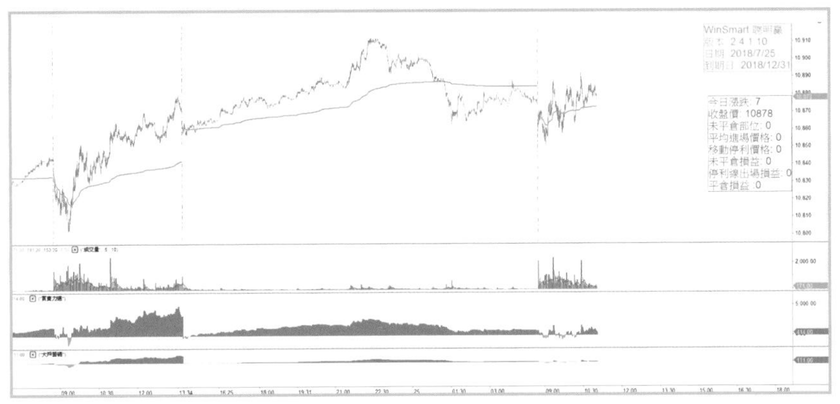

▲ 圖 3-15-7　台指期一分 K

時間　11：39

往下走，因為剛剛在箱子的高點附近，所以往下走的機率高。行情現在跌到 10871。今天上下振幅不大我就不進場搶短線單，盤整盤選擇權賣方放著也能坐收權利金，時間是賣方最好的朋友，什麼都沒做就獲利。

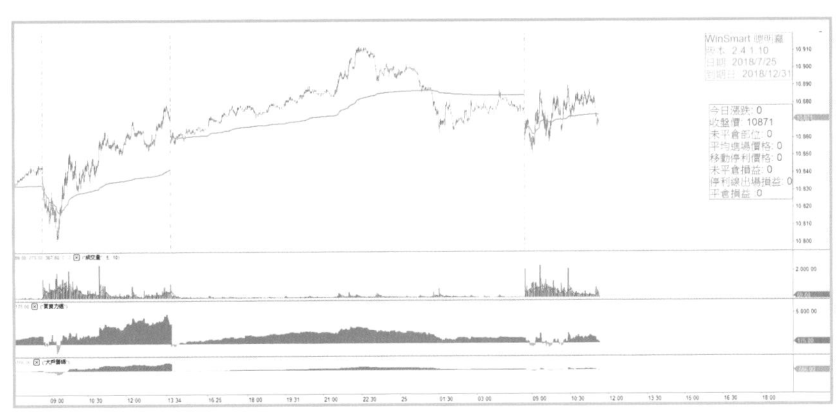

▲ 圖 3-15-8　台指期一分 K

時間　11：45

週三能不能做樂透？

你看今天的權利金，CALL 和 PUT 的價格雙雙下跌，這就是選擇權賣方的好處，盤整盤也能獲利。權利金下跌就是賣方獲利。不管是做多的 SELL PUT 和做空的 SELL CALL 今天都賺錢。**尤其，今天是週三結算，賣方更好賺，誰說一定要做選擇權買方呢？有行情且做對方向，買方才有獲利，盤整盤做賣方將權利金吸乾是好選擇。今天的盤型就是一個盤整盤的型，我一點也不會想去當買方。**

TXO 台指權　▾ 月份　▾ 2018/07W4　▾ 註記　設定 ☑ 對照 ☑

買價	賣價	成交	漲跌	成交量	規格	買價	賣價	成交	漲跌	成交量
	0.1	0.1	0.0	220	11800	830.0	845.0		0.0	0
	0.1	0.1	0.0	76	11700	730.0	745.0		0.0	0
	0.1		0.0	0	11600	630.0	640.0		0.0	0
	0.1		0.0	0	11500	530.0	540.0		0.0	0
	0.1		0.0	0	11400	432.0	438.0		0.0	0
	0.1		0.0	0	11300	333.0	340.0		0.0	0
0.1	0.2	0.2	▲0.1	334	11250	283.0	287.0	287.0	▲5.0	4
0.1	0.2		0.0	0	11200	233.0	237.0	224.0	▼9.0	47
0.1	0.2	0.2	0.0	13	11150	184.0	187.0	188.0	▲4.0	153
0.1	0.2	0.2	▼0.3	1664	11100	134.0	137.0	135.0	▲1.0	2094
0.2	0.3	0.2	▼2.4	10851	11050	85.0	86.0	86.0	▲1.0	13293
1.1	1.2	1.1	▼11.4	76637	11000	36.0	37.0	37.0	▼7.5	44272
19.0	19.5	19.5	▼18.0	56985	10950	4.6	4.7	4.7	▼14.8	67140
64.0	65.0	65.0	▼9.0	25942	10900	0.2	0.3	0.3	▼7.2	26263
114.0	116.0	113.0	▼8.0	3476	10850	0.2	0.3	0.3	▼2.9	10241
164.0	166.0	162.0	▼8.0	1359	10800	0.1	0.2	0.2	▼1.0	6731
214.0	216.0	226.0	▲6.0	210	10750	0.1	0.2	0.1	▼0.7	2333
264.0	266.0	264.0	▼6.0	287	10700	0.1	0.2	0.2	▼0.3	1162
312.0	318.0	333.0	▲13.0	4	10650	0.1	0.2	0.1	▼0.4	1785
362.0	367.0	379.0	▲9.0	10	10600	0.1	0.2	0.2	▼0.1	945
412.0	420.0		0.0	0	10550	0.1	0.2	0.1	▼0.2	196
462.0	470.0	464.0	▼6.0	2	10500	0.1	0.2	0.2	▼0.1	29
560.0	570.0		0.0	0	10400		0.1	0.1	▼0.1	103
660.0	670.0		0.0	0	10300		0.1	0.1	▼0.1	18
755.0	770.0		0.0	0	10200		0.1	0.1	▼0.1	8
855.0	870.0	880.0	▲10.0	2	10100		0.1	0.1	▼0.1	108
955.0	970.0		0.0	0	10000		0.1	0.1	▼0.1	104

▲ 圖 3-15-9　盤整盤 CALL PUT 雙跌

盤後檢討

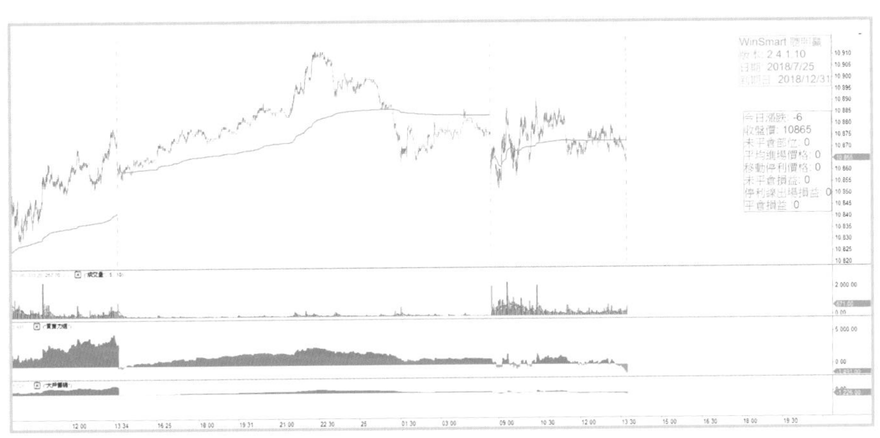

▲ 圖 3-15-10　台指期一分 K，今天的走勢圖

最後，行情下跌點，收 10865。今天行情和預測的一樣是「盤整盤」。CALL 和 PUT 雙雙下跌，賣方大豐收，沒有進場當沖，採取觀看方式讓權利金收斂，靜待行情走出去。**不管是操作期貨還是選擇權，判斷當日盤型是一門重要的功課，不同盤型有不同的操作策略**。如果一味要週三買樂透，不明究裡進場，吃虧的機率很高。如果盤整盤也要進去追高殺低，吃虧的機率依然很高。**在沒有行情的狀況，沒交易，就是最好的交易**。

心中的小劇場：行情要大跌了嗎？

交易日記：2018 年 7 月 26 日　禮拜四

盤前分析

台股原地盤整四天了，行情沒走出去真令人擔心，行情走出去才舒服。目前，手上最後一次加碼的日期是 7 月 20 日，還沒拉開之前不加碼。控制部位，控制風險。其實現在選擇權也買到滿倉，剩下期貨可以加碼。若再漲，想加碼的話我會考慮將權利金較少的換掉，換成權利金較高的合約，這樣能在沒有增加部位的狀況之下增加收入。現在則持有多單，靜待行情走遠。

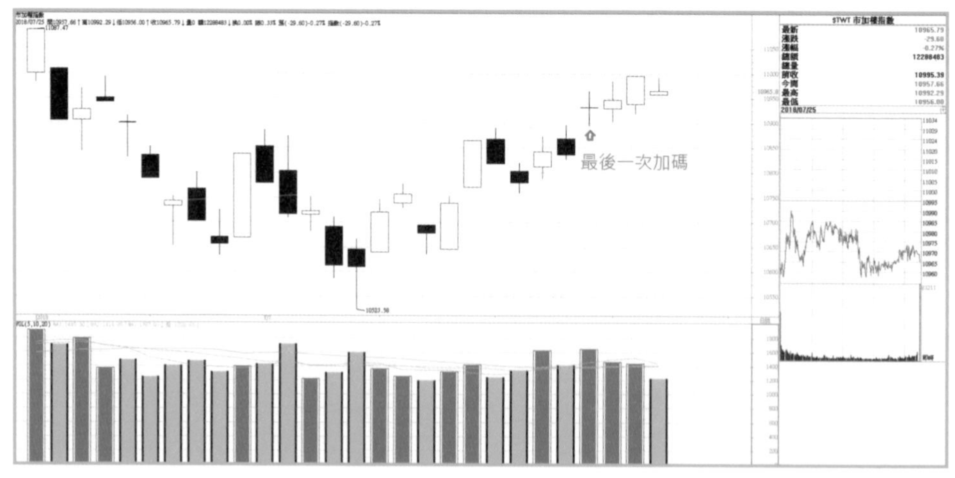

▲ 圖 3-16-1　大盤日 K

今天與券商朋友見面，他說十月開始新客戶交易選擇權超過 50 萬要做財力證明，自從 SPAN 和保證金最佳化取消以後業績大受影響，選擇權交易量萎縮。他問我這對我的交易和學生有沒有影響，我說沒有，因為我自己交易不用 SPAN，上課也不會教學生用 SPAN。做 SPAN 的人通常是做組合單才用得到，例如說做 SELL CALL ＋ SELL PUT，這樣做保證金可以減半，但我都教做單邊，打加碼，帳戶永遠有錢，既然帳戶永遠有錢，何必 SPAN ？做資金管理的人用不到 SPAN，所以取消 SPAN 對我這派來說影響不大。再說，交易最重要的是資金管理，做雙 SELL 也不要將資金買到滿，要用多一點錢買少一點部位，所以我做 SELL CALL ＋ SELL PUT 我也不用組合單的方式來減免保證金，都是以單邊的方式購買，對於重視資金管理的人來說，做的事情是去槓桿，不需要利用 SPAN 和保證金最佳化等機制擴大槓桿。

通常，用 SPAN 的人喜歡做雙 SELL 會開大槓桿，用一筆錢做兩筆單，我們手上永遠有錢，不需要 SPAN 放大槓桿。其實我說選擇權打到滿倉，我手上還留一半的資金沒動，只動用 50%。為何如此呢？因為永遠必須為最壞的情況做準備，最壞的情況就是你滿倉，然後走大反向。當你遭受突襲，損兵折將，手上沒籌碼會很難玩。**想反敗為勝，你需要有部隊及糧草。這留著的資金可以讓我不怕行情亂跑。說真的，我就算手上的部隊都不幸死掉了，我場外還有部隊隨時可以派上場。交易者必須事先做好最壞打算和預備可動用的資金。**

交易不是比一時是比長遠，你可以同時派所有部隊在場上買越多賺越多，也許短期獲利大，但是容不下一場重大的戰役失敗。我一開始動用較少的資金但我可以活得很好，有容錯空間，心理壓力也不會這麼大。我想投資人都很關心報酬率多少、勝率多少，其實，問錯問題了。**報酬率的多寡和你資金使用比例有關，同樣方法買得少，報酬率就小，買得多，報酬率就大。是賺得多的人厲害嗎？不是，不能這樣比。要問每塊錢獲利是用多少虧損換來的，也就是要看風險報酬，問風險報酬比。**

而勝率多少跟會不會賺錢也沒關係，勝算高達九成的方法，這樣的標題很吸引人，但懂交易的人就知道這是說給不懂的人聽的。會賺大錢的人勝算三成四成就夠了，勝率不用高。問題不在抓住小波段，而是是否能逮住一筆大行情。

券商的朋友繼續問：「你會教同學 BUY CALL 賺錢以後用 SELL CALL 鎖起來嗎？這樣也會用到 SPAN。」我說：「平倉比較快」。其實用組合單，同樣有保證金減免效果，選擇權的組合單還是存在，只是系統不會自動幫你組單。我做單邊的理由是進出方便進出快，不喜歡等待。

盤中交易

時間　09：07

行情開高走低，上漲 38 點 ，昨日夜盤漲得多六十多點，今天開盤就掉下來，決定先不動作。

▲ 圖 3-16-2　台指期一分 K，籌碼數據不大，看盤跌

時間 09：25

今天開盤震盪雙巴，短線交易並不好做。目前我做長單，放著不動。

▲ 圖 3-16-3　台指期一分 K

時間 10：04

行情滿賊的，9：34 分時，10926 突破今天高點，我以為會往上，結果就是今天高點，現在破低，剛剛 10：01 分的時候出現破底長黑，有很多人在此停損。但若問是否短線走勢比較隨機？其實並不是隨機，而是主力精心設計的騙局，引誘散戶進入，有輸有贏的賭場就是有老千在。今日沒交易短線，只有抱著長線單。

▲ 圖 3-16-4　台指期一分 K　誘多 + 掃停損

你看，大盤日 K 排排站，現在又收墓碑線，行情沒拉開，走勢還是令人擔心。

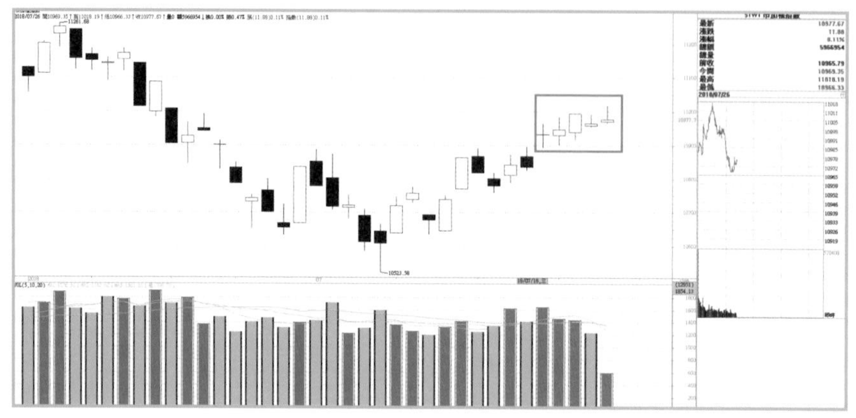

▲ 圖 3-16-5　大盤日 K

10：34

小劇場作祟

1. 行情盤了這麼多天，會不會來一根長黑？
2. 又還沒發生是在自己嚇自己什麼？說不定來根長紅

請問，投資朋友您覺得會走哪個劇本？

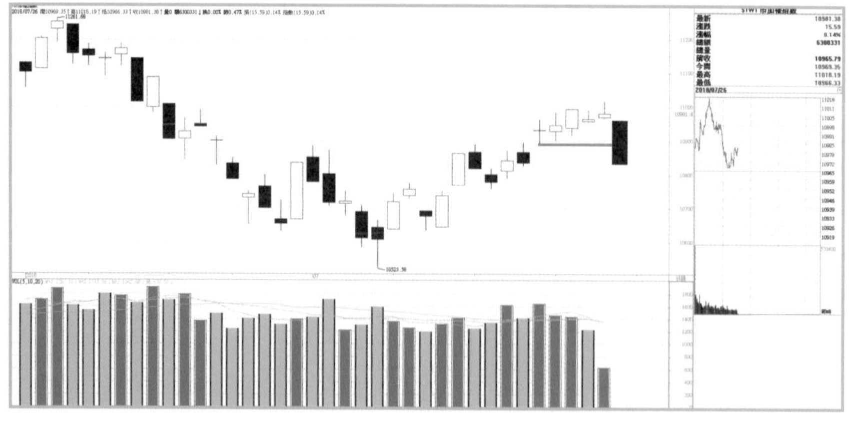

▲ 圖 3-16-6　大盤日 K 幻想圖 今日收長黑

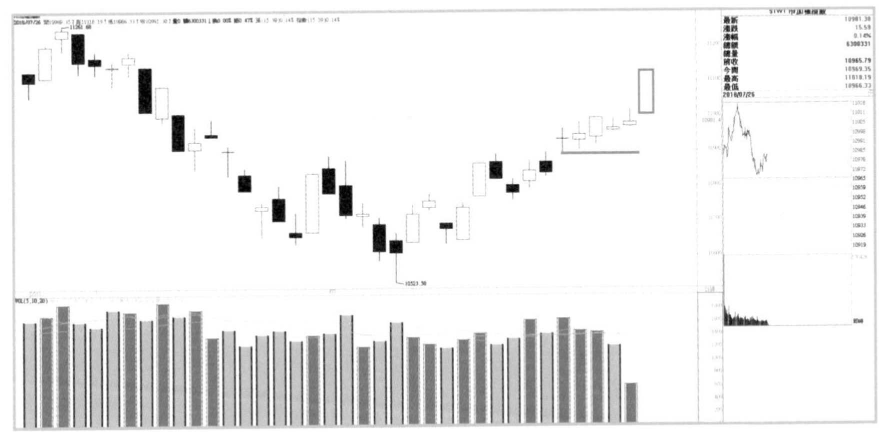

▲ 圖 3-16-7　大盤日 K 幻想圖 今日收長紅

說也奇怪，這樣想完後沒多久，居然將部分多單出場。讓我下單的不是客觀的技術分析，而是心中的小劇場。行情明明只有多跌幾點而已，心中的小劇場就作祟，認為等一下會跌一大段。

盤後檢討

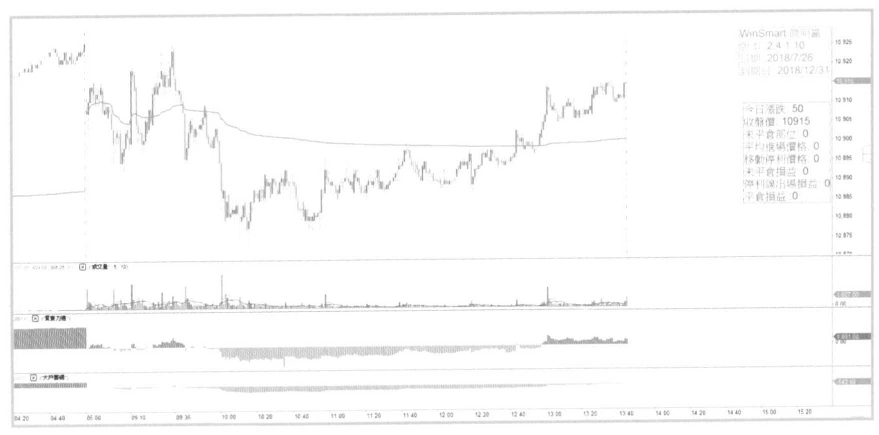

▲ 圖 3-16-8　台指期一分 K，今天的走勢圖

最後，行情上漲 50 點收 10915，盤中因為小劇場作祟，我將部分多單出

場，自己嚇自己，真是要不得！出場後，行情不跌，慢慢往上爬，發現剛剛出場是錯的，只好摸摸鼻子再買回來。這個出場動作是多餘的，今天敗給自己的多疑。只要害怕，草木皆兵。

害怕會下跌，看到走勢也真的「正在下跌」，跟腦中的預想場景一樣，這訊號會被無限放大，於是，就很容易將手上的多單出掉。當年曹操是朝廷通緝的要犯，逃命躲在自己乾伯父呂伯奢的家中避難，呂伯奢為了款待曹操，在後院準備殺豬款待曹操，可是曹操聽到了磨刀的聲音，以為呂伯奢要加害自己，殺死了呂伯奢和他的家人，誰知曹操在後院看見一頭被捆著的豬，方才恍然大悟原來呂伯奢是為了款待自己，並不是要加害自己。於是說出「寧可我負天下人，休讓天下人負我」之語。我想曹操當時是因為心中害怕，把危險訊號無限放大。

客觀冷靜是交易者的首要準則

我們是否也跟曹操一樣，寧願錯殺不要被殺。以前，我因為心中小劇場作祟，常常會太快出場少賺很多，眼睜睜看行情出去，而手上沒有獲利部位，又不敢買回來。後來，學著控制自己，盡量不去想這些，真的想出場，只出一部分就好，出場以後發現錯了再重新買回來。保持冷靜、客觀比較能做好交易。

讓自己客觀最好的方法是**預設出場的價格，價格沒到之前盡量抱住部位不走**。目前我主要就是用這種方式交易。還沒看到後面的 K 線之前先預設出場的價格，還沒產生損益之前先預設好「撤退點」，這樣比較客觀，不會隨便被行情牽著走，也比較不會被損益影響操盤決策。人性貪婪、恐懼伴隨左右，用帳上損益帶著情緒進出常會搞砸交易。學技術不難，搞定自己的小劇場比較難。

籌碼這樣解讀，從籌碼看法人交易手法

交易日記：2018 年 7 月 27 日　禮拜五

盤前分析

台股非常勇猛，轉眼就到達一萬一，之前還在 10414 呢，行情不但沒有死，甚至絕地大反攻。K 線走勢是一路反彈，畫個上升趨勢線，沒有跌破之前，繼續看漲。目前不要自己嚇自己，以為股市要大跌，還沒露出敗象之前，繼續做多。

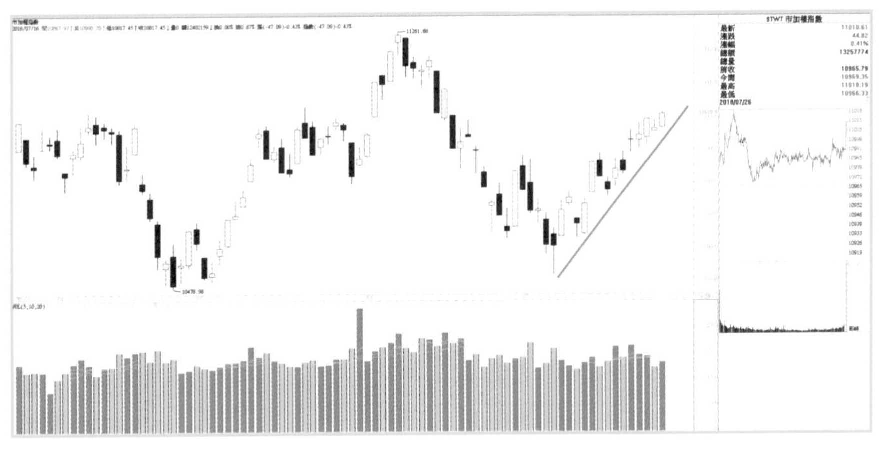

▲ 圖 3-17-1　大盤日 K

籌碼分析

外資期貨未平倉 46895 口，期貨多單漸漸增加。交易要觀察法人的部位的連續性變化，若是連續增加多單或是連續減少空單就是看多；若是連續增加空單或是連續減少多單就是看空，所以看籌碼不只要看一天，還要看好幾天，比較籌碼到底是逐漸做多還是逐漸做空。以下最近一個月的外資期貨未平倉部位圖，就可以一眼看出連續變化的方向。

你看這個圖，外資期貨淨多單部位最少的日期在 7 月 5 日有 2 萬 1671 口，隨後外資期貨淨多單部位漸漸增加。此處解釋一下，淨多單部位是同一天外資有多單留倉，也有空單留倉，而「多單部位」比「空單部位」多出 2 萬 1671 口。所以外資淨部位為淨多單 2 萬 1671 口。好的，接下來可以比對台股走勢，台股在 7 月 5 日收長黑，7 月 6 日先破底再上拉，收打樁線，這天是行情的最低點，接著行情一路反彈至今。而外資在 7 月 6 日出現破底打樁線後，它怎麼做呢？它加碼期貨多單到 2 萬 4853 口，這天我第一天進場做多。

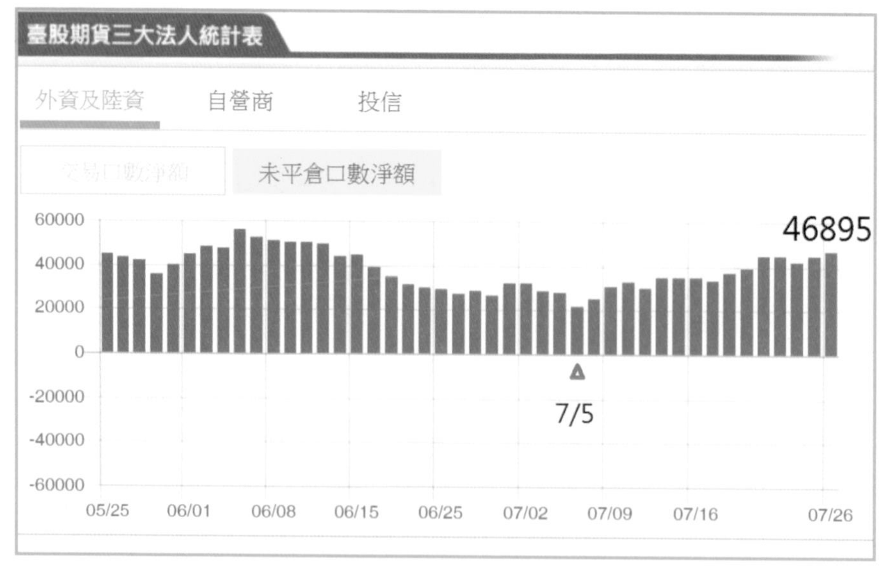

▲ 圖 3-17-2　外資期貨部位，在 7 月 5 日多單最少

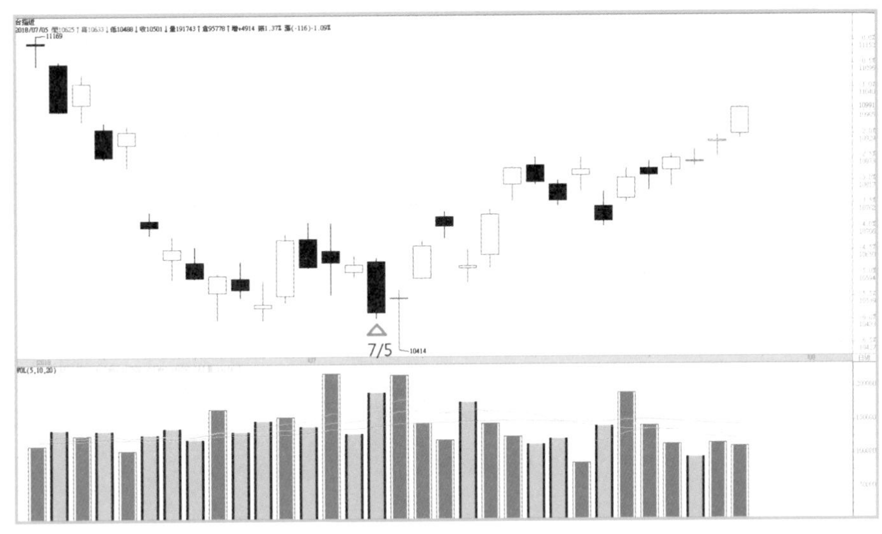

▲ 圖 3-17-3　台指期日 K，7 月 5 日以後行情上漲

隔天 7 月 9 日行情繼續上漲 124 點收長紅，收盤 10662，這天外資加碼期貨多單，期貨留倉部位多單增加到 3 萬 0409 口，這天我也加碼多單。7 月 10 日行情繼續跳空上漲 46 點收一個小紡錘線，收盤 10708，外資這天繼續加碼多單到 3 萬 2616 口，這天走勢不強，因此我不敢加碼多單。7 月 11 日一開盤就跳空一百點，這天是做多的災難日開盤就賠錢。盤中先殺後漲收十字，收盤 10614，這天外資多單減少到 2 萬 9735 口，這天我沒動作。

7 月 12 日再次大漲 124 點收長紅 K，收盤 10738，這天完全收復前一天的跌幅，一天大漲一天大跌難操作，這天外資怎操作呢？外資加碼多單到 3 萬 4952 口，這天我也加碼多單。7 月 13 日行情再次上漲 110，收盤 10848。這天外資怎操作？外資小幅減少多單到 3 萬 4736 口。這天我加碼多單。7 月 16 日價格下跌 35 點收黑 K，這天我進場猜頭做空 SELL CALL，外資的留倉部位沒有太大變化，3 萬 5064 口淨多單。7 月 17 日台指價格下跌 44 點收黑 K，這天我短線做空，那外資怎麼做呢？外資這天減碼多單到 3 萬 3205 口。

7月18日，這天是七月份合約的結算日，這天跳空大漲上衝下洗最後上漲75點，這天走勢轉來轉去，很刺激，最後收了「十字紡錘線」。前兩天下跌，今天跳空大漲，走反向，給留倉做長線的出考題，這天我加碼多單，那這天外資怎麼應對呢？外資是一定會留倉的，這天外資多單增加到3萬7039口。看見了嗎？**指數上漲外資會增加多單部位，指數下跌，外資會減少多單部位，幾乎大部分時間是跟著行情同步操作。**

看籌碼不要只解讀法人擁有幾口多單留倉、幾口空單留倉，然後以留倉部位的大小，解釋外資的多空看法強度，這是不夠的，還要更進一步，**解讀籌碼的連續變化，籌碼的變化代表著法人的操作邏輯，基本上，外資是賺錢加碼、賠錢減碼，隨著走勢調整部位。這就是我最高的操作原則，隨著走勢調整自己的操作部位，而法人的籌碼，拿來當參考比對用。**

7月19日，八月份第一個交易日開始，到今天7月27日，七個交易日行情幾乎每天上漲，行情從7月19的10720，漲到7月27日的10991，上漲271點，外資的期貨淨多單部位也從7月19日的3萬8934口，增加到7月27日的5萬2586口，增加了1萬3652口。這段日子，我也隨著行情越漲越高，手上的多單越來越多。賺錢加碼、賠錢減碼。

這做法完全和散戶顛倒，法人是賺錢留著，賠錢出場，散戶是賠錢留著，賺錢出場，這是人性·以至於行情上漲的時候外資是手上賺錢的多單部位越來越多，而散戶是手上賠錢的空單會越來越多，散戶都玩小台，所以看小台的留倉資料，比對台指期的走勢，會呈現反向。

我之前在券商工作過，我有將券商的小台留倉資料和走勢做比對，發現小台留倉資料根本是反指標。看到這裡，你想當賺錢的贏家，還是賠錢的輸家？為什麼八成的散戶賺不到錢？因為順著人性操作是不會賺錢的。

賺錢出場是快樂的、容易執行，賠錢出場是痛苦的，避開不執行，甚至賠錢攤平，賠錢部位越買越多。要成為交易市場的贏家，不是只有學好技術，好技術遇到人性的軟弱也是枉然。**最重要的是養成良好的交易習慣，良好的交易行為，才是決定你帳戶賺賠的關鍵。解讀籌碼不只解讀多空，更要解讀「贏家的操作模式」。**

盤中交易

09：10

小漲 10 點，目前開盤到現在走上下折返跑是盤整型態，籌碼數據買賣力道和大戶籌碼是盤整數據，口數不大只有幾百口。已經高檔盤整好幾天了，目前籌碼數據偏多，買賣力道和大戶籌碼都是正，籌碼數據偏多，盡量做多。長線看多，短線也是看多，多單抱緊。

▲ 圖 3-17-4　台指期一分 K，看盤漲

時間　09：13

• 只能賺錢加碼

漲上來了，上漲 20 點，指數 10935。目前籌碼數據都是紅色表示多方，盡量做多。目前買賣力道+1338，大戶籌碼+579，和幾分鐘前比有增加。看來走勢強，我來加碼多單，只在賺錢的時候加碼。外資的操盤模式也是這樣，行情上漲，會加碼多單。

可是當獲利的時候就是想出場，怎麼還會想買進新的部位呢？一個是出場一個是進場，這是兩個完全相反的動作。想要加碼第一個遇到的困難是「心理障礙」買不下手。都漲這麼多了，現在買進不會買在高點嗎？當行情創新高的時候，加碼會讓人感到害怕，怕買在高點。那行情拉回呢？行情拉回代表獲利回吐，害怕獲利不見想的是趕快出場，怎麼還會想買更多呢。所以當賺錢以後不管行情怎麼走，都不太容易做到加碼，因為內心害怕。

巴菲特說：「別人恐懼的時候我貪婪，別人貪婪的時候我恐懼。」贏家是反人性操作。我天生不會加碼，我是一般人，會加碼是經過後天努力，刻意練習。

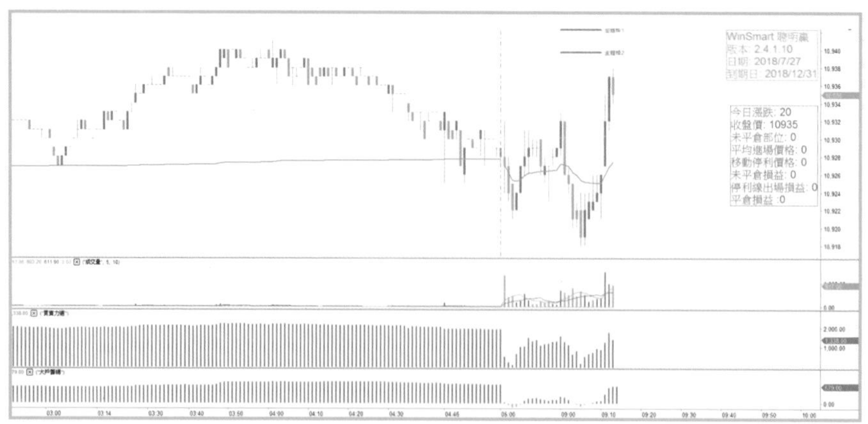

▲ 圖 3-17-5　台指期一分 K

時間 09：17

看大盤日 K，目前小漲 17 點，台股指數 11027，是最近的最高點。走勢往上漲，海闊天空。

▲ 圖 3-17-6　大盤日 K

時間 09：26

往上爬，上漲 27 點。

買賣力道來到 +2809，這是趨勢盤數據，只要大於 2500 以上，就有機會走出趨勢盤。+2809，這表示市場上委買多單比委賣空單多出 2809 口。市場一面倒的看多，而大戶籌碼數據也漸漸上升，大戶籌碼的數據是累計成交筆差。若市場追多成交的人比較多，則數據為正。若市場追空成交的筆數比較多，則數據為負。若數據為正且漸漸增加，那表今天走勢市場追價意願高，不斷追價買進，指數則往上漲。當委託的單是多單比較多，而且盤中成交也是以追多成交，那今天走出趨勢盤收長紅的機率高。這是盤中籌碼的解讀。

未平倉是盤後的籌碼，買賣力道和大戶籌碼是盤中的籌碼。這兩個籌碼除了要觀察數字的正負和絕對值大小以外，更重要的是要觀察連續的變化。**交易同樣道理，交易是連續的，走勢是連續的，要觀察連續變化。**

▲ 圖 3-17-7　台指期一分 K

時間 09：29

走勢上漲 35 點，指數 10950，今天要收長紅 K 嗎？昨天還在說盤整之後，是會長黑下跌，還是長紅上漲，今天就表態了。下圖籌碼數據也是逐漸增加，表示行情一路上漲。

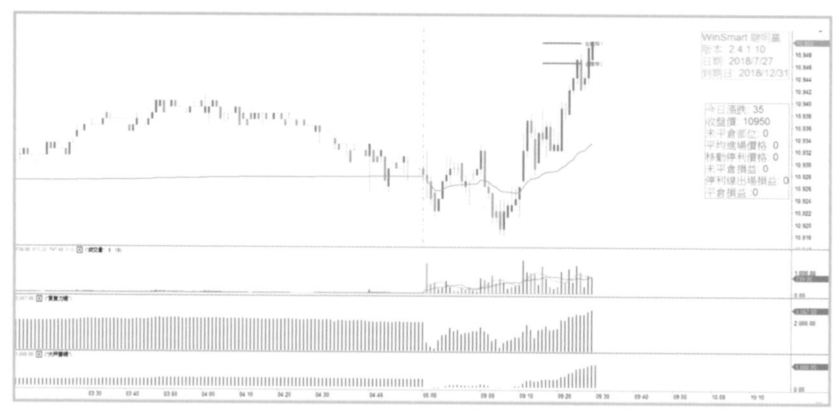

▲ 圖 3-17-8　台指期一分 K

時間 09：40

指數 10961，上漲 46 點。今天是偏多沒錯，至少到目前是。低點起算，漲了 50 點，50 點一個關卡，觀察會不會繼續漲，我有打加碼。

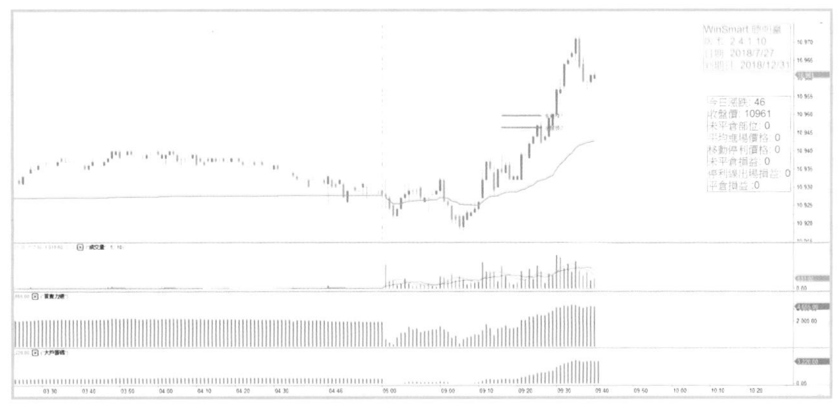

▲ 圖 3-17-9　台指期一分 K

時間 09：59

才剛加碼就掉下來。加碼要克服心理障礙，多數人怕加碼位置買在高點、怕回檔、怕賠錢。其實不需要驚恐，小心翼翼買也是會賠錢，低接買進也是會賠錢，賠錢不用太放在心上，怕賠錢無法做好交易。

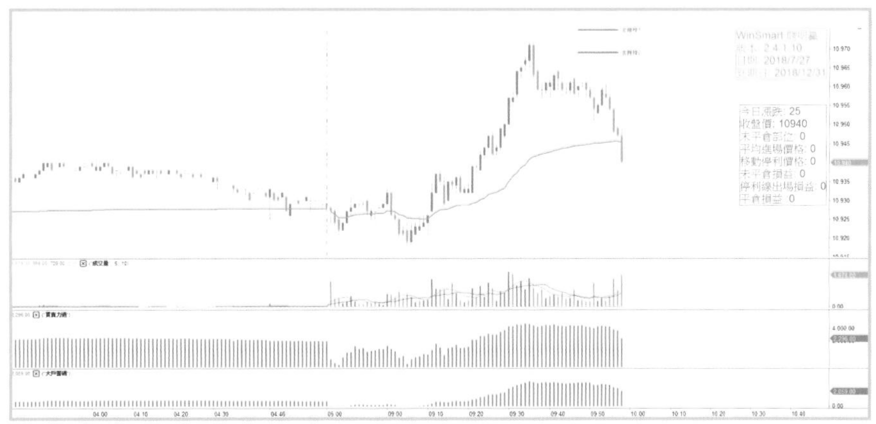

▲ 圖 3-17-10　台指期一分 K，指數 10940，高點拉回 32 點，上漲剩下 25 點

10：26

若是短線當沖交易，依照剛才的跌幅是要出的，但是我現在做的是長線，可慢一點出場。行情又噴出去，指數創了新高，短線做單真的容易被掃，停損設太小很容易出場。明明可以賺錢卻變成賠錢。交易最恨的是看對方向，停損以後行情又上去。

▲ 圖 3-17-11　台指期一分 K

10：59

行情又漲上來，沒事，繼續看多。今天行情收相對高機率大，安心抱住部位。

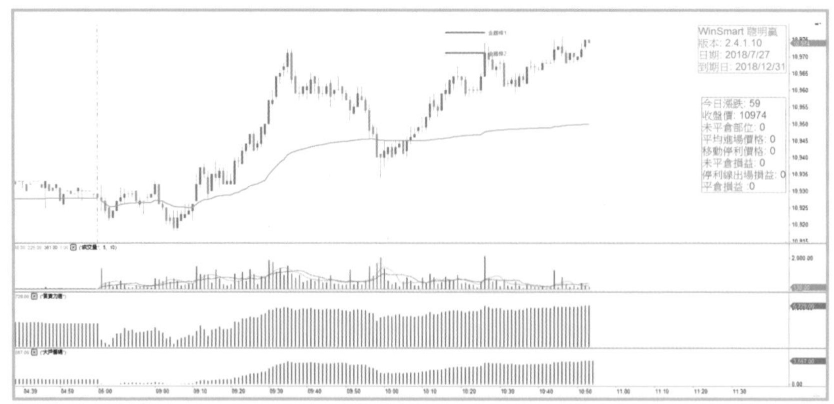

▲ 圖 3-17-12　台指期一分 K

13：39

行情幾乎收最高，指數 10993 上張 79 點。

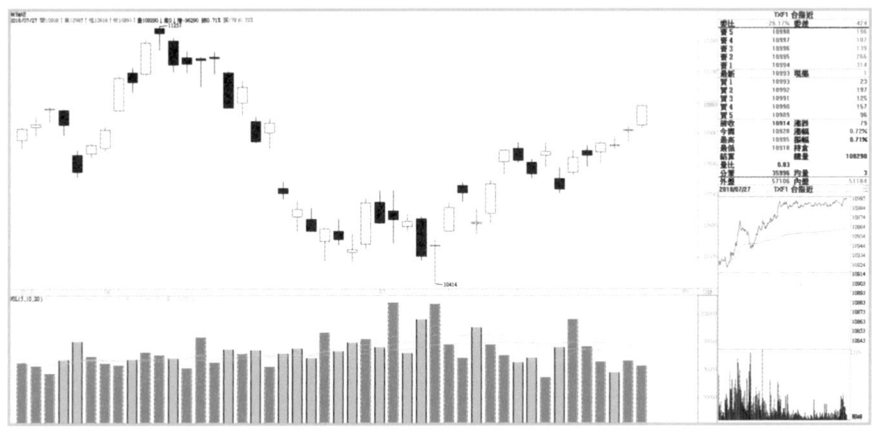

▲ 圖 3-17-13　台指期日 K

盤後檢討

最後上漲 77 點，收 10992。行情真強，看籌碼今天整天都是多方數據，從頭多到尾。

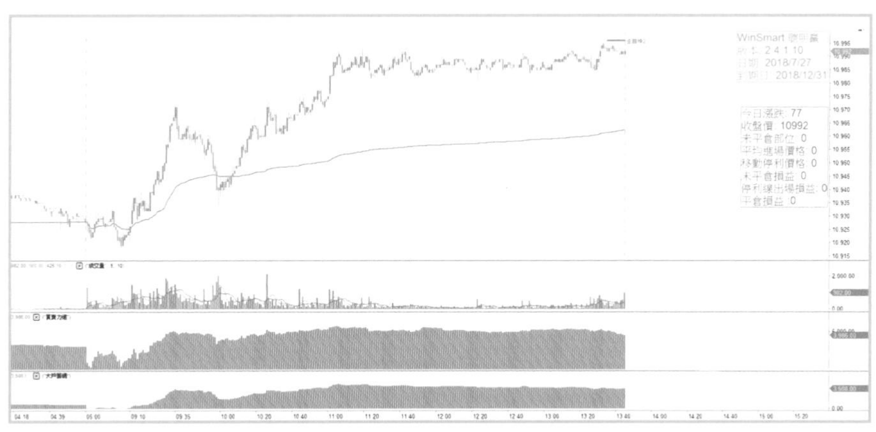

▲ 圖 3-17-14　台指期一分 K，今天的走勢圖

檢討今天交易，做不好的地方是加碼的位置慢了些。做得好的地方是多單沒有被掃掉。今天看多做多沒問題，重點是過程中的回檔有沒有被掃掉，行情反向下跌時想什麼？有沒有被嚇出場。今日我的多單沒被掃掉，走勢收最高，獲利創新高，對我而言是個豐收日。我們能做的是控制虧損，賺多少交給上帝。

18 想出場是因為心理作祟，還是看到訊號

交易日記：2018 年 7 月 30 日　禮拜一

盤前分析

台股上週驚驚漲，每天看起來都會下來，卻又漲上去，尤其是周五最經典，長紅突破平台。照理說是萬里無雲，但在這裡我依然小心因應。行情真的走出去了，才認定行情會續漲，我們必須眼見為憑。現在只要抱好多單部位就好。短線上隨著走勢操作，多空皆可。

看大盤日 K，現在所有均線都往上，多頭排列且收長紅 K。小心提防，過去所有最高點也是多頭排列、也大多是紅 K。例如 6 月 6 日漲一段之後長紅（紅色箭頭標示），後面再漲一天高檔「紡錘線」後見到反轉；3 月 13 日也是漲一段之後的長紅 K（紅色箭頭標示），隔天價格不漲，接下來行情就反轉；1 月 22 日漲一段之後的長紅（紅色箭頭標示），隔天再漲一天震盪收紡錘線，高檔紡錘線跌破後行情反轉。

這算物極必反嗎？這些高檔反轉點，就呈現在同一張圖表上面，現在 7 月 27 日也是漲一段之後的長紅，提高警覺。過去當過神的，都會下神壇。

往好的方面想，這段行情因為外資歸隊由賣超轉買超所以台股上漲，看外資會不會繼續買，下個目標價 11200。開盤前看空的訊息和看多訊息同時存在，我該看多還是空，該看哪一個？

▲ 圖 3-18-1　大盤日 K，高檔長紅見高點

籌碼分析

外資期貨籌碼，目前的多單竟有 5 萬 2586 口，且上週五增加期貨多單 5689 口，外資在期貨做多。

期貨契約

單位：口數；千元(含鉅額交易，含印度50期貨，標的證券為國外成分證券ETFs或境外指數ETFs之交易量)　　日期2018/7/2

			交易口數與契約金額						未平倉餘額					
			多方		空方		多空淨額		多方		空方		多空淨額	
序號	商品名稱	身份別	口數	契約金額	口數	契約金額	口數	契約金額	口數	契約金額	口數	契約金額	口數	契約金額
1	臺股期貨	自營商	12,531	27,455,596	14,271	31,292,139	-1,740	-3,836,543	9,297	20,342,742	15,962	35,010,206	-6,665	-14,667,464
		投信	399	876,822	44	96,719	355	780,103	2,640	5,803,223	26,121	57,418,863	-23,481	-51,615,640
		外資	46,306	101,473,136	40,617	89,006,577	5,689	12,466,559	82,234	180,730,306	29,648	65,156,634	52,586	115,573,672

▲ 圖 3-18-2　三大法人期貨籌碼

看選擇權籌碼

自營和外資對幹，自營做多，外資做空，這波行情從底下漲上來，自營做多賺飽飽。目前自營 BUY CALL 金額兩億。SELL PUT 收權利金八千五百萬，滿手多單。**而外資，做空 SELL CALL 一億多，外資逆勢交易很少不賺錢的。這一路上漲，外資都在做空 SELL CALL。**而我，做多。

選擇權買賣權分計

單位：口數；千元(含鉅額交易，含標的證券為國外成分證券ETFs或境外指數ETFs之交易量)　　日期2018/7/27

				交易口數與契約金額						未平倉餘額					
				買方		賣方		買賣差額		買方		賣方		買賣差額	
序號	商品名稱	權別	身份別	口數	契約金額	口數	契約金額	口數	契約金額	口數	契約金額	口數	契約金額	口數	契約金額
1	臺指選擇權	買權	自營商	98,348	268,404	88,276	200,498	10,072	67,906	80,189	424,442	57,672	220,020	22,517	204,422
			投信	0	0	0	0	0	0	0	0	559	6,591	-559	-6,591
			外資	26,599	102,239	22,710	89,437	3,889	12,802	47,285	228,645	43,167	331,854	4,118	-103,209
		賣權	自營商	119,898	178,506	134,376	235,157	-14,478	-56,651	63,576	75,013	103,768	160,649	-40,192	-85,636
			投信	0	0	0	0	0	0	2,488	2,209	373	160	2,115	2,049
			外資	30,739	84,028	28,969	92,197	1,770	-8,169	72,701	95,829	66,748	112,714	5,953	-16,885

▲ 圖 3-18-3　三大法人選擇權籌碼

盤中交易

09：18

今天開低走高，開盤價指數 10970 漲到 10996，漲上來後，原地晃一下，看起來漲不太動，我決定短線 SELL CALL 放空。SELL CALL 11000，權利金 72。

時間　09：27

行情震盪，研判今天是盤整盤。空單停損設在今日高點。往上衝的話就停損。

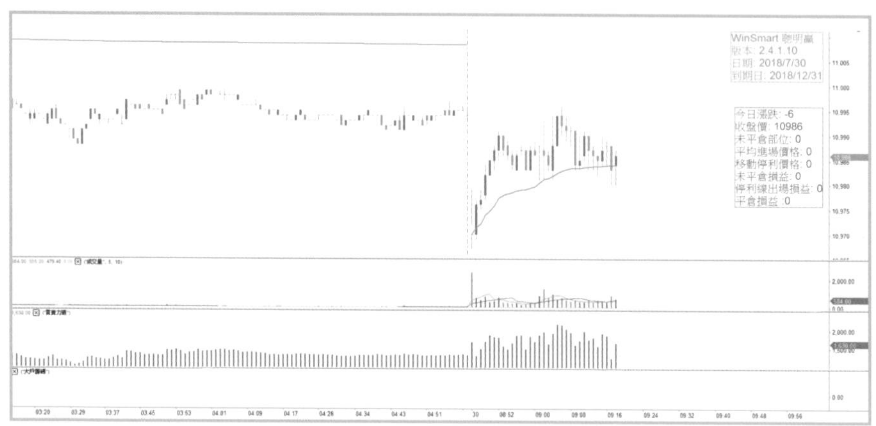

▲ 圖 3-18-4　台指期一分 K

時間　09：35

行情往上噴停損，停損位置不能說，一說就被掃停損。指數長紅衝高，指數 11005 上漲 13 點。SELL CALL 11000 停損價設在 75。

▲ 圖 3-18-5　台指期一分 K

時間 09：36

停損以後行情就掉下來，經驗告訴我，剛才白白停損了。再進場空一次。SELL CALL 11000 ，權利金 76。

▲ 圖 3-18-6　台指期一分 K

時間 09：44

重新放空的位置，剛剛掃掉停損以後發現停損在高點，馬上空回來。

▲ 圖 3-18-7　台指期一分 K

時間　09：56

原本以為行情就此下跌破底，沒想到 9：46 長黑以後，開始走反向，到了 9：53 又突襲往上衝，9：55 差一點點創新高，這次沒有掃到停損價，若幾分鐘內沒有創新高，研判行情不會上漲的機率較高，走勢很明顯的就是在短線震盪掃停損，沒有拉抬意圖。那麼，剛才 9：36 的高點就是今天高點，若是今日高點，那做空就有利。

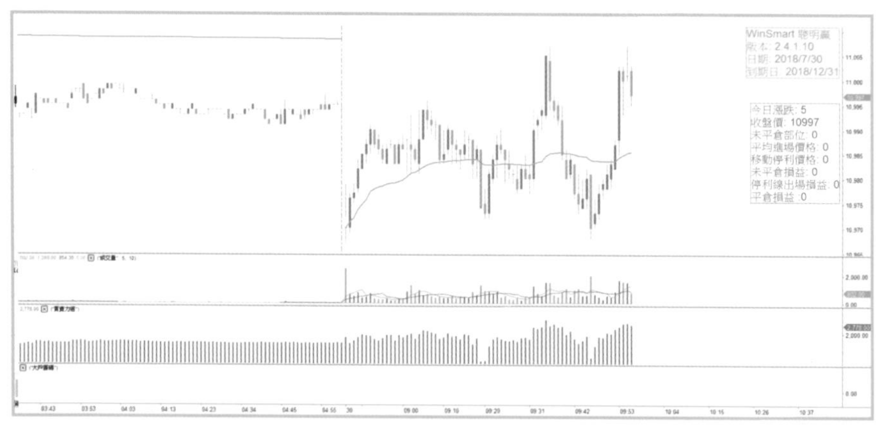

▲ 圖 3-18-8　台指期一分 K，反彈不過高

時間　10：11

今日走勢出現「兩頭尖」，指數 10989 跌 3 點。我把期貨多單出場了，指數 10986，只因為一個念頭，滑鼠就點出去了。也沒打到停利，只是一個念頭。剩下 SELL PUT 部位和今天進場的 SELL CALL 部位。出場以後，看鴻海還在漲，台股應該會漲，也許我剛剛出太快了。

今天想出場的念頭戰勝，自認聰明的念頭勝出，行情也沒什麼漲跌，只是短線掃來掃去，還沒打到長線的移動停利價格，我自作聰明認為行情不漲了，於是出場。認為行情不漲的理由為何？上週漲一段之後收長紅，容易是行情的盡頭，加上今日不續漲，漲勢力道減緩。台指期在早盤兩次假突破，預判行情不漲了，所以出場期貨長線多單。那……過去這麼多次更大振幅的震盪為何不走？現在稍微震盪就想走？

交易的過程中我會不斷跟自己對話，我想找出進場、出場真正的原因。其實，影響要不要出場的原因，主要是心理因素，不是技術分析。**因為我想出場，所以出場，技術分析研判、出場的理由，只是反映內心的想法。**

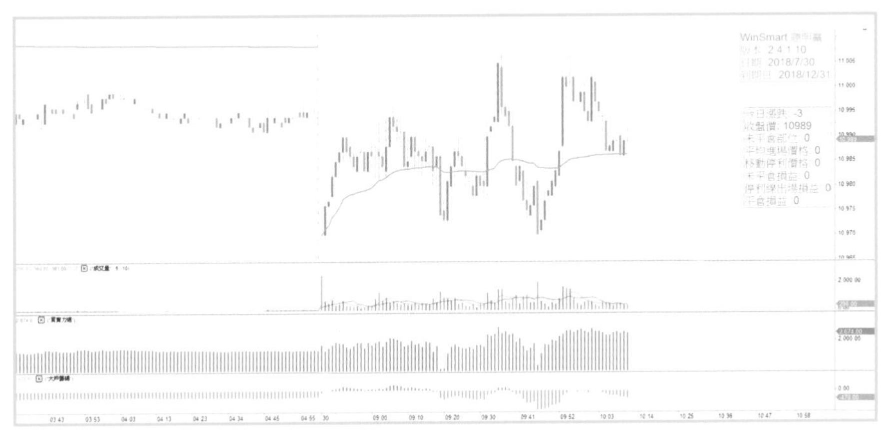

▲ 圖 3-18-9　台指期一分 K，研判會下跌

鴻海日 K 填息中

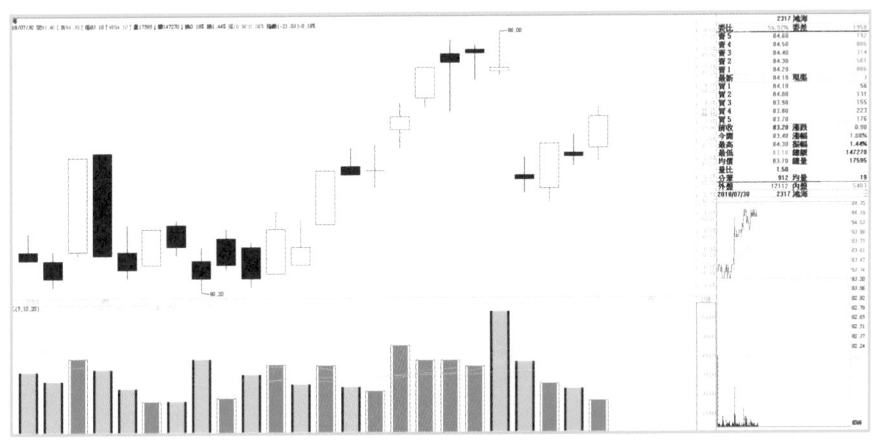

▲ 圖 3-18-10　鴻海日 K

時間　10：25

看著大盤日 K，前天 K 線和今天的 K 線，組合是長紅 K ＋小墓碑，看起來是走勢漲不動，準備要回檔了，接下來台股應該會下跌。但接下來「應該會下跌」，這只是個人推測，還沒發生就預先動作，是執行腦中的「**幻想**」。

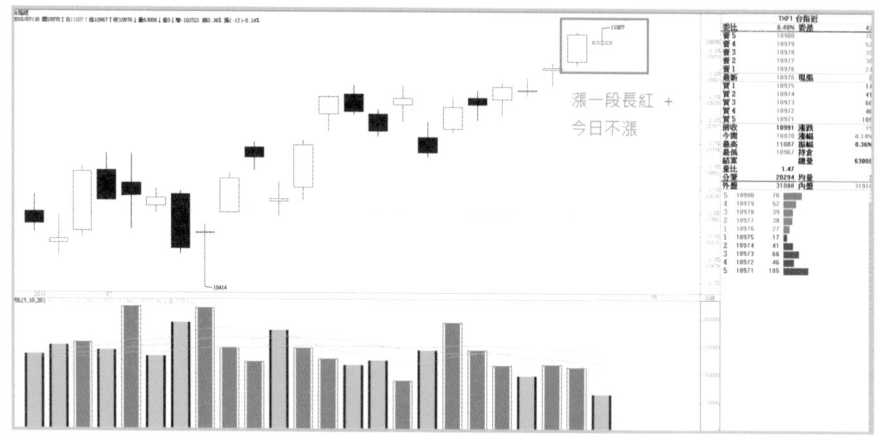

▲ 圖 3-18-11　台指期日 K，長紅＋不漲，小心下跌

時間　10：43

行情破底，研判正確。指數 10958，跌 34 點。

▲ 圖 3-18-12　台指期一分 K

時間 10：47

台股日 K 也收黑了。交易的時候，我會比對大盤走勢與台指期走勢。今日大盤日 K 是紅黑並列，大盤比較弱是黑 K，台指期比較強勢日 K 是十字。這是過程，繼續觀察，看收盤怎收。

▲ 圖 3-18-13　大盤日 K

時間 11：36

指數跌 34 點，來到 10957。目前走勢型態還是空方，反彈力道都不強。我判斷正確，於是將比較晚進場的長線 SELL PUT 出場，降低風險。部分停利 10700 八月、九月合約。

▲ 圖 3-18-14　台指期一分 K

時間　13：07

指數 10948，跌 43 點。今天行情震盪走低，因長線多單和短線空單都拉開成本，所以中午吃飯沒壓力，不用看盤。回來看行情還在相對低檔。

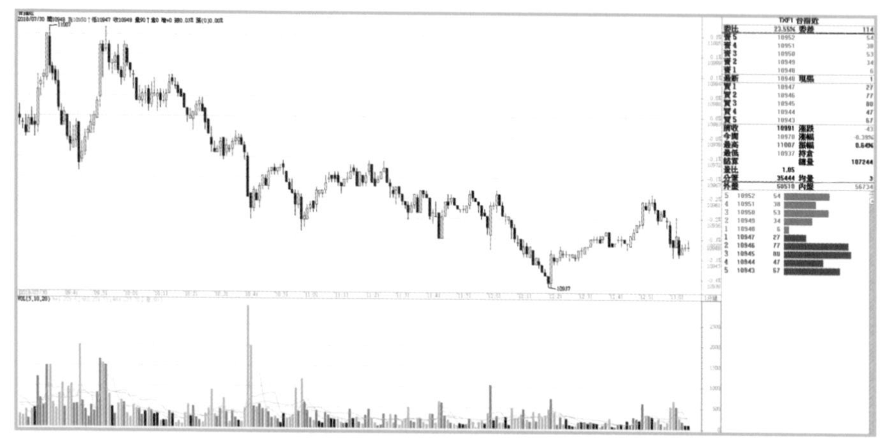

▲ 圖 3-18-15　台指期一分 K

時間　13：58

台指期一分 K，最後跌 51 點，收相對低，指數 10940。今天短線的「空點」還不錯。不知道期貨多單出的是對還是錯，多看幾天再做確認。

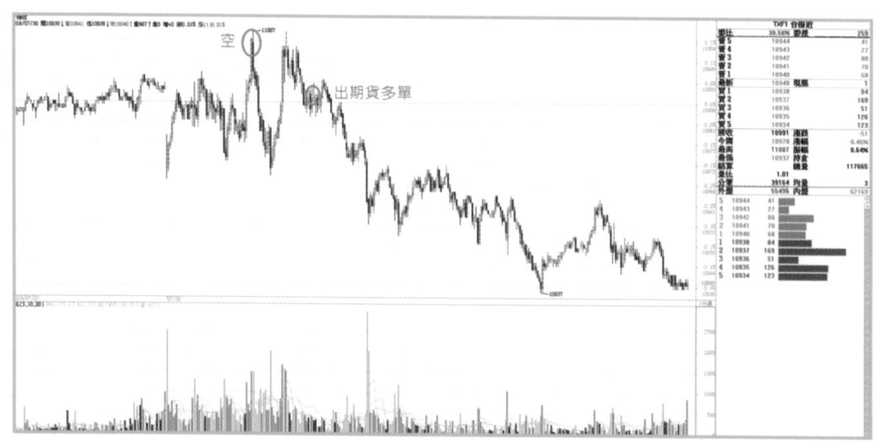

▲ 圖 3-18-16　台指期一分 K

盤後檢討

最後收盤跌 52 點，指數 10940，收在最低。

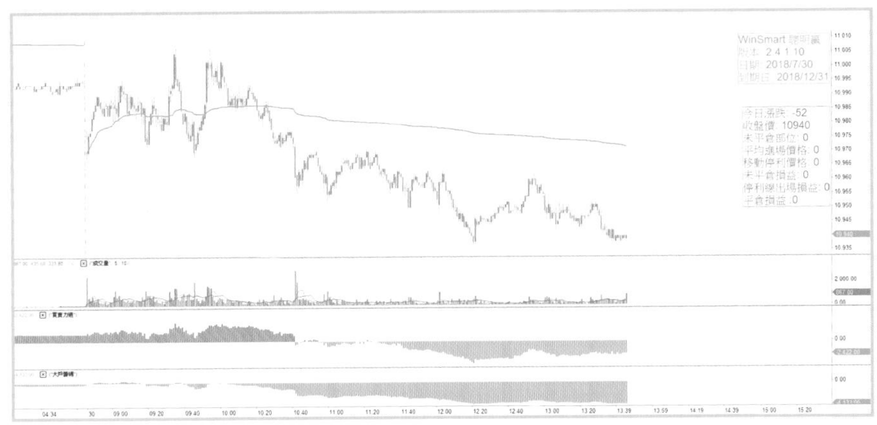

▲ 圖 3-18-17　台指期一分 K，今天的走勢圖

檢討今日交易，今天的空點還不錯，空在最高點。其實，是第一次放空被掃停損，在第二次放空才成功。這種放空也不是第一次，過去也抓過好幾次，我只是在重複執行「已知技能」。**投資絕對是一項技能，是可訓練的，只要你知道怎麼做，且不斷練習，熟能生巧，今天只做一趟短空，還沒出場。**至於長線多單，今天將長線的期貨多單出場，將部分的選擇權 SELL PUT 多單出場，獲利大半。

出場是對還是不對，現在還無法下定論，看後面走勢決定。我會出場的其中一個原因是，行情漲一段之後收長紅，昨天收長紅就有警覺性，今天看到價格下跌先做空點，短線獲利以後，就跟著出場長線多單。

盤後看財經新聞的解盤分析文：「被動元件棄守，台股終止日 K 連五紅」。被動元件類股弱勢：國巨（2327）、奇力新（2456）、禾伸堂（3026）、華新科（2492）全數跌停，矽晶圓族群也出現回檔，環球晶（6488）、合晶（6182）、台勝科（3532）皆修正逾 3%。

其實，我今天也不知道被動元件類股會跌得如此慘，導致拖累台股，不知鴻海上漲也無法救股市，**我不知道各個漲跌因素全部加起來是漲還是跌，單純的專注在我交易的商品，大盤指數、期貨指數、選擇權報價**。盤前分析一下走勢的可能性，盤中看價格操作。要小心漲一段之後的長紅，那是不好的，此時，腦中浮現以前教我技術分析兩位老師的臉龐和對話：

我：老師，你為什麼說這檔股票不好？這檔股票今天大漲耶。

鄭老師：什麼？你不知道漲一段之後的長紅是不好的，你太嫩了。

施老師：長紅 K 要看長紅 K 發生的位置，低檔長紅好，高檔長紅不好。

我：……（抄筆記）。

學過以後，隨著交易經驗增加，真的看過很多次高檔長紅接近盡頭。包括股票和大盤都一樣，這幫助我交易提高警覺，避開災難。我很高興我曾拜師學藝，肯投資自己，投資自己的腦袋，這讓我投資功力大躍進。投資自己是最棒的，知識可以不斷複製，不斷累積，只要學會了，一輩子都是我的，誰也拿不走。

我現在也在當老師，我希望可以將好的觀念、好的方法分享給我的學生，就像我得到師傅的幫助一樣，這就是「傳承」。

交易日記的意義及功用

綜觀這一部的篇章，我們來做期權交易檢討。這一段操作從 7 月 6 日到 7 月 30 日，從一開始很想放空但卻反手做多，到最後看到高檔長紅＋收黑獲利出場。有做交易的時候每天都期待開盤，想知道行情今天會怎麼走，就像是看連續劇一樣，想看看今天有什麼新的劇情，是精彩警匪槍戰片還是讓人睡著的肥皂劇。情緒難免會被跳動的行情牽著走，尤其是帳戶出現「損益」的時候。而這些情緒，內心的小劇場，通常是對交易有害的。如何讓心理素質更強大，也是很重要的。交易就像修練，需要不斷的自我檢討、反省。

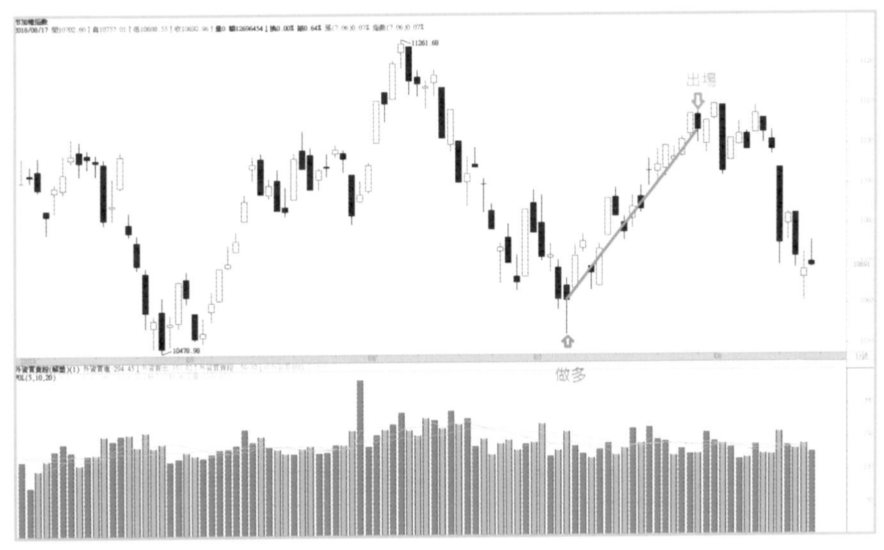

▲ 圖 3-19-1 大盤日 K　這段交易日記做的段落

我的操作大原則就像是第一篇第七章賠錢自救 SOP，啟動獲利方程式裡寫的一樣，用八個步驟來面對所有的行情，這天龍八部是：

一、部位不要買太多，交易請先去槓桿

二、買流通性高的商品

三、買保險

四、看錯停損

五、錯賣買回

六、看錯反手

七、看對加碼

八、保持信心

一開始還不確定判斷是否正確之前，**先買一小部位試單，看錯就停損。看對就抱著，短線賺錢才會留倉變中線，中線賺錢留著變長線。這過程中若害怕行情會下跌，就做短線單避險。**

這種操作模式，讓我抱住部位，化解我想要多單出場的念頭、也化解了我想要放空的念頭，最重要的是有了短線的避險單能夠降低風險。部位一短一長，相互支援。這過程中，長線的部位要大於短線的反向單部位。主要的獲利來自於長線。在交易的過程中，若不小心將部位平倉，我會再買回來。若看錯方向，我會反手交易。

這麼做的主因是讓自己的部位跟上行情的腳步，做錯，不要和行情爭辯，跟上行情。若帳上獲利增加，表示我是對的，加碼放大獲利。利用看對方向大部位，看錯方向小部位，來拉開賺賠比。交易很重要的是要拉開賺賠比，要看你每一塊錢的獲利用多少虧損來換。我只是想辦法做好這件事。

交易是迷人的，它能帶給你財富，也能偷走你口袋裡的錢。正是因為如此才迷人。用正確的方法較能取得交易優勢，用錯誤的觀念只是將錢送出。

我將海龜交易法則、傑西・李佛摩股市操盤術和我的交易方法寫出來，佐以交易實例，將交易過程中實際會遇到的問題寫出來，將解決的方法寫出來，檢討求進步。這是我的交易日記，也是你的交易日記。你也可以開始著手寫自己的交易日記，邊做邊修正，經過一段時間之後，你會發現你在進步。獲利就是最好的回饋。

投資是一項技能，需要不斷練習，並持之以恆

大多數人都能認同或理解，我們需要有上班以外的其他收入，投資就是最好的管道。投資得當，可以讓我們過更好的生活，特別是現在不管是軍公教，還是勞工的退休基金，都面臨可能破產的情況之下，如何幫自己好好理財，建立一個自給自足的財務系統是重要的事。如果可以建立被動收入系統，不工作也有收入，那就太棒了。我推薦，買好股票領股息是最好的被動收入系統。不斷用股息再投資利滾利來累積財富，累積你的金雞母。不管是工作賺來的錢，還是投資賺來的錢，都可以拿來買定存股，為自己和家人建立財富不斷電系統。做這件事情需要時間累積，越早開始越好，所以請立刻開始執行。

除了領股息的「被動收入」之外，股票、期貨、選擇權都有大量的愛好者。大多數人都想在這買低賣高的遊戲裡面賺錢，這些商品雖不同，但賺錢和賠錢的本質相同。只是，期貨和選擇權因為槓桿高，因而成功的人更少，槓桿放大了人性的弱點。交易要提防很多事，尤其是自己。

賺價差，短時間的賺賠帶著運氣成分，賺錢未必是對的，賠錢也未必是錯的，避免隨機致富的陷阱，不以賺賠論英雄，要以是不是用正確的方法操作來衡量。我寧願認錯停損也不願意凹單賺錢。短期也許帶點運氣成分，但將時間拉長，賺價差能夠繼續獲利就無法靠運氣，而是靠實力。

投資要做到三件事，技術、資金（風險）管理和交易方法。這三件事，缺一不可。

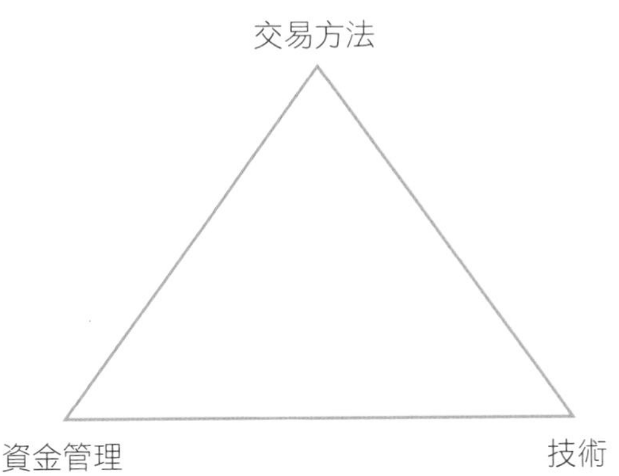

技術的部分，多空判斷、買賣點研判，重要性占整體交易的比重只有20%，剩下的80%是交易方法和資金管理。而大多數人只把重心放在技術的追求，以為能知未來漲跌就能夠致富，而忽略了資金（風險）管理和建立交易方法。當你努力的方向錯了，就難以達到成功境界。投資是一個機率的遊戲，輸贏不在預測，而是要守住風險、順著走勢調整部位、並建立大賺小賠的交易模式，這幾個觀念，就是本書不斷闡述的重點。

知識要實踐才會產生力量，你需要不斷的練習，熟能生巧。交易是一輩子的功課，邊做邊學，邊學邊做，只要你努力並持之以恆，你會得到應有的報酬。

一、選擇權搖錢樹 App 與 LINE@

我每天都在交易，每天都會寫交易日記，透過 LINE@ 發布一些即時的訊息，若你對交易有興趣，歡迎加入追蹤。LINE@ : @OPTREE

我的 LINE@

APP（Android 版本）

APP（iOS 版本）

另外，還有《選擇權搖錢樹 APP》，您平常可以滑手機，關心一下行情，瀏覽線上課程或實用技巧。

App 的主要功能包括：

1. 觀看盤中交易日記
2. 免費線上影片學習
3. 每日籌碼解讀
4. 選擇權知識，新手的大補帖
5. 新聞快遞 ，每日即時財金新聞、重大新聞……
6. 離我最近，查查看你附近的券商、醫院、旅館 ……

App 的其他更多功能，等著你去發掘！

▲ 圖　選擇權搖錢樹 APP

二、WINSMART 智慧下單軟體（小明）

WINSMART 下單軟體是協助投資人的交易工具。他是半自動交易系統，結合主觀交易的優點和程式交易好處。你有空看盤的時候可以自行交易，沒空看盤的時候交給小明幫你做，用你選擇的交易模式幫你照顧投資的部位。不管是短線當沖模式、還是長線交易模式，順勢單或是逆勢單，都難不倒他。

交易最怕人性的軟弱，一不小心買太多、看錯砍不下手放任損失放大、看對抱不住獲利，這些都必須根除才能做好交易。

我將交易觀念寫在本書，也將交易邏輯寫入 WINSMART 裡，先算風險再做交易、看錯停損、看對加碼、移動停利、想辦法做到大賺小賠。若部位被洗出場行情又繼續前進，只要啟動「錯賣買回」功能，小明就會自動將正確的部位重新買回，不論是白天或晚上，當你忙著上班或者吃飯睡覺而無法看盤時，只要電腦開著、網路暢通，小明就會協助你，代替你交易，滿適合想要投資，又不能看盤的朋友。

主觀交易結合程式交易，是未來的趨勢，我們需要好幫手。WINSMART 下單軟體，目前開發期貨的版本，以後會開發選擇權版本和股票版本，有興趣的朋友可以上 YOUTUBE 看更多影片。

WINSMART 官網：http://optree.com.tw/winsmart/

YOUTUBE 頻道：http://optree.com.tw/book3/youtube.html

WINSMART 官網

三、線上課程免費索取

感謝您購買好書《順勢而為，贏在加碼》，為了回饋讀者，我特別錄製教學影片，讓讀者不只看好書也可以觀看有價值的投資教學影片。

免費影片索取 : http://optree.com.tw/book3/0.html

免費影片索取

⊕ 交易筆記

⊕ 交易筆記

⊕ 交易筆記

投資贏家 77

順勢而為，贏在加碼【長銷新裝版】

股票、期貨、選擇權，獨孤求敗的交易絕技

作　　者　獨孤求敗
主　　編　洪春峰、許訓彰
總 編 輯　許訓彰
封面設計　雨城藍
內文排版　簡單瑛設
校　　對　蕭明珠

行銷經理　胡弘一
企畫主任　朱安棋
行銷企畫　林苡蓁
印　　務　詹夏深

出 版 者　今周刊出版社股份有限公司
發 行 人　梁永煌
社　　長　謝春滿

地　　址　台北市南京東路一段96號8樓
電　　話　886-2-2581-6196
傳　　真　886-2-2531-6438
讀者專線　886-2-2581-6196轉1
劃撥帳號　19865054
戶　　名　今周刊出版社股份有限公司
網　　址　http://www.businesstoday.com.tw

總 經 銷　大和書報股份有限公司
製版印刷　緯峰印刷股份有限公司
二版一刷　2024年2月
定　　價　520元

國家圖書館出版品預行編目（CIP）資料

順勢而為，贏在加碼【長銷新裝版】：股票、期貨、選擇權，獨孤求敗的交易絕技 / 獨孤求敗作．-- 二版．-- 臺北市：今周刊出版社股份有限公司，2024.02
416 面；17×23 公分．--（投資贏家系列；77）

ISBN 978-626-7266-58-8（平裝）

1.CST: 股票投資 2.CST: 投資技術 3.CST: 投資分析

563.53　　112021952

Investment

Investment

Investment

Investment